Chemie
heute

Klasse 9 Sachsen

Schroedel
westermann

Chemie heute Klasse 9

Sachsen

Herausgegeben von
Wolfgang Asselborn
Jens Rickers
Dr. Karl T. Risch
Bernhard Sieve

Bearbeitet von
Rosemarie Förster
Jens Rickers
Brigitta Rieck
Klaus-Peter Sieche

Dieses Werk ist in Teilen eine Bearbeitung von Chemie heute,
ISBN 978-3-507-86060-5, 978-3-507-86107-7, 978-3-507-88006-1, 978-3-507-88009-2.

westermann GRUPPE

© 2014 Bildungshaus Schulbuchverlage Westermann Schroedel Diesterweg Schöningh Winklers GmbH,
Georg-Westermann-Allee 66, 38104 Braunschweig
www.westermann.de

Druck A^5/ Jahr 2022
Alle Drucke der Serie A sind im Unterricht parallel verwendbar.

Redaktion: Dr. Sven Horst
Fotos: Michael Fabian, Jens Rickers, Hans Tegen
Grafiken: Birgitt Biermann-Schickling, Brigitte Karnath, Heike Keis, Karin Mall, Birgit Schlierf, Beltz Bad Langensalza GmbH
Satz: tiff.any GmbH, Berlin
Umschlagsgestaltung: Janssen Kahlert Design & Kommunikation GmbH, Hannover
Druck und Bindung: Westermann Druck GmbH, Georg-Westermann-Allee 66, 38104 Braunschweig

ISBN 978-3-507-**88042**-9

Inhaltsverzeichnis

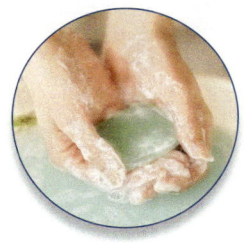

Themen des Wahlpflichtbereichs sind mit einem Sternchen* gekennzeichnet.

① Dreifuß
② Tondreieck
③ Stehkolben
④ Erlenmeyerkolben
⑤ Messzylinder
⑥ Standzylinder
⑦ Spritzflasche
⑧ Waage
⑨ Trichter
⑩ Kolbenprober

⑪ Drahtnetz
⑫ Reagenzglasständer
⑬ Reagenzglas mit Ansatzrohr
⑭ Stopfen
⑮ Reagenzglas
⑯ Schutzbrille
⑰ Doppelmuffe
⑱ Stativklemme
⑲ Stativ
⑳ Thermometer

㉑ Messpipette
㉒ Vollpipette
㉓ Gasbrenner
㉔ Reagenzglas-
   klammer
㉕ Tropfpipette
㉖ Tiegelzange
㉗ Becherglas
㉘ Spatel
㉙ Glasstab

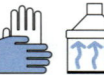

Die Versuche auf den Praktikumsseiten sind mit einer **Symbolleiste** versehen: Die Piktogramme in den roten Rauten sind *Gefahrensymbole,* wie sie unten zusammenfassend dargestellt sind. Die folgenden Symbole geben unbedingt zu beachtende *Sicherheitshinweise* wie *Schutzbrille, Handschuhe* oder *Abzug* an. Die blauen Kanister beziehen sich auf die korrekte *Entsorgung* der Chemikalien und der Lösungen. Dies ist in der Übersicht *Richtig entsorgen* genau beschrieben.

Gefahrensymbole. Viele Stoffe sind gefährlich. Die Gefahrensymbole weisen auf diese Gefahren hin.

Explosive Stoffe/Gemische: feste oder flüssige Stoffe, die Gase entwickeln können, die durch ihre Temperatur und ihren Druck Zerstörungen anrichten.

Entzündbare Stoffe: Stoffe, die als Gase oder Aerosole mit Luft explosive Gemische bilden, als Flüssigkeiten einen Flammpunkt unter 60 °C haben oder als Feststoffe leicht brennbar sind.

Oxidierende Stoffe: Stoffe, die die Verbrennung anderer Materialien stärker fördern als Luft.

Gase unter Druck: Gase, die in einem Behältnis unter Druck stehen oder die verflüssigt sind.

Ätzende Stoffe: Stoffe, die die Haut oder die Augen nach kurzer Einwirkung dauerhaft schädigen.

Giftige Stoffe: Stoffe, die beim Verschlucken, bei Hautkontakt oder beim Einatmen giftig wirken.

Gesundheitschädliche/reizende Stoffe: Stoffe, die beim Verschlucken, bei Hautkontakt oder beim Einatmen gesundheitsschädlich sind, die Haut oder die Augen reizen oder auf die Haut allergen wirken.

Chronisch gefährliche Stoffe: Stoffe, die das Erbgut verändern, Krebs erzeugen, die Fruchtbarkeit beeinträchtigen, das Kind im Mutterleib schädigen oder auf die Atemwege sensibilisierend wirken.

Umweltgefährdende Stoffe: Stoffe, die die Umwelt, insbesondere Gewässer, gefährden.

Sicherheitshinweise. Wegen der besonderen Gefahren sind im Chemieunterricht wichtige Sicherheitshinweise zu beachten:

- Versuchsvorschriften und Hinweise müssen genau befolgt werden. Bei Unklarheiten muss die Lehrkraft gefragt werden.
- Ein Versuch darf erst dann durchgeführt werden, wenn dazu aufgefordert wird.
- Schülerinnen und Schüler dürfen Geräte und Chemikalien nicht ohne Genehmigung verwenden.
- Die Anlagen für elektrischen Strom, Gas und Wasser dürfen nur nach besonderer Aufforderung der Lehrkraft eingeschaltet werden.
- Die Geräte müssen in sicherem Abstand von der Tischkante standfest aufgebaut werden.
- Beim Experimentieren sind Schutzbrillen zu tragen.
- Werden Schutzhandschuhe ausgehändigt, so müssen sie benutzt werden.
- Im Praktikum darf grundsätzlich weder gegessen noch getrunken werden.
- Pipettieren mit dem Mund ist verboten.
- Geschmacksproben sind verboten. Geruchsproben dürfen nur dann vorgenommen werden, wenn die Lehrkraft dazu auffordert.
- Chemikalien dürfen nicht mit den Händen berührt werden.
- Die Haare sind so zu tragen, dass sie nicht in die Brennerflamme geraten können.
- Chemikalien dürfen nicht in Gefäße umgefüllt werden, die nicht eindeutig und dauerhaft beschriftet sind. Auf keinen Fall dürfen Gefäße benutzt werden, die zur Aufbewahrung von Speisen und Getränken bestimmt sind.
- Der Arbeitsplatz muss stets sauber gehalten werden. Nach Beendigung der Experimente sind die Geräte zu reinigen.
- Chemikalienreste müssen vorschriftsmäßig entsorgt werden (siehe Seite 7).

Jeder weiß es: **Gefährliche Stoffe müssen ordnungsgemäß entsorgt werden.** Chemikalienreste und Reaktionsprodukte dürfen also nicht ohne weiteres in den Abfluss oder den Abfalleimer gegeben werden. Folgende Regeln sind genau zu beachten:

Gefährliche Abfälle vermeiden. Eine der wichtigsten Regeln für einen verantwortungsbewussten Umgang mit Stoffen ist ganz einfach: *Die Entstehung unnötiger Abfälle oder unnötig großer Mengen an Abfällen muss vermieden werden.* Die Anwendung dieser Regel setzt eine sorgfältige Versuchsplanung im Hinblick auf Art und Menge der verwendeten Stoffe voraus.

Gefährliche Abfälle umwandeln. Nicht vermeidbare gefährliche Abfallstoffe sollen in weniger gefährliche umgewandelt werden:

Saure und basische Lösungen werden neutralisiert. Es ist zweckmäßig, saure und basische Lösungen in einem gemeinsamen Behälter zu sammeln. Sie brauchen dann nicht einzeln neutralisiert zu werden.

Viele *lösliche Stoffe* können zu schwer löslichen Stoffen umgesetzt werden.

Gefährliche Abfälle sammeln. Chemikalienreste von Praktikumsversuchen, die nicht sofort in ungefährliche Produkte umgewandelt werden können, werden in besonders beschrifteten Abfallbehältern gesammelt. Von Zeit zu Zeit werden die Abfallbehälter dann durch ein *Entsorgungsunternehmen* abgeholt.

Durch das Sammeln in getrennten Behältern verringern sich die Kosten für eine endgültige Beseitigung.

Behälter 1: Saure und basische Lösungen

In Behälter 1 gehören nur saure und basische Lösungen, in denen *keine Schwermetallverbindungen* enthalten sind. Saure und basische Lösungen neutralisieren sich dann gegenseitig. In der Regel reagiert die Lösung im Behälter 1 nicht neutral, sondern leicht sauer oder basisch. Bevor der Behälter ganz gefüllt ist, muss er deshalb neutralisiert werden. Der neutralisierte Inhalt kann dann in den Ausguss geschüttet werden.

Behälter 2: Giftige anorganische Stoffe

In Behälter 2 werden giftige und umweltschädliche Schwermetallsalze und ihre Lösungen gesammelt – auch dann, wenn es sich um saure oder basische Lösungen handelt. Die endgültige Entsorgung erfolgt durch ein Entsorgungsunternehmen.

Behälter 3: Halogenfreie organische Stoffe

Wasserlösliche und wasserunlösliche halogenfreie organische Stoffe werden gemeinsam in einem Abfallbehälter gesammelt. Damit sich kein zu großes Volumen an leicht entzündlichen Flüssigkeiten ansammelt, kann die Lehrkraft im Einzelfall anordnen, geringe Mengen nicht giftiger wasserlöslicher organischer Abfälle wie Ethanol oder Aceton in den Ausguss zu geben. Behälter 3 muss von einem Entsorgungsunternehmen ordnungsgemäß entsorgt werden.

Behälter 4: Halogenhaltige organische Stoffe.

Organische Halogenverbindungen und Abfälle, die bei Halogenierungsreaktionen entstehen, werden im Behälter 4 gesammelt. Dieser Behälter muss von einem Entsorgungsunternehmen ordnungsgemäß entsorgt werden.

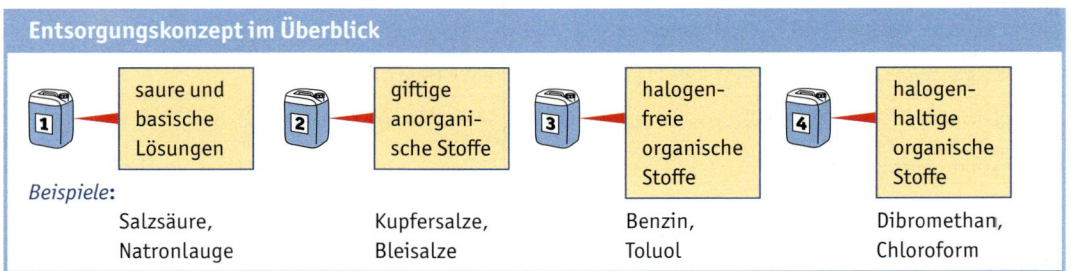

Entsorgungskonzept im Überblick

1 → saure und basische Lösungen	2 → giftige anorganische Stoffe	3 → halogenfreie organische Stoffe	4 → halogenhaltige organische Stoffe

Beispiele:

Salzsäure, Natronlauge	Kupfersalze, Bleisalze	Benzin, Toluol	Dibromethan, Chloroform

In der Chemie beschreibt man Stoffe und chemische Reaktionen kurz, eindeutig und verständlich. Dazu verwendet man seit dem 19. Jahrhundert weltweit die chemische Zeichensprache.

Elementsymbol:
- chemisches Zeichen für ein Element
- steht für ein Atom des Elements
- einfachste Angabe nur das Symbol
- Angabe in Elektronenschreibweise: Elektronenpaare als Strich; bei einzelnen Außenelektronen als Punkt

Symbol	Bedeutung
Mg	ein Magnesium-Atom
·Mg·	ein Magnesium-Atom mit Außenelektronen

Formel und Modelle:
- aus Elementsymbolen zusammengesetzt
- chemisches Zeichen für ein Element, eine Verbindung oder Teile einer Verbindung
- tiefgestellte Zahlen geben die Anzahl der Teilchen an
- bei Ionen wird die Ionenladung angegeben

Formel	Bedeutung
O_2	ein Sauerstoff-Molekül
H_2O	ein Wasser-Molekül
Na^+	ein Natrium-Ion
$H-\overline{O}I$ $\quad\ \vert$ $\quad\ H$	Elektronenschreibweise für ein Wasser-Molekül
$I\overline{\underline{Cl}}I^-$	Elektronenschreibweise für ein Chlorid-Ion

Verhältnisformel
bei **Ionenbindung**   Verbindungen bestehen aus geladenen Ionen   **Verhältnisformel:** gibt das Verhältnis der Ionen an   *Beispiel:* Natriumchlorid, NaCl

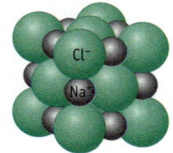

Kugelpackungsmodell

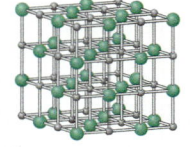

Raumgittermodell

Molekülformel
bei **Atombindung**   Verbindungen besteht aus Molekülen   **Molekülformel:** gibt Zusammensetzung der Moleküle an   *Beispiel:* Wasser, H_2O

Kalottenmodell

Kugel-Stab-Modell

Reaktionsgleichung:
- Ausgangsstoffe → Reaktionsprodukte
- beschreibt in Kurzform eine chemische Reaktion mit Elementsymbolen und Formeln
- Angabe von Phasensymbolen: s, l, g, aq
- muss ausgeglichen werden, damit die Anzahl der Teilchen und der Ladungen rechts und links vom Pfeil gleich sind
- Angabe des Energieumsatzes

Gleichungart	Schreibweise
Reaktionsgleichung	$Mg\,(s) + 2\,HCl\,(aq) \rightarrow MgCl_2\,(aq) + H_2\,(g);$ exotherm
Ionengleichung	$Mg\,(s) + 2\,H^+\,(aq) + 2\,Cl^-\,(aq) \rightarrow Mg^{2+}\,(aq) + 2\,Cl^-\,(aq) + H_2\,(g)$
Dissoziationsgleichung	$MgCl_2\,(s) \xrightarrow{\text{Wasser}} Mg^{2+}\,(aq) + 2\,Cl^-\,(aq);$ Kurzform: $MgCl_2 \rightarrow Mg^{2+} + 2\,Cl^-$
Redoxreaktion mit Teilgleichungen	Oxidation: $Mg \dashrightarrow Mg^{2+} + 2\,e^-$ Reduktion: $2\,H^+ + 2\,e^- \dashrightarrow H_2$ Redoxreaktion: $Mg + 2\,H^+ \rightarrow Mg^{2+} + H_2$

Säuren sind Molekülverbindungen, die beim Lösen in Wasser in positiv geladene Wasserstoff-Ionen $H^+(aq)$ und negativ geladene Säurerest-Ionen dissoziieren.

Beispiel: $H_2SO_4(l) \xrightarrow{\text{Wasser}} 2H^+(aq) + SO_4^{2-}(aq)$

Saure Lösungen sind wässrige Lösungen, die Wasserstoff-Ionen und negativ geladene Säurerest-Ionen enthalten.

Wasserstoff-Ionen sind die Ursache für die gemeinsamen Eigenschaften saurer Lösungen:

- Indikatoren zeigen typischen Farbumschlag.
- Sie leiten den elektrischen Strom.
- Bei der Elektrolyse bildet sich am Minuspol Wasserstoffgas.
- Verdünnte saure Lösungen reagieren mit unedlen Metallen zu Wasserstoff und Salzlösung. Es handelt sich dabei um eine Redoxreaktion:

$$\overset{\text{Oxidation}}{Mg(s) + 2\,HCl(aq) \longrightarrow MgCl_2(aq) + H_2(g)}; \text{ exotherm}$$
$$\underset{\text{Reduktion}}{}$$

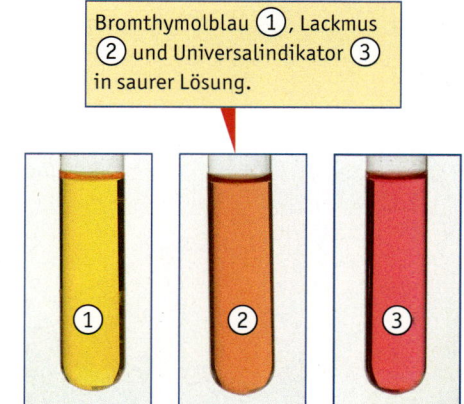

Bromthymolblau ①, Lackmus ② und Universalindikator ③ in saurer Lösung.

Bildung saurer Lösungen

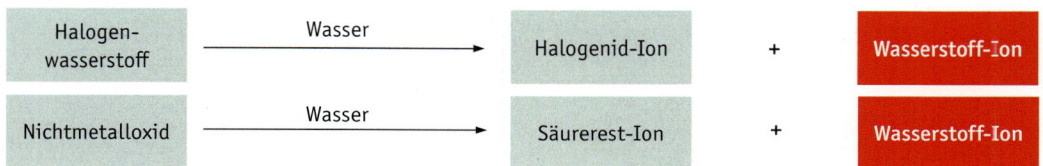

Übersicht Säuren und Säurerest-Ionen

Nichtmetalloxid		Säure		Säurerest-Ion	
Name	Formel	Name	Formel	Name	Formel
Kohlenstoffdioxid	CO_2	Kohlensäure	H_2CO_3	Hydrogencarbonat-Ion Carbonat-Ion	HCO_3^- CO_3^{2-}
Schwefeldioxid	SO_2	Schweflige Säure	H_2SO_3	Hydrogensulfit-Ion Sulfit-Ion	HSO_3^- SO_3^{2-}
Schwefeltrioxid	SO_3	Schwefelsäure	H_2SO_4	Hydrogensulfat-Ion Sulfat-Ion	HSO_4^- SO_4^{2-}
Diphosphorpentoxid	P_2O_5	Phosphorsäure	H_3PO_4	Dihydrogenphosphat-Ion Hydrogenphosphat-Ion Phosphat-Ion	$H_2PO_4^-$ HPO_4^{2-} PO_4^{3-}
Stickstoffdioxid	NO_2	Salpetrige Säure Salpetersäure	HNO_2 HNO_3	Nitrit-Ion Nitrat-Ion	NO_2^- NO_3^-
-	-	Salzsäure	HCl	Chlorid-Ion	Cl^-
-	-	Bromwasserstoffsäure	HBr	Bromid-Ion	Br^-

Saure, basische und neutrale Lösungen

Mehrmals am Tag waschen wir unsere Hände und verwenden häufig basisch wirkende Seifenlösungen, die sich auf der Haut glitschig anfühlen. Dadurch wird die Haut jedoch nicht nur vom alltäglichen Schmutz befreit, auch der leicht saure Flüssigkeitsfilm auf unserer Haut – der Säureschutzmantel – wird abgewaschen. Dies kann die Funktion der Haut beeinträchtigen. Um dies zu verhindern, sollte man für die Körperpflege auf Produkte zurückgreifen, deren pH-Wert dem der Haut entspricht. Die Körperpflege ist nur eines der vielen Beispiele für die Bedeutung von sauren und basischen Lösungen in unserem Alltag.

Das Angebot an Haushaltsreinigern ist riesig und für jeden Zweck gibt es einen passenden Reiniger. Demzufolge unterscheiden sich die Produkte in ihrer Zusammensetzung und in der Konzentration der Inhaltsstoffe. Saure Reiniger werden vor allem im Sanitärbereich eingesetzt. Sie enthalten meist Citronensäure oder Essigsäure. Mit ihnen lassen sich Kalkränder auf Fliesen und Armaturen besonders gut entfernen. Basische Reiniger enthalten oft verdünnte Natronlauge. Sie werden eingesetzt, um Verschmutzungen von Fett und Eiweiß zu lösen.

Die äußerste Schicht unserer Haare besteht aus flachen, verhornten Schuppen, die dicht aufeinander liegen. In stark saurer oder basischer Umgebung richten sich die Schuppen dagegen auf. In die entstandenen Öffnungen können Stoffe aus der Umgebung eindringen. Dieses Wissen machen sich Friseure beim Haarefärben zunutze: Mit einer basischen Lösung wird die Schuppenschicht geöffnet. Dann zerstört man mit einem Reagenz die natürliche Haarfarbe im Haarinneren. Anschließend wird die Wunschfarbe durch die geöffneten Poren eingelagert und eine leicht saure Spülung führt dazu, dass sich die aufgerichteten Schuppen wieder absenken. Damit ist der Farbstoff im Inneren des Haares fest eingeschlossen. Weicht der pH-Wert zu sehr vom vorgegebenen Wert ab, so können Haarstruktur und Kopfhaut geschädigt werden. Daher muss der pH-Wert beim Färben von Haaren immer genau eingehalten werden.

In Deutschland wurden 2012 185 Millionen Tonnen Braunkohle gefördert, davon allein 33,7 % im Lausitzer Revier. Der Abbau der Braunkohle über Tage hinterlässt dabei aber eine Art Mondlandschaft, die renaturiert werden muss. Durch Flutung und gezielte Sanierungsmaßnahmen der stillgelegten Tagebaue soll bis 2018 Europas größte künstlich angelegte Wasserlandschaft, das Lausitzer Seenland, zwischen Calau in Brandenburg und Görlitz in Sachsen entstehen. Leider ist das Seewasser durch Auswaschung aus den pyrithaltigen Abraumhalden häufig sehr sauer. Eine Maßnahme, um den pH-Wert anzuheben, ist die Neutralisation der Säure mit Kalk, der über Bekalkungsschiffe in den See eingebracht wird.

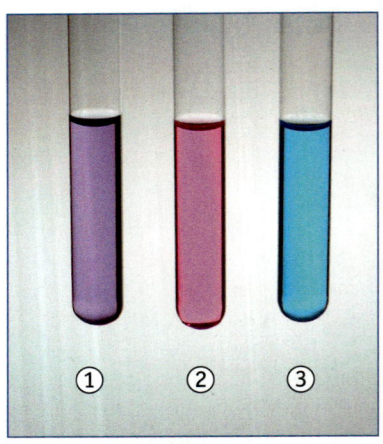

1 Indikatoren in basischen Lösungen

Wasser mit Universalindikator

Natrium gleitet durch den Rückstoß des entstehenden Gases über die Wasseroberfläche.

2 Natrium reagiert mit Wasser

CaO

Wasser mit Phenolphthalein

3 Calciumoxid reagiert mit Wasser

Beim Lösen von Natriumhydroxid, Kaliumhydroxid, aber auch von alltäglichen Stoffen wie Rohrreiniger oder Waschpulver in Wasser bilden sich **basische** oder **alkalische Lösungen**. Das Wort *alkalisch* geht auf die arabische Bezeichnung *alqaljan* zurück, was Pflanzenasche bedeutet. Schon im Altertum hat man aus Holzasche und aus der Asche von Meerespflanzen Produkte für die Herstellung von Seife und Glas gewonnen. Diese *Alkalien* wurden auch genutzt, um die Wirkungen von sauren Lösungen abzuschwächen oder ganz aufzuheben.

Basische Lösungen haben eine Reihe weiterer gemeinsamer Eigenschaften:

- Prüft man eine basische Lösung mit Universalindikator, färbt sich dieser blauviolett ①. Verwendet man Phenolphthalein als Indikator, zeigt die Lösung eine rotviolette Farbe ②, bei Bromthymolblau als Indikator tritt eine Blaufärbung ③ ein (Abb. 1).
- Basische Lösungen lassen die Haut aufquellen und fühlen sich glitschig an. Höher konzentriert sind sie ätzend und zersetzen organische Stoffe. Besonders gefährdet sind Schleimhäute, etwa in den Augen.
- Basische Lösungen leiten den elektrischen Strom; sie enthalten also Ionen. Die Ursache der basischen Wirkung sind die **Hydroxid-Ionen (OH^-)**.

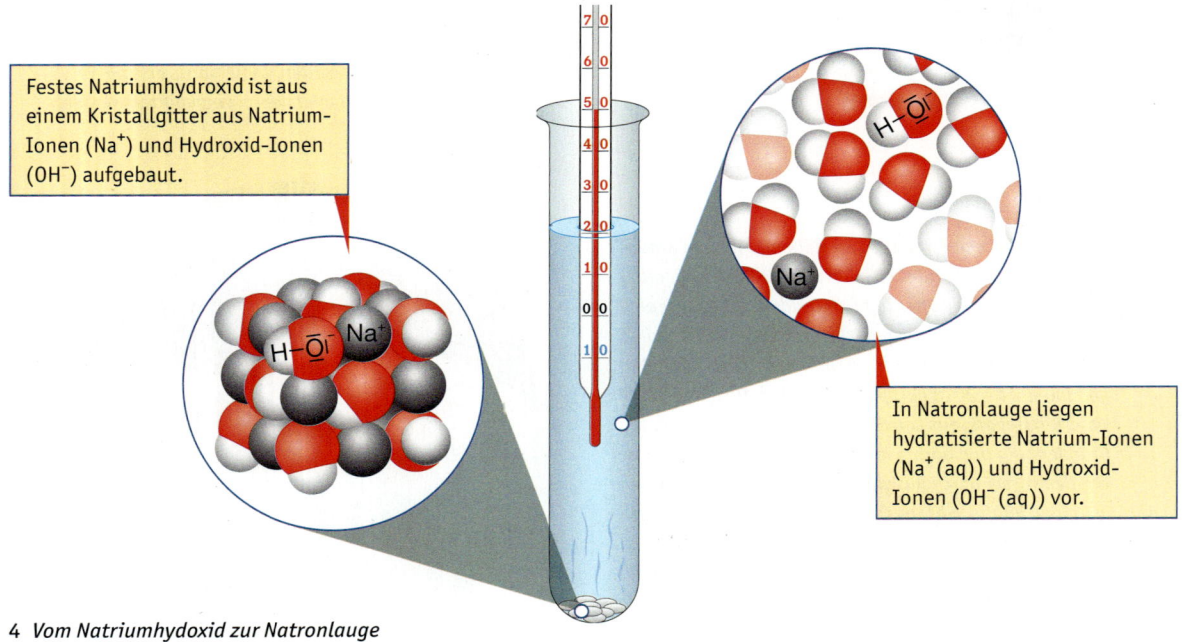

Festes Natriumhydroxid ist aus einem Kristallgitter aus Natrium-Ionen (Na^+) und Hydroxid-Ionen (OH^-) aufgebaut.

In Natronlauge liegen hydratisierte Natrium-Ionen (Na^+(aq)) und Hydroxid-Ionen (OH^-(aq)) vor.

4 Vom Natriumhydoxid zur Natronlauge

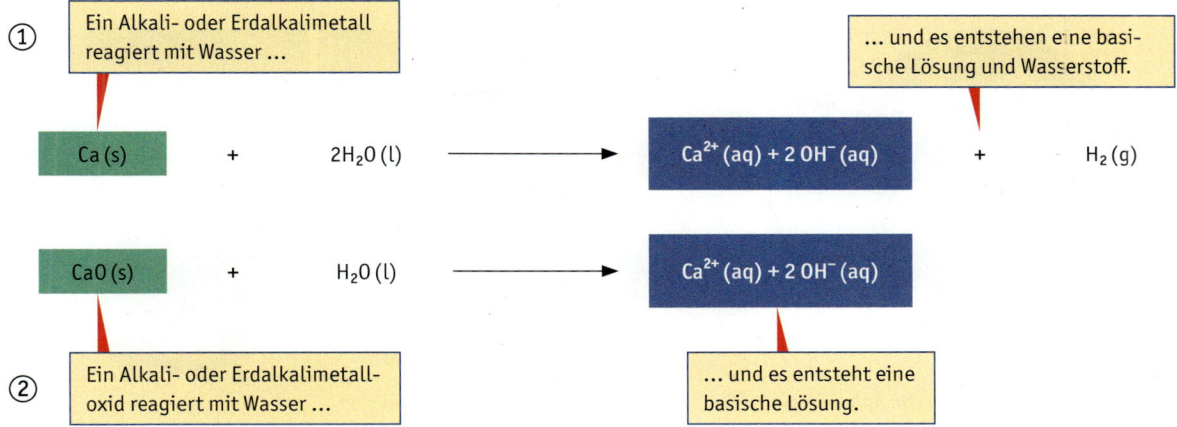

①

Ein Alkali- oder Erdalkalimetall reagiert mit Wasser ...

... und es entstehen eine basische Lösung und Wasserstoff.

$$Ca\,(s) \quad + \quad 2H_2O\,(l) \quad \longrightarrow \quad Ca^{2+}\,(aq) + 2\,OH^-\,(aq) \quad + \quad H_2\,(g)$$

$$CaO\,(s) \quad + \quad H_2O\,(l) \quad \longrightarrow \quad Ca^{2+}\,(aq) + 2\,OH^-\,(aq)$$

②

Ein Alkali- oder Erdalkalimetall-oxid reagiert mit Wasser ...

... und es entsteht eine basische Lösung.

5 *Möglichkeiten der Bildung basischer Lösungen*

Hydroxide bilden basische Lösungen.

Die wichtigste basische Lösung im Labor ist **Natronlauge**, eine Lösung von **Natriumhydroxid (NaOH)**. Das stark ätzende Natriumhydroxid ist eine Ionenverbindung, die aus positiv geladenen Natrium-Ionen (Na^+) und negativ geladenen Hydroxid-Ionen (OH^-) aufgebaut ist. Beim Auflösen in Wasser wird das Ionengitter des Natriumhydroxids abgebaut, während sich die Dipol-Moleküle des Wassers um die Ionen lagern und eine Hydrathülle bilden (Abb. 4). Dieser Vorgang ist exotherm und kann durch die folgende *Dissoziationsgleichung* beschrieben werden:

$$\underset{\text{Natriumhydroxid}}{NaOH\,(s)} \xrightarrow{\text{Wasser}} \underset{\text{Natrium–Ion}}{Na^+\,(aq)} + \underset{\text{Hydroxid-Ion}}{OH^-\,(aq)}; \quad \text{exotherm}$$
$$\underbrace{}_{\text{Natronlauge}}$$

Häufig benutzt man auch die vereinfachte Dissoziationsgleichung ohne Berücksichtigung des Wassers:

$$NaOH \rightarrow Na^+ + OH^-; \quad \text{exotherm}$$

Natrium reagiert mit Wasser.

Auch bei der Reaktion von metallischem Natrium mit Wasser bildet sich Natronlauge. Gleichzeitig entsteht dabei Wasserstoff (Abb. 2):

$$\underset{\text{Natrium}}{2\,Na\,(s)} + \underset{\text{Wasser}}{2\,H_2O\,(l)} \rightarrow \underset{\text{Natronlauge}}{2\,Na^+\,(aq) + OH^-\,(aq)} + \underset{\text{Wasserstoff}}{H_2\,(g)}$$

Wie Natrium reagieren auch die anderen Alkalimetalle und Erdalkalimetalle mit Wasser zu basischen Lösungen (Abb. 5). So entstehen zum Beispiel Lithiumhydroxidlösung und Kaliumhydroxidlösung, die auch als **Kalilauge** bezeichnet wird.

Calciumoxid reagiert mit Wasser.

Eine weitere Möglichkeit zur Bildung basischer Lösungen ist die Reaktion von Alkali- oder Erdalkalimetalloxiden mit Wasser. So entsteht bei der Reaktion von Calciumoxid mit Wasser Calciumhydroxidlösung (Abb. 3).

> Hydroxide sind Ionensubstanzen, die beim Lösen in Wasser in positiv geladene Metall-Ionen und negativ geladene Hydroxid-Ionen (OH^-) dissoziieren.

1 Nenne die im Text genannten Eigenschaften basischer Lösungen. Erkläre die Ursache der gemeinsamen Eigenschaften.

2 Geschmolzenes Natriumhydroxid leitet den elektrischen Strom.
a) Entwirf eine Versuchsanordnung, mit der du die Aussage überprüfen kannst. Skizziere dazu den Versuchsaufbau und beschreibe die Versuchsdurchführung.
b) Festes Natriumhydroxid leitet den Strom nicht. Erkläre diese Beobachtung.

3 Formuliere die Reaktionsgleichungen für die Reaktion folgender Stoffe mit Wasser:
a) Kalium, b) Lithiumhydroxid, c) Magnesiumoxid. Nutze dazu auch Abb. 5.

4 Vergleiche die Eigenschaften von festem Natriumhydroxid und Natronlauge.

5 Stelle die Dissoziationsgleichungen für die Metallhydroxide in Abb. 6 auf.

Name Metallhydroxid	Formel	enthaltene Kationen	enthaltene Anionen
Natriumhydroxid	$NaOH$	Na^+	OH^-
Kaliumhydroxid	KOH	K^+	OH^-
Calciumhydroxid	$Ca(OH)_2$	Ca^{2+}	OH^-
Bariumhydroxid	$Ba(OH)_2$	Ba^{2+}	OH^-
Aluminiumhydroxid	$Al(OH)_3$	Al^{3+}	OH^-

6 *Einige Metallhydroxide*

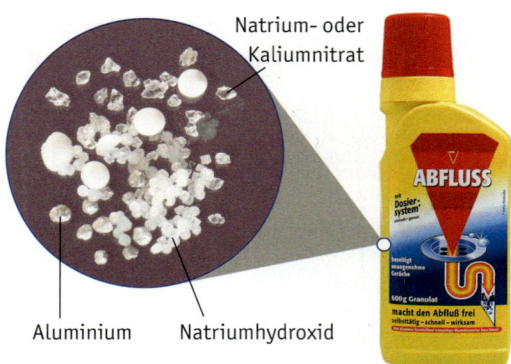

1 *Hauptbestandteile von Rohrreiniger*

2 *Rohrreiniger in Aktion*

Wer kennt diese Probleme nicht: Das Waschbecken ist verstopft oder in der Dusche steht mal wieder das Wasser. Hier helfen Rohrreiniger, die Abwasserrohre schnell von Verstopfungen durch organische Stoffe wie Haare, Hautschuppen oder Fette befreien. Chemische Rohrreiniger enthalten als Hauptbestandteile Natriumhydroxid, Aluminium und Nitrate. Das Natriumhydroxid ist zusätzlich mit Natriumcarbonat ummantelt, damit es streufähig bleibt (Abb. 1).

Abflussreinigung. Beim Lösen des Rohrreinigers entsteht unter starker Erwärmung konzentrierte Natronlauge. Die Lösung färbt Universalindikator blau. Es handelt sich also um eine basische Lösung. Diese Lösung zersetzt Haare, Papier, Hautschuppen und Fettablagerungen, die zur Verstopfung des Rohres geführt haben. Die im Rohrreiniger enthaltenen Aluminiumkörner reagieren ebenfalls mit der Natronlauge. Dabei entsteht Wasserstoff. Die Wasserstoffbläschen dringen zwischen die Ablagerungen und lockern diese auf. So wird der Schmutz nach einiger Einwirkungszeit flüssig und kann mit

Wasser weggespült werden (Abb. 2). Die enthaltenen Nitrate binden den überschüssigen Wasserstoff unter Bildung von Ammoniak.

Gefahrenquelle Abflussreinigung. Beim Umgang mit Rohrreinigern ist höchste Vorsicht geboten. Heiße konzentrierte Natronlauge, wie sie beim Lösen des Rohrreinigers entsteht, ist stark ätzend. Spritzt sie auf die Haut, kann es zu schwer heilenden, schmerzhaften Verletzungen führen. Gelangen Spritzer in das Auge, kann das sogar zum Verlust des Sehvermögens führen. Die Spritzgefahr ist besonders hoch, weil das entweichende Gas leicht Natronlaugetröpfchen mitreißt.

---

1   Beschreibe die Wirkungsweise des Rohrreinigers.
2   Erkläre, was beim Verschütten des Rohrreinigers auf den feuchten Bodenfliesen geschieht. Formuliere eine Reaktionsgleichung.
3   Erläutere die Warnhinweise auf dem Etikett des Rohrreinigers (Abb. 3).

3 *Warnhinweise auf der Rohrreinigerflasche*

Tipps beim Umgang mit einem Rohrreiniger

• Bevor man Rohrreiniger nutzt, sollte man zunächst auf mechanischem Wege, etwa mithilfe einer Saugpumpe, versuchen, die Verstopfung zu lösen. Der übermäßige Einsatz von Rohrreinigern ist umweltschädlich.
• Rohrreiniger wirkt stark ätzend, deswegen sollte man Gummihandschuhe tragen. Eine Schutzbrille kann die Augen vor den gefährlichen Spritzern aus Natronlauge schützen.

1 Verarbeitung von Kalkmörtel

2 Laugengebäck und Lauge

Nicht nur im Rohrreiniger finden Hydroxide eine Verwendung. Ihr Einsatzgebiet in Alltag und Technik reicht von der Bauindustrie bis zur Herstellung von Laugenbrezeln in der Bäckerei.

Hydroxide in der Bauindustrie. Zur Herstellung von Kalkmörtel vermischt man Calciumhydroxid mit Wasser und Sand zu einem Brei. Der Mörtel wird beim Mauern als Bindemittel zwischen den Ziegelsteinen und auch zum Verputzen von Wänden genutzt (Abb. 1). Beim Abbinden des Kalkmörtels reagiert Calciumhydroxid mit dem Kohlenstoffdioxid der Luft zu Calciumcarbonat. Dabei bilden die Calciumcarbonatkristalle mit den Sandkörnern einen festen Baustoff, der gut zusammenhält.

Hydroxide – eine Industriechemikalie. Natriumhydroxid wird weltweit in sehr großen Mengen produziert. Allein in Deutschland sind es jährlich mehr als drei Millionen Tonnen. Nur ein kleiner Anteil davon wird im Labor eingesetzt oder im Alltag genutzt. So enthalten chemisch wirkende Ab-

beizer gelöstes Natriumhydroxid, um die Anstriche alter Möbel zu entfernen. Der größte Teil des Natriumhydroxids wird in der chemischen Industrie verbraucht. Meist geht es darum, störende Säuren in Stoffgemischen zu neutralisieren. Natronlauge wird aber auch in großen Mengen bei der Gewinnung von Aluminium benötigt. Weitere Einsatzbereiche sind die Produktion von Kunstseide, sowie Wasch- und Bleichmitteln.

Laugenbrezeln. Vor dem Backen wird das Laugengebäck in Brezellauge getaucht. Sie enthält etwa 3 % Natriumhydroxid (Abb. 2). Beim Backen werden die Brezeln dann schön braun. Überschüssige Natronlauge reagiert dabei mit Kohlenstoffdioxid zu unschädlichen Verbindungen.

Tauchgerät. Spezielle Tauchgeräte können die vom Taucher ausgeatmete Luft vom Kohlenstoffdioxid befreien. Dazu wird die Atemluft durch einen Behälter mit Hydroxiden (Atemkalk) gedrückt und das Kohlenstoffdioxid wird chemisch gebunden. Die so gereinigte Luft gelangt mit frischem Sauerstoff aus der Druckflasche in den Atemkreislauf zurück (Abb. 3).

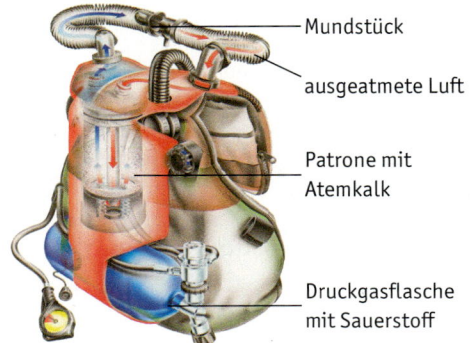

Mundstück

ausgeatmete Luft

Patrone mit Atemkalk

Druckgasflasche mit Sauerstoff

3 Tauchgerät

---

1 Beim Backen von Laugenbrezeln reagiert überschüssige Natronlauge mit Kohlenstoffdioxid zu Soda (Na_2CO_3) und Wasser. Stelle die Reaktionsgleichung auf.

2 Stelle die Reaktionsgleichung für das Abbinden des Kalkmörtels auf. Als Nebenprodukt entsteht außerdem Wasser.

3 Erläutere die Funktionsweise des Tauchgerätes mithilfe der Abb. 3.

Versuch 1:
Sauer oder basisch?

Materialien: Tropfpipetten;
Bromthymolblaulösung, Phenolphthaleinlösung
(<0,1 %; **2, 7**), Universalindikatorlösung (**2, 7**),
Proben: Salzsäure (verd. **5**), Schwefelsäure (verd.; **5, 7**), Salpetersäure (verd.; **5, 7**), Essig, Zitronensaft, Natronlauge (verd., **5**), Kalkwasser, Seifenlauge.

Durchführung:
1. Gib von allen Proben jeweils etwa 2 ml Lösung in ein Reagenzglas. Tropfe überall Bromthymolblaulösung zu.
2. Wiederhole die Versuche mit Phenolphthaleinlösung und mit Universalindikatorlösung.

Aufgabe:
Notiere die Färbungen der Lösungen in einer Tabelle und deute die Farbänderungen.

Versuch 2:
Saure und basische Lösungen im Haushalt

Materialien: Tropfpipette, Spatel;
Bromthymolblaulösung, Phenolphthaleinlösung
(<0,1 %; **2, 7**), Universalindikatorlösung (**2, 7**),
Proben: Kochsalz, Buttermilch, Waschpulver, Haushaltsreiniger, Entkalker, Joghurt, Sauerkraut, Natriumhydrogencarbonat, Abflussreiniger (**5, 7**).

Durchführung:
1. Gib jeweils eine kleine Probe in ein Reagenzglas mit etwa 2 ml Wasser und schüttle vorsichtig um.
2. Tropfe in jedes Reagenzglas Bromthymolblaulösung und schüttle.
3. Wiederhole die Versuche mit Phenolphthaleinlösung und mit Universalindikatorlösung.

Aufgabe:
Notiere deine Ergebnisse in Form einer Tabelle.

Versuch 3:
Untersuchung von Natriumhydroxid

Materialien: Wechselspannungsquelle, Kabel, Krokodilklemmen, Strommessgerät, Graphitelektroden, Becherglas (100 ml), Thermometer, Uhrglas; Natriumhydroxidplätzchen (**5**).

Durchführung:
1. Baue eine Apparatur zur Prüfung der elektrischen Leitfähigkeit auf.
2. Lege eine Spannung von 5 V an und stelle einen Messbereich im Milli-Ampere-Bereich ein.
3. Lege ein Natriumhydroxidplätzchen auf das Uhrglas und prüfe die elektrische Leitfähigkeit.
4. Gib in das Becherglas 40 ml Wasser und bestimme die elektrische Leitfähigkeit und Temperatur.
5. Versetze das Wasser mit 10 Natriumhydroxidplätzchen und rühre mit einem Glasstab um. Bestimme die elektrische Leitfähigkeit und die Temperatur.

Aufgaben:
a) Notiere deine Beobachtungen und werte sie aus.
b) Formuliere die Reaktionsgleichung.

Versuch 4:
Eigenschaften von Seifen

Materialien: Tropfpipetten, Stopfen;
Universalindikatorlösung (**2, 7**), Kernseife, hautneutrale Seife, Feinseife, Calciumchloridlösung (**7**).

Durchführung:
1. Schabe von jeder Seifenart einige Flocken in ein Reagenzglas mit 10 ml Wasser, setze einen Stopfen auf und schüttle kräftig.
2. Gib Universalindikator hinzu und schüttle.
3. Gib 1 ml Calciumchloridlösung zu 10 ml Wasser. Füge einige Seifenflocken hinzu, setze einen Stopfen auf und schüttle kräftig.

Aufgaben:
a) Notiere deine Beobachtungen.
b) Werte die Beobachtungen aus.

Versuch 5:
Reaktion von Erdalkalimetalloxiden mit Wasser

Materialien: Tropfpipette, Trichter, Filtrierpapier; Calciumoxid (**5**), Magnesiumoxid, Universalindikatorlösung (**2**, **7**).

Durchführung:
1. Fülle zwei Reagenzgläser mit 5 ml Wasser.
2. Gib in das eine Reagenzglas eine Spatelspitze Magnesiumoxid und in das andere eine Spatelspitze Calciumoxid. Schüttle gut durch und filtriere die Lösungen.
3. Prüfe die Filtrate mit Universalindikatorlösung.

Aufgabe:
Notiere deine Beobachtungen und formuliere die Reaktionsgleichungen.

Versuch 6:
Reaktion von Calcium mit Wasser

Materialien: Becherglas (250 ml), Kunststoffspritze (50 ml), Reagenzglas, Stopfen, Pinzette; Calcium (Granalien, **2**), Phenolphthaleinlösung (<0,1 %; **2**, **7**).

Durchführung:
1. Fülle das Becherglas mit Wasser und versetze es mit 5 Tropfen Phenolphthaleinlösung. Rühre mit einem Glasstab um.
2. Entferne den Stempel aus der Spritze und gib ein erbsengroßes Stück Calcium in die Spritzenhülse. Benutze dazu eine Pinzette.
3. Setze den Stempel wieder in die Spritze ein und drücke die Luft heraus.
4. Ziehe das Wasser aus dem Becherglas in die Spritze und warte, bis die Reaktion beendet ist. Halte dabei die Spritzenöffnung über das Becherglas.
5. Überführe das in der Spritze enthaltene Gas von unten in das Reagenzglas und verschließe es.
6. Führe die Knallgasprobe durch.

Aufgabe:
Notiere deine Beobachtungen und formuliere die Reaktionsgleichung.

Versuch 7:
Reaktion von Lithium mit Wasser

Materialien: Becherglas (500 ml), Pinzette, Stopfen, Stativmaterial; Lithium (**2**, **5**), Universalindikatorlösung (**2**, **7**).

Durchführung:
1. Fülle das Becherglas bis etwa 2 cm unter den Rand mit Wasser.
2. Versetze das Wasser mit einigen Tropfen Universalindikatorlösung und rühre mit einem Glasstab um.
3. Spanne ein mit Wasser vollständig gefülltes Reagenzglas so ein, dass es mit der Öffnung nach unten ins Wasser im Becherglas eintaucht.
4. Halte mit der Pinzette ein erbsengroßes entrindetes Stück Lithium unter die Reagenzglasöffnung, wie in der Abbildung dargestellt.
5. Verschließe das Reagenzglas nach der Reaktion mit einem Stopfen.
6. Nimm das Reagenzglas aus der Halterung und lasse eventuell noch enthaltenes Wasser ablaufen.
7. Führe die Knallgasprobe durch.

Aufgaben:
a) Notiere deine Beobachtungen.
b) Stelle die Reaktionsgleichung für die Reaktion von Lithium mit Wasser auf.
c) Rubidium und Caesium werden in zugeschmolzenen Glasampullen aufbewahrt. Erkläre diese Maßnahme.

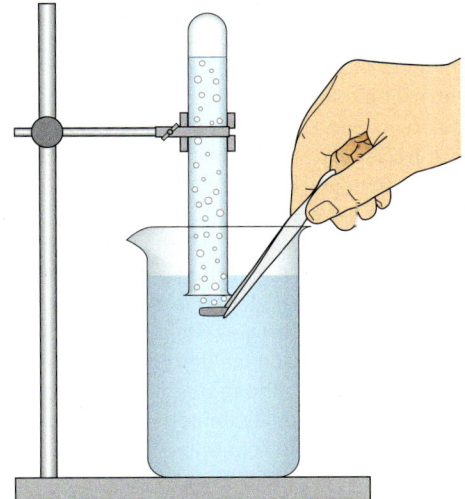

Süßwasserfische benötigen annähernd neutrales Wasser.

pH 7

1 *Süßwasseraquarium*

Meerwasserfische bevorzugen leicht basisches Wasser.

pH 8,5

2 *Meerwasseraquarium*

Aquarienfreunde müssen regelmäßig die Wasserqualität im Aquarium prüfen, um optimale Bedingungen für ihre Fische schaffen zu können. Süßwasserfische (Abb. 1) kann man nur in neutralem Wasser halten, Meerwasserfische (Abb. 2) dagegen benötigen leicht basisches Wasser. Wird das Wasser zu sauer, sind die Fische gefährdet. Die Anzahl der Wasserstoff-Ionen und der Hydroxid-Ionen im Wasser ist somit von größter Bedeutung. Gemessen wird sie mit einem Teststreifen. Das Meßergebnis ist der **pH-Wert**. Dieser Wert ist ein Maß für die Anzahl der in einem Liter einer Lösung enthaltenen Wasserstoff-Ionen. Die Anzahl der Wasserstoff-Ionen und die Anzahl der Hydroxid-Ionen sind voneinander abhängig; daher gilt der pH-Wert auch als ein Maß für die Anzahl der OH^--Ionen in einem Liter Lösung.

pH-Skala. Die pH-Skala reicht von 0 bis 14. *Neutrale Lösungen* haben den pH-Wert 7. Sie enthalten Wasserstoff-Ionen und Hydroxid-Ionen in geringer, *gleich großer Anzahl.* Bei sauren Lösungen ist der pH-Wert kleiner als 7. Dabei ist die Anzahl der Wasserstoff-Ionen größer als in der neutralen Lösung. Basische Lösungen haben pH-Werte größer als 7; die Anzahl der Hydroxid-Ionen ist größer als in neutraler Lösung. Eine Lösung ist umso *saurer,* je kleiner der pH-Wert ist: Salzsäure mit dem pH-Wert 0 enthält $6 \cdot 10^{23}$ Wasserstoff-Ionen in einem Liter Lösung. Verdünnt man die Lösung auf das Zehnfache, so sinkt die Anzahl der H^+-Ionen in einem Liter auf ein Zehntel ($6 \cdot 10^{22}$); der pH-Wert steigt von 0 auf 1. Bei einer weiteren Verdünnung um den Faktor 10 steigt der pH-Wert auf 2. Eine Erhöhung des pH-Wertes um eine Stufe bedeutet also eine Verkleinerung der Anzahl der H^+-Ionen pro Liter auf ein Zehntel.

Eine Lösung ist umso basischer, je größer der pH-Wert ist: Natronlauge mit dem pH-Wert 14 enthält $6 \cdot 10^{23}$ Hydroxid-Ionen in einem Liter Lösung. Verdünnt man die Lösung auf das Zehnfache, so sinkt die Anzahl der OH^--Ionen in einem Liter auf ein Zehntel ($6 \cdot 10^{22}$); der pH-Wert sinkt von 14 auf 13. Bei einer Verminderung des pH-Wertes um eine Stufe verringert sich also die Anzahl der Hydroxid-Ionen pro Liter jeweils auf ein Zehntel.

Die Bedeutung des pH-Wertes. Bei nahezu allen Stoffwechselvorgängen spielt der pH-Wert eine wichtige Rolle: Pflanzen wachsen nur bei bestimmten pH-Werten optimal. Salat benötigt einen Boden mit einem pH-Wert zwischen 6 bis 7; Erdbeeren bevorzugen leicht basische Böden mit pH-Werten um 8,5. Unsere Hautoberfläche weist einen pH-Wert von 5,5 auf; sie ist also leicht sauer. Diese als Säureschutzmantel bezeichnete Schicht schützt die Haut gegen Keime und Krankheitserreger. Auch bei allen Verdauungsvorgängen in unserem Körper kommt es auf den richtigen pH-Wert an. Magensaft ist stark sauer, Dünndarmsäfte dagegen basisch.

> Der pH-Wert einer Lösung ist ein Maß für die Anzahl der in einem Liter einer Lösung enthaltenen Wasserstoff-Ionen oder Hydroxid-Ionen. Ein Unterschied von einer Einheit auf der pH-Skala bedeutet eine Änderung der Anzahl der Ionen um den Faktor 10.

1 Erkläre den Aufbau der pH-Skala.

2 a) Aus einem Liter Salzsäure mit pH = 2 will man Salzsäure mit pH = 3 herstellen.
b) Aus einem Liter Natronlauge mit pH = 13 will man Natronlauge mit pH = 11 herstellen. Beschreibe jeweils die Vorgehensweise.

3 10 ml Salzsäure mit pH = 1 werden auf 10 Liter verdünnt. Gib die Änderung des pH-Wertes an.

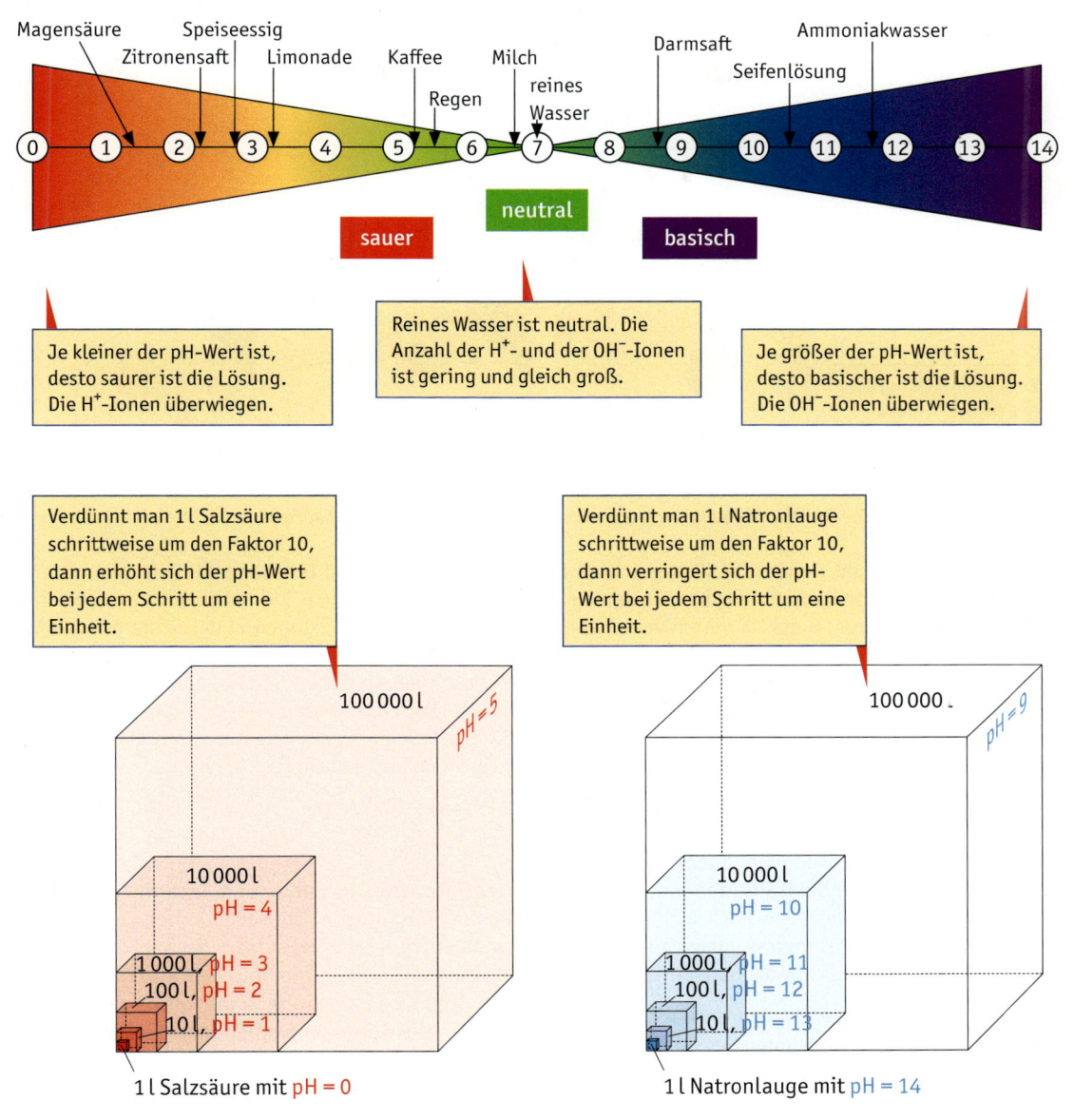

Magensäure
Speiseessig
Zitronensaft
Limonade
Kaffee
Milch
Regen
reines Wasser
Darmsaft
Ammoniakwasser
Seifenlösung

0 1 2 3 4 5 6 7 8 9 10 11 12 13 14

neutral

sauer   **basisch**

Je kleiner der pH-Wert ist, desto saurer ist die Lösung. Die H^+-Ionen überwiegen.

Reines Wasser ist neutral. Die Anzahl der H^+- und der OH^--Ionen ist gering und gleich groß.

Je größer der pH-Wert ist, desto basischer ist die Lösung. Die OH^--Ionen überwiegen.

Verdünnt man 1 l Salzsäure schrittweise um den Faktor 10, dann erhöht sich der pH-Wert bei jedem Schritt um eine Einheit.

Verdünnt man 1 l Natronlauge schrittweise um den Faktor 10, dann verringert sich der pH-Wert bei jedem Schritt um eine Einheit.

100 000 l   pH = 5
10 000 l   pH = 4
1 000 l   pH = 3
100 l   pH = 2
10 l   pH = 1

1 l Salzsäure mit pH = 0

100 000 l   pH = 9
10 000 l   pH = 10
1 000 l   pH = 11
100 l   pH = 12
10 l   pH = 13

1 l Natronlauge mit pH = 14

1 a) Berechne das Volumen an Wasser, das nötig ist, um den pH-Wert von 250 Litern durch Salzsäure verunreinigtem Abwasser von pH = 1 auf pH = 6 anzuheben.
b) Beurteile diese Methode, Abwasser so unschädlich zu machen.

2 In einem Schwimmbecken von 25 m Länge, 20 m Breite und 2 m Tiefe ist der pH-Wert auf 4 gesunken. Berechne das nötige Volumen an Natronlauge mit pH = 14, damit der pH-Wert des Wassers auf 7 ansteigt.

3 a) Beschreibe, welche Auswirkungen häufiges Waschen mit Seife auf unsere Haut haben kann.
b) In der Werbung werden pH-neutrale und hautneutrale Reinigungsmittel angepriesen. Erkläre die Begriffe pH-neutral und hautneutral.

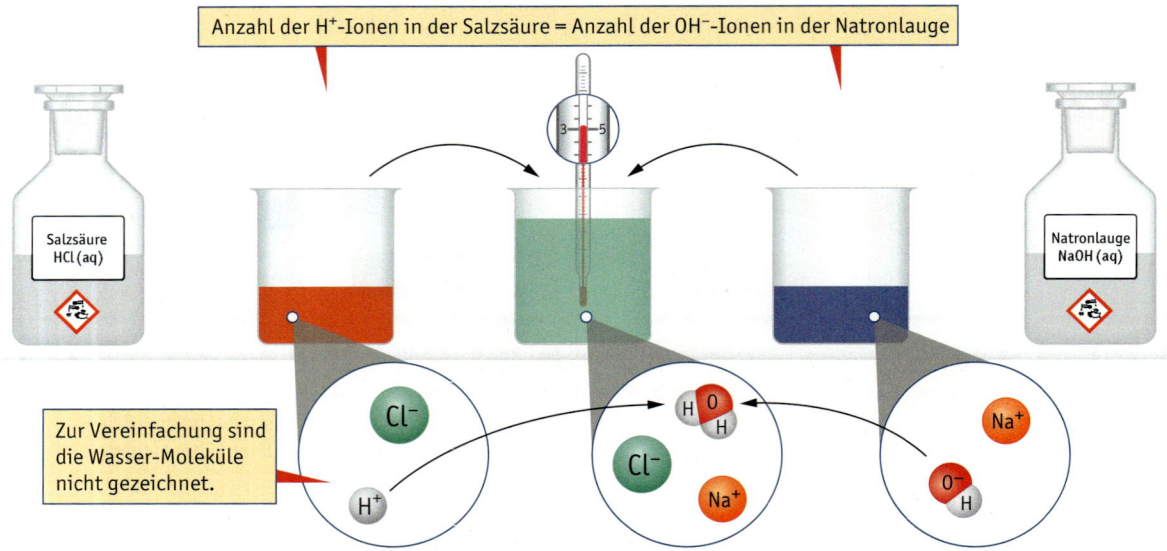

1 *Die Neutralisation ist eine exotherme Reaktion (verwendeter Indikator: Universalindikator).*

Versetzt man Salzsäure mit Universalindikator und gibt tropfenweise Natronlauge hinzu, bilden sich an der Eintropfenstelle grüne Schlieren. Beim Umrühren verschwinden die Schlieren zunächst wieder und die Lösung färbt sich wieder rot. Wenn man vorsichtig weitere Tropfen Natronlauge hinzu gibt, kann man erreichen, dass die gesamte Lösung grün wird und sich erwärmt. Sie reagiert nun weder sauer noch basisch, sondern **neutral** (Abb. 1). Die Reaktion zwischen einer sauren und einer basischen Lösung bezeichnet man daher als **Neutralisation**.

Dampft man die neutrale Lösung ein, bleibt eine Kruste aus Kochsalz zurück. Bei der Neutralisation von Salzsäure und Natronlauge entsteht also eine Kochsalzlösung. Die in ihr enthaltenen Natrium-Ionen stammen aus der Natronlauge, die Chlorid-Ionen aus der Salzsäure.

Der wesentliche Vorgang bei der Neutralisation ist die Reaktion zwischen den $H^+(aq)$-Ionen der sauren Lösung und den $OH^-(aq)$-Ionen aus der basischen Lösung zu Wasser-Molekülen.

$$\underset{\text{Salzsäure}}{H^+(aq) + Cl^-(aq)} + \underset{\text{Natronlauge}}{Na^+(aq) + OH^-(aq)} \rightarrow$$
$$\underset{\text{Kochsalzlösung}}{Na^+(aq) + Cl^-(aq)} + \underset{\text{Wasser}}{H_2O(l)}; \quad \text{exotherm}$$

Die bei der Reaktion frei werdende Wärme bezeichnet man als *Neutralisationswärme*. Die bei der Neutralisation entstehenden Salzlösungen enthalten positiv geladene Metall-Ionen aus der basischen Lösung und negativ geladene Säurerest-Ionen aus der sauren Lösung:

$$\text{basische Lösung} + \text{saure Lösung} \xrightarrow{\text{Neutralisation}}$$
$$\text{Salzlösung} + \text{Wasser}$$

Neutralisation und Teilchenzahl. Eine neutrale Lösung mit dem pH-Wert von 7 erhält man nur, wenn die Anzahl der Wasserstoff-Ionen in der Säure mit der Anzahl der Hydroxid-Ionen in der Lauge übereinstimmt. Bei der Reaktion müssen alle H^+-Ionen und OH^--Ionen zu Wasser-Molekülen reagieren. Dies gilt auch, wenn man eine Säure wie Schwefelsäure neutralisiert, die zwei H^+-Ionen in die Reaktion einbringt:

$$2\,H^+(aq) + SO_4^{2-}(aq) + 2\,Na^+(aq) + 2\,OH^-(aq) \rightarrow$$
$$2\,H_2O(l) + 2\,Na^+(aq) + SO_4^{2-}(aq)$$

Neutralisation in Labor und Technik. Abwässer aus Produktionsanlagen der chemischen Industrie sind vielfach stark sauer oder stark basisch. Sie würden die Mikroorganismen in biologischen Kläranlagen schädigen, wenn man sie direkt in die Kanalisation einleitet. Industrielle Abwässer werden daher ständig auf ihren pH-Wert überprüft und automatisch durch gezielte Zugabe von Lauge oder Säure neutralisiert.

Auch im Chemielabor dürfen stark saure oder stark basische Lösungen nicht direkt in den Ausguss geschüttet werden, denn auf Dauer könnten die Abwasserrohre geschädigt werden. Größere Mengen könnten sich auch hier störend in der Kläranlage bemerkbar machen.

> Bei der Neutralisation reagieren die Wasserstoff-Ionen der sauren Lösung mit den Hydroxid-Ionen der basischen Lösung zu Wasser-Molekülen:
> $H^+(aq) + OH^-(aq) \rightarrow H_2O(l); \quad$ exotherm
> Bei der Neutralisation entsteht eine Salzlösung.

Verschiedene Wege der Salzbildung

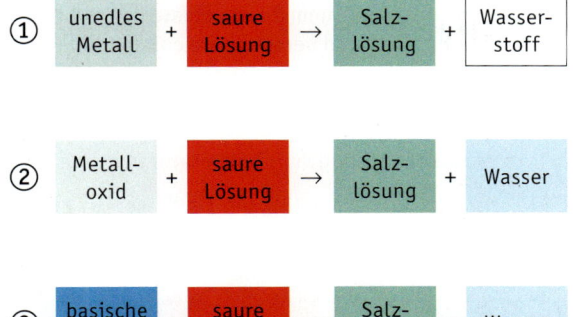

① unedles Metall + saure Lösung → Salzlösung + Wasserstoff

② Metalloxid + saure Lösung → Salzlösung + Wasser

③ basische Lösung + saure Lösung → Salzlösung + Wasser

④ Metall + Nichtmetall → Salz

Beispiele

Natrium + Salzsäure →
Natriumchlorid + Wasserstoff
2 Na (s) + 2 HCl (aq) →
2 NaCl (aq) + H_2 (g)

Natriumoxid + Salzsäure →
Natriumchlorid + Wasser
Na_2O (s) + 2 HCl (aq) →
2 NaCl (aq) + H_2O (l)

Natronlauge + Salzsäure →
Natriumchlorid + Wasser
NaOH (aq) + HCl (aq) →
NaCl (aq) + H_2O (l)

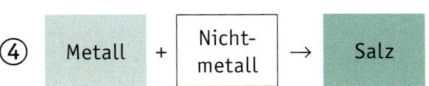

Salze bilden sich, wenn eine saure Lösung mit unedlen Metallen, Metalloxiden oder Metallhydroxiden reagiert.

Natrium + Chlor →
Natriumchlorid
2 Na (s) + Cl_2 (g) →
2 NaCl (s)

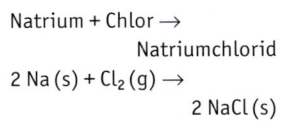

Salze können aber auch durch Reaktionen von einem Metall mit einem Nichtmetall wie Sauerstoff, Schwefel oder einem Halogen entstehen.

Salz	Ionen	Formel
Natriumchlorid	Na^+, Cl^-	NaCl
Kaliumchlorid	K^+, Cl^-	KCl
Ammoniumchlorid	NH_4^+, Cl^-	NH_4Cl
Natriumsulfat	2 Na^+, SO_4^{2-}	Na_2SO_4
Bariumsulfat	Ba^{2+}, SO_4^{2-}	$BaSO_4$

Salz	Ionen	Formel
Natriumhydrogensulfat	Na^+, HSO_4^-	$NaHSO_4$
Calciumcarbonat	Ca^{2+}, CO_3^{2-}	$CaCO_3$
Natriumhydrogencarbonat	Na^+, HCO_3^-	$NaHCO_3$
Natriumphosphat	3 Na^+, PO_4^{3-}	Na_3PO_4
Kaliumnitrat	K^+, NO_3^-	KNO_3

2 Bildung und Benennung von Salzen

---

1 a) Formuliere eine allgemeine Reaktionsgleichung für eine Neutralisationsreaktion.
   b) Begründe, ob die bei der Neutralisation entstehende neutrale Lösung den elektrischen Strom leitet.
2 Stelle die Reaktionsgleichungen für die folgenden Reaktionen auf:
   a) Salzsäure + Kaliumhydroxidlösung
   b) Schwefelsäure + Natronlauge
   c) Kohlensäure + Calciumhydroxidlösung
   d) Phosphorsäure + Natronlauge
   e) Salpetersäure + Bariumhydroxidlösung
3 Kaliumnitrat soll durch eine Neutralisation hergestellt werden. Formuliere die Reaktionsgleichung.
4 Aluminiumchlorid kann auf vier verschiedenen Wegen hergestellt werden. Gib die entsprechenden Reaktionsgleichungen an. Nutze dazu auch Abb. 2.

5 a) Benenne folgende Salze: KNO_3, $CaSO_4$, $Ca_3(PO_4)_2$, $NaHSO_4$.
   b) Gib die Verhältnisformel der folgenden Salze an: Natriumcarbonat, Aluminiumsulfat, Magnesiumsulfat.
6 Konzentrierte Schwefelsäure darf man keinesfalls mit konzentrierter Natronlauge neutralisieren. Erkläre.
7 Wenn bei einem Unfall Säure auf die Haut gelangt, darf man die betroffenen Stellen nicht mit Natronlauge behandeln, sondern muss sie mit viel Wasser abspülen. Gib dafür eine Begründung.
8 Erkläre auch mithilfe von Reaktionsgleichungen, weshalb man für die Neutralisation von Schwefelsäure das doppelte Volumen an Natronlauge benötigt wie für die Neutralisation einer gleich konzentrierten Salzsäure.

Versuch 1:
Neutralisation

Materialien: Bechergläser (50 ml), Tropfpipetten, Gasbrenner;
Natronlauge (verd.; **5**), Calciumhydroxidlösung, Salzsäure (verd.; **5**), Schwefelsäure (verd.; **5, 7**), Phenolphthaleinlösung (<0,1 %; **2, 7**).

Durchführung:

1. Gib etwa 10 ml Natronlauge in ein Becherglas und setze einige Tropfen Phenolphthaleinlösung hinzu.
2. Tropfe nach und nach Schwefelsäure zu, bis der Indikator gerade umschlägt.
3. Dampfe einen Teil der Lösung vorsichtig ein.
4. Wiederhole den Versuch mit Calciumhydroxidlösung und Salzsäure.

Aufgaben:

a) Notiere deine Beobachtungen und deute sie.
b) Formuliere die Reaktionsgleichungen.

Versuch 2 für Experten:
Neutralisationswärme

Materialien: Becherglas (200 ml), 2 Messzylinder (100 ml), Thermometer, Glasstab, Stoppuhr;
Salzsäure ($1 \frac{mol}{l}$; **5**), Natronlauge ($1 \frac{mol}{l}$; **5**), Schwefelsäure ($0,1 \frac{mol}{l}$)
Hinweis: Der Versuch darf nur mit den hier angegebenen Konzentrationen der Lösungen durchgeführt werden.

Durchführung:

1. Miss in einem Messzylinder 50 ml Natronlauge und in einem zweiten Messzylinder 50 ml Salzsäure ab. Beide Lösungen sollten ungefähr Raumtemperatur haben.
2. Fülle die Salzsäure in das Becherglas und miss die Ausgangstemperatur. Notiere den Wert.
3. Gieße zügig die Natronlauge zur Salzsäure und rühre um.
4. Miss 3 Minuten lang alle 30 Sekunden die Temperatur und erstelle eine Wertetabelle.
5. Wiederhole den Versuch mit 50 ml Schwefelsäure und 10 ml Natronlauge.

Aufgaben:

a) Stelle die Messungen in einem Diagramm dar.
b) Lies aus dem Diagramm die maximale Temperaturerhöhung ΔT ab und berechne die entstandene Wärmemenge Q nach der folgenden Formel:

$$Q = 4{,}18 \frac{J}{g \cdot K} \cdot m \cdot \Delta T$$

m: Masse der Lösung, T: Temperatur in Kelvin

Hinweis: Man benötigt 4,18 J, um 1 g Wasser um 1 K zu erwärmen.

Versuch 3:
Forschungsauftrag zur Neutralisation

Der Sammelbehälter für saure und basische Lösungen im Labor ist voll. Für die fachgerechte Entsorgung muss die darin enthaltene saure Lösung unbedingt neutralisiert werden. Leider sind die Indikatoren abhanden gekommen, mit denen man die Lösung prüfen könnte. Statt dessen findet ihr in eurem Labor die unten genannten Materialien.
Hinweis: Nicht alle Materialien sind geeignet.

Materialien: Bechergläser (150 ml), Tropfpipetten, Taschenlampenbatterie; Marmorstückchen, zu entsorgende saure Lösung (etwa $0,1 \frac{mol}{l}$), Natronlauge ($0,1 \frac{mol}{l}$), Magnesiumband (**2**), Kupferblech, Calciumoxid (**5**), rostige Nägel, Nägel.

Arbeitsaufträge:

1. Überlegt in eurer Gruppe, wie man die saure Lösung mithilfe der zur Verfügung stehenden Materialien neutralisieren kann.
2. Formuliert eine Versuchsvorschrift und begründet euer Vorgehen.
3. Stellt eure Planung eurer Lehrkraft vor und führt den Versuch durch.
4. Es wird ein letztes Stück Indikatorpapier gefunden. Überprüft damit das Ergebnis eurer Neutralisation.

Aufgaben:

a) Notiert die Beobachtungen und erstellt ein Versuchsprotokoll.
b) Formuliert die Reaktionsgleichungen für die beim Versuch ablaufenden Reaktionen.
c) Vergleicht eure Vorgehensweise mit denen anderer Gruppen und beurteilt euer Verfahren.

Versuch 4:
Salzbildung 1: Metall und saure Lösung

Materialien: Becherglas (150 ml), Gasbrenner, Tropfpipetten;
Salzsäure (verd.; **5**), Calcium (gekörnt; **2**), Magnesiumspäne (**2**).

Durchführung:
1. Fülle etwa daumenbreit Salzsäure in ein Reagenzglas und gib wenige Körnchen Calcium hinein.
2. Halte ein weiteres Reagenzglas umgedreht über die Öffnung des Reagenzglases. Führe anschließend die Knallgasprobe durch.
3. Entnimm mit einer Pipette zwei Tropfen der Reaktionslösung und dampfe sie in einem Reagenzglas vorsichtig ein.
4. Wiederhole den Versuch mit Magnesium.

Aufgaben:
a) Notiere deine Beobachtungen und deute sie.
b) Stelle die Reaktionsgleichungen auf.

Versuch 5:
Salzbildung 2: Metalloxid und saure Lösung

Materialien: Bechergläser (150 ml), Gasbrenner, Trichter, Filtrierpapier, Tropfpipetten;
Magnesiumoxid , Kupferoxid (**7**, **9**, **B2**), Salzsäure (verd.; **5**), Schwefelsäure (verd.; **5**, **7**).

Durchführung:
1. Gib in ein Reagenzglas eine Spatelspitze Magnesiumoxid und setze dann etwa daumenbreit Salzsäure zu. Schüttle vorsichtig.
2. Filtriere das restliche Magnesiumoxid ab.
3. Dampfe zwei Tropfen der Lösung in einem Reagenzglas vorsichtig ein.
4. Wiederhole den Versuch mit Kupferoxid und Schwefelsäure. Die Mischung muss dabei etwas erwärmt werden.

Aufgaben:
a) Notiere deine Beobachtungen und stelle die Reaktionsgleichungen auf.
b) Begründe, dass in beiden Fällen eine Reaktion stattgefunden hat.

Versuch 6:
Salzbildung 3: Salz und saure Lösung

Materialien: Reagenzglas mit seitlichem Ansatz, Stopfen mit Bohrung, Winkelrohr, Schlauchstück, Tropfpipette, Trichter, Filtrierpapier, Gasbrenner; Calciumcarbonat, Salzsäure (verd.; **5**), Kalkwasser.

Durchführung:
1. Gib einen Spatel Calciumcarbonat in das Reagenzglas und setze den Versuchsaufbau gemäß der Abbildung zusammen.
2. Fülle das Reagenzglas zu zwei Dritteln mit klarem Kalkwasser und tauche das Gasableitungsrohr ein.
3. Tropfe so viel Salzsäure auf das Calciumcarbonat, bis es sich aufgelöst hat.
4. Entnimm mit einer Pipette zwei Tropfen der Lösung aus dem Reagenzglas mit Ansatz und dampfe sie in einem Reagenzglas vorsichtig ein.

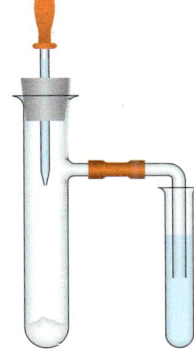

Aufgaben:
a) Notiere deine Beobachtungen.
b) Formuliere die Reaktionsgleichungen für die Reaktion von Calciumcarbonat mit Salzsäure und für die Nachweisreaktion des Gases.

Versuch 7:
Forschungsauftrag: Herstellung von Calciumsulfat

Arbeitsaufträge:
1. Stellt eine kleine Menge Calciumsulfat her.
2. Plant dazu in eurer Gruppe ein Experiment, indem ihr eine Liste der benötigten Chemikalien zusammenstellt und einen Versuchsaufbau skizziert.
3. Stellt den geplanten Versuch eurer Lehrkraft vor und führt das Experiment anschließend durch.

Aufgaben:
a) Notiert eure Beobachtungen und formuliert die Reaktionsgleichung für die Reaktion.
b) Vergleicht eure Vorgehensweise mit denen anderer Gruppen und beurteilt euer Verfahren.

Säuren und Laugen sind feindliche und entgegengesetzt wirkende Stoffe. Wenn sie zusammengebracht werden, entstehen Salze.

um 1650

Johann Rudolph GLAUBER

Nichtmetalloxide bilden in wässriger Lösung Säuren. Säuren sind also Sauerstoffverbindungen.

1778

Antoine Laurent de LAVOISIER

Salze bilden sich, wenn in Säuren die Wasserstoff-Atome durch Metall-Atome ersetzt werden.

1838

Justus von LIEBIG

Säuren sind Wasserstoffverbindungen.

1814

Humphry DAVY

Säuren zerfallen beim Lösen in Wasser in positiv geladene Wasserstoff-Ionen und negativ geladene Säurerest-Ionen. Basen bilden beim Lösen positiv geladene Baserest-Ionen und negativ geladene Hydroxid-Ionen.

1884

Svante ARRHENIUS

?

1923

Johannes Nicolaus BRÖNSTED

An vielen chemischen Reaktionen sind Säuren und Basen beteiligt. Im Laufe der Zeit wurden verschiedene Theorien entwickelt, um Säure-Base-Reaktionen in allgemeiner Form zu beschreiben und deren Eigenschaften zu erklären. Bei allen unterschiedlichen Ansätzen für eine solche Theorie wurde der Begriff *Säure* immer beibehalten; er bekam allerdings im Laufe der Zeit in den verschiedenen Theorien unterschiedliche Bedeutungen. Bei den Gegenspielern der Säuren wurde zwischen *Laugen* und *Basen* unterschieden.

Mit *Laugen* werden die stark basische Lösungen einiger Alkali- und Erdalkalimetallhydroxide bezeichnet. Der Begriff *Base* ist weiter gefasst.

In unserer Alltagssprache sind die älteren Begriffe für Säuren und Basen noch sehr weit verbreitet.

1 a) Finde für jede Theorie von GLAUBER bis ARRHENIUS ein Beispiel aus dem Alltag oder dem Chemieunterricht, an dem die jeweilige Theorie deutlich wird.
b) Begründe, ob die in den Theorien verwendeten Begriffe *Lauge, Base* und *Säure* auf der Ebene der Stoffe oder auf der Ebene der Teilchen definiert sind.
c) Formuliere – sofern möglich – zu jedem Beispiel aus Aufgabe a) eine Reaktionsgleichung.

2 BRÖNSTED entwickelte 1923 eine weitere Theorie. Recherchiere die Grundlagen.

3 Erstelle eine Zeitleiste für die historische Entwicklung der Begriffe *Säure, Lauge* und *Base*. Recherchiere weitere chemisch bedeutsame Entwicklungen und ergänze sie in der Zeitleiste.

4 Recherchiere weitere Entdeckungen der oben angeführten Chemiker.

1. Säuren – saure Lösungen

a) **Saure Lösungen** sind wässrige Lösungen, die hydratisierte *Wasserstoff-Ionen* ($H^+(aq)$) enthalten. Sie entstehen, wenn *Säuren* mit Wasser reagieren.

b) **Säuren** sind Molekülverbindungen, die mit Wasser zu hydratisierten *Wasserstoff-Ionen* ($H^+(aq)$) und *Säurerest-Anionen* reagieren.

2. Hydroxide – basische Lösungen

a) **Hydroxide** sind Feststoffe. Sie sind aus positiv geladenen *Metall-Ionen* und negativ geladenen *Hydroxid-Ionen* (OH^-) aufgebaut. Beim Lösen in Wasser zerfällt das Ionengitter; dabei entstehen frei bewegliche Ionen.

b) **Basische Lösungen** sind wässrige Lösungen, die *Hydroxid-Ionen* ($OH^-(aq)$) enthalten.

Beispiele:

Hydroxid	NaOH	KOH	LiOH	$Ca(OH)_2$	$Ba(OH)_2$	$Al(OH)_3$
Kation	Na^+	K^+	Li^+	Ca^{2+}	Ba^{2+}	Al^{3+}
Anion	OH^-	OH^-	OH^-	OH^-	OH^-	OH^-

c) **Bildung basischer Lösungen**

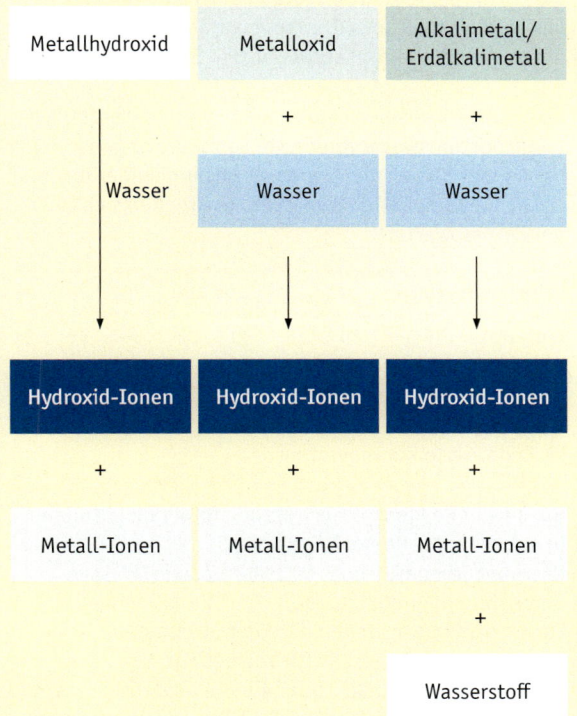

3. Indikatoren und basische Lösungen

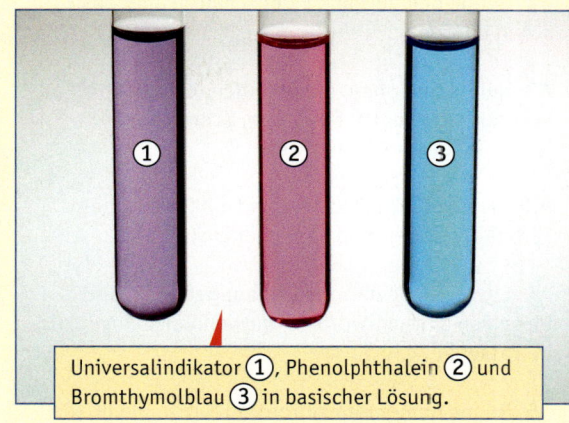

Universalindikator ①, Phenolphthalein ② und Bromthymolblau ③ in basischer Lösung.

4. Neutrale Lösungen

Neutrale Lösungen sind weder sauer noch basisch.

5. pH-Wert

Der pH-Wert ist ein Maß für die Anzahl an Wasserstoff-Ionen und Hydroxid-Ionen in einem Liter Lösung.

Die pH-Skala umfasst den Bereich von 0 bis 14. Ein Unterschied von einer Einheit auf der pH-Skala bedeutet eine Änderung der Anzahl der Ionen um den Faktor 10.

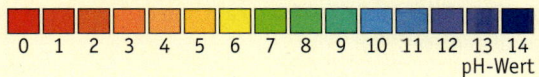

| 0 | 1 | 2 | 3 | 4 | 5 | 6 | 7 | 8 | 9 | 10 | 11 | 12 | 13 | 14 |
pH-Wert

6. Neutralisation

Die Reaktion zwischen Wasserstoff-Ionen und Hydroxid-Ionen zu Wasser-Molekülen bezeichnet man als Neutralisation. Sie läuft ab, wenn man eine saure und eine basische Lösung zusammengibt. Gleichzeitig bildet sich eine Salzlösung:

$$H^+(aq) + Cl^-(aq) + Na^+(aq) + OH^-(aq) \rightarrow$$
$$H_2O(l) + Na^+(aq) + Cl^-(aq)$$

7. Salze

Salze sind Ionenverbindungen aus positiv geladenen Metall-Ionen und negativ geladenen Säurerest-Ionen. Allgemein unterscheidet man vier Möglichkeiten der Salzbildung:

Metall + Nichtmetall $\rightarrow$ Salz
Metall + saure Lösung $\rightarrow$ Salzlösung + Wasserstoff
Metalloxid + saure Lösung $\rightarrow$ Salzlösung + Wasser
Metallhydroxid + saure Lösung $\rightarrow$ Salzlösung + Wasser

Teste dich

A1 Nenne gemeinsame Eigenschaften aller basischen Lösungen.

A2 Nenne die Ionen, die in folgenden verdünnten Lösungen vorliegen: Salzsäure, Schwefelsäure, Natronlauge und Kalkwasser.

A3 Nenne drei Indikatoren und gib jeweils die Färbung in saurer und basischer Lösung an.

A4 Gib die Dissoziationsgleichungen für das Auflösen von Lithiumhydroxid und von Bariumhydroxid in Wasser an.

A5 Nenne Gemeinsamkeiten von Natriumhydroxid und Natriumnitrat.

A6 a) Eine verdünnte Salzsäure hat den pH-Wert 1, eine zweite den pH-Wert 3. Begründe, welche Lösung gefährlicher ist.
b) Beschreibe die Herstellung der zweiten Lösung aus der ersten Lösung.

A7 a) Gib die Verhältnisformeln folgender Salze an: Kaliumiodid, Natriumsulfat, Magnesiumcarbonat, Calciumnitrat, Natriumphosphat, Natriumhydrogencarbonat.
b) Liste die Formeln der Ionen auf, die in den Salzen vorliegen.

A8 Die Lösungen von Natriumsulfat, Bariumphosphat und Aluminiumnitrat sollen durch Neutralisation hergestellt werden. Gib die Reaktionsgleichungen in Ionenschreibweise an.

A9 Beschreibe den unten abgebildeten Versuchsaufbau und begründe, ob die Glühlampen in den abgebildeten Versuchen leuchten.

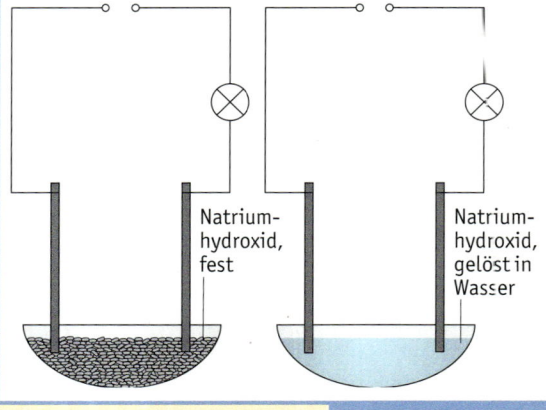

Natriumhydroxid, fest

Natriumhydroxid, gelöst in Wasser

Lösungen stehen im Anhang.

Die wichtigsten Begriffe

- saure Lösung, Säure
- Wasserstoff-Ion
- basische Lösung, Lauge
- Hydroxide
- Hydroxid-Ion
- pH-Wert
- Neutralisation
- Salzbildung

B1 a) Erkläre die obenstehenden Begriffe.
b) Verknüpfe die Begriffe zu einer Conceptmap.
c) Übertrage die Begriffe und deine Erklärungen in digitale Karteikarten.

B2 Gib vier Möglichkeiten zur Bildung von Magnesiumchlorid an. Stelle die Reaktionsgleichungen auf. Ordne die Reaktionsart *Redoxreaktion* zu.

B3 Legt man ein trockenes Stück Indikatorpapier auf Kaliumhydroxidplätzchen, zeigt sich nur sehr langsam eine Veränderung; ein angefeuchtetes Stück Indikatorpapier wird dagegen sofort blau. Erkläre diese Beobachtung.

B4 Rhabarber enthält im Vergleich zu anderen Pflanzen viel Oxalsäure. Man sollte ihn nicht über längere Zeit in einem Aluminiumtopf aufbewahren. Begründe.

B5 In einem Versuch wird zu 20 ml verdünnter Natronlauge portionsweise verdünnte Salzsäure gegeben. Nach jeder Säurezugabe wird die Lösung umgerührt und sofort die Temperatur gemessen. Es ergaben sich folgende Messwerte:

Volumen HCl (ml)	0	5	10	15	20	25	30
Temperatur (°C)	20	26	30	32	35	29	24

a) Stelle die Messergebnisse in einem geeigneten Diagramm dar.
b) Erkläre den Kurvenverlauf.

B6 In vier Reagenzgläsern stehen folgende Lösungen in unbekannter Reihenfolge bereit:
Natriumcarbonatlösung, Salzsäurelösung, Wasser und Kaliumhydroxidlösung.
Zur Identifikation stehen nur Phenolphthaleinlösung und ein Magnesiumdraht zur Verfügung.
Entwickle einen Versuchsplan für die eindeutige Identifizierung der Lösungen. Gehe auf die jeweiligen Arbeitsschritte und die zu erwartenden Beobachtungen ein.

C1 Auf den pH-Wert kommt es an

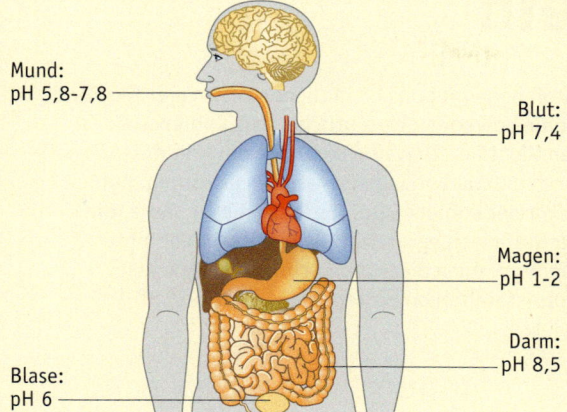

Mund:
pH 5,8-7,8

Blut:
pH 7,4

Magen:
pH 1-2

Darm:
pH 8,5

Blase:
pH 6

1 *pH-Werte in unserem Körper*

Die Flüssigkeiten in den verschiedenen Organen unseres Körpers haben unterschiedliche pH-Werte. Im Mund herrscht normalerweise ein neutraler pH-Wert. Wird beim Kauen verstärkt Speichel abgesondert, verschiebt sich der pH-Wert in den schwach basischen Bereich. Der Magensaft besteht im Wesentlichen aus verdünnter Salzsäure. Ihr niedriger pH-Wert begünstigt die Reaktion des Eiweiß verdauenden Enzyms Pepsin. Zudem werden Krankheitserreger durch den niedrigen pH-Wert abgetötet. Das basische Sekret der Bauchspeicheldrüse neutralisiert zunächst den sauren Nahrungsbrei aus dem Magen. Im basischen Milieu des Dünndarms sind die Enzyme für die Verdauung von Kohlenhydraten und Fetten am wirksamsten.

a) Einige Menschen leiden unter Sodbrennen. Dabei steigt Magensaft in die Speiseröhre und verursacht dort ein Brennen. Häufig hilft es dann schon, ein Glas Wasser zu trinken. Im Handel sind aber auch verschiedene Medikamente erhältlich. Diese Antacida enthalten meist folgende Wirkstoffe: $CaCO_3$, $Al(OH)_3$, $NaHCO_3$. Sodbrennen kann durch das Trinken von Wasser und durch Antacida gelindert werden. Erkläre diese Maßnahmen und formuliere entsprechende Reaktionsgleichungen.
b) Erkläre, weshalb saure Speisen und Getränke den Zahnschmelz angreifen. Zahnschmelz besteht größtenteils aus Apatit ($Ca_5(PO_4)_3OH$).
c) Unsere Haut besitzt einen leicht sauren Flüssigkeitsfilm. Dieser Säureschutzmantel hemmt das Wachstum von Bakterien und Pilzen und beugt so Entzündungen und anderen Hauterkrankungen vor. Im Bad findest du Kernseife (pH = 9) und eine Neutralseife (pH = 5,6). Beurteile, welches Körperpflegemittel für die Haut besser geeignet ist.

C2 „Houston, wir haben ein Problem."

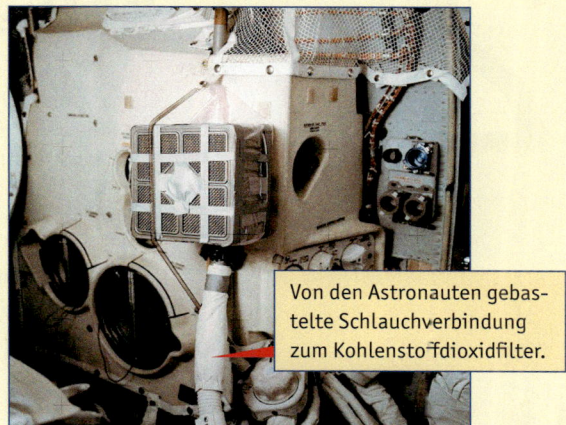

Von den Astronauten gebastelte Schlauchverbindung zum Kohlenstoffdioxidfilter.

2 *Lithiumhydroxidbehälter der Apollo 13*

Kohlenstoffdioxid wird ab einem Volumenanteil von etwa 8% lebensbedrohlich. In der Raumfahrt bindet man deshalb Kohlenstoffdioxid, das bei der Atmung entsteht, mit Lithiumhydroxid.

Am 13. April 1970 kam es im Raumschiff Apollo 13 zu einem Unglück. Ein Sauerstofftank der Kommandokapsel *Odyssey* explodierte und ein weiterer wurde beschädigt. Die drei Astronauten James LOVELL, Fred HAISE und John SWIGERT mussten deshalb in die Mondlandefähre *Aquarius* überwechseln, die eigentlich nur für zwei Personen konstruiert war. Die Astronauten glaubten sich dort in Sicherheit. Im Laufe der Zeit stieg jedoch die Konzentration an Kohlenstoffdioxid in der Luft an und erreichte lebensbedrohliche Werte. Mithilfe einer Anleitung der Bodenstation in Houston (USA) wurde mit bordeigenen Mitteln, wie beispielsweise Tüten, Klebeband, Flugplänen und sogar einer Socke ein Notschlauch zu den Lithiumhydroxidbehältern in der zum Großteil zerstörten Kommandokapsel (Abb. 2) verlegt. Dadurch konnte der Anteil an Kohlenstoffdioxid in der Atemluft wieder gesenkt werden. Die drei Astronauten überlebten und kamen unbeschadet zur Erde zurück.

a) Gib die Reaktionsgleichung für die Kohlenstoffdioxidbildung in unserem Körper an.
b) Formuliere die Reaktionsgleichung für die Umsetzung von Lithiumhydroxid mit Kohlenstoffdioxid.
c) Erkläre, weshalb man in den Apollokapseln Lithiumhydroxid und nicht ein preiswerteres Produkt wie Natriumhydroxid verwendete.

Vom Kohlenstoff bis zum Kalkstein

Elementarer Kohlenstoff begegnet uns im täglichen Leben meist in Form von Ruß. Auch Holzkohle besteht im Wesentlichen aus Kohlenstoff. Wie bei vielen anderen Nichtmetallen sind die Oxide des Kohlenstoffs bei gewöhnlich herrschenden Umgebungstemperaturen gasförmig. Kohlenstoffdioxid bildet mit Wasser Kohlensäure. Die Salze dieser Säure, die Carbonate, sind in der Natur weit verbreitet. Calciumcarbonat bildet als Kalkstein ganze Gebirge. Auch die wunderschönen Stalaktiten und Stalagmiten in Tropfsteinhöhlen bestehen aus diesem Stoff.

Schon Ende des 14. Jahrhunderts stellte man Papier her. Man schrieb damals mit einem Silbergriffel. Er bestand aus einer silberglänzenden Blei-Zinn-Legierung. 1564 wurde in England ein Mineral entdeckt, mit dem sich besonders gut schreiben ließ. Wegen seines metallischen Glanzes hielt man es für ein Bleimineral. Man zersägte es in schmale Stäbchen und leimte sie in Holzleisten ein – der erste Bleistift war erfunden! 200 Jahre später zeigte der schwedische Chemiker Carl Wilhelm SCHEELE, dass es sich bei dem Mineral nicht um eine Bleiverbindung, sondern um Graphit handelt. Der Name Bleistift war inzwischen so verbreitet, dass er bis heute nicht durch den Namen Graphitstift verdrängt wurde.

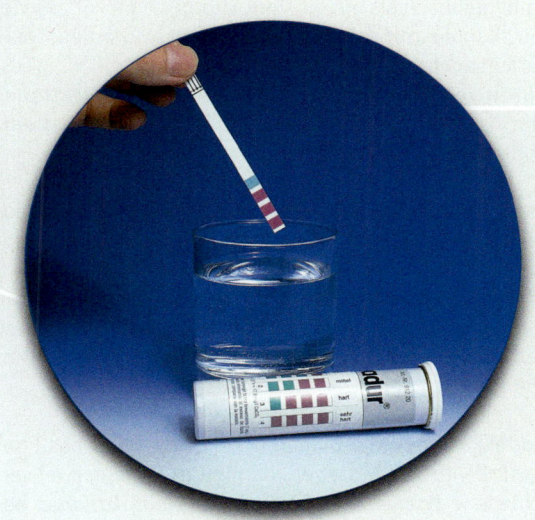

Aus der Dusche in einer Wohnung in Leipzig rieseln nur noch dünne Wasserstrahlen, denn weißliche Kalkablagerungen verstopfen teilweise die Düsen des Duschkopfs. Die Ursache dafür ist hartes Wasser: Es enthält neben anderen Ionen viele Calcium-Ionen und Magnesium-Ionen. Chemnitzer haben dieses Problem jedoch nicht, denn sie haben weiches Leitungswasser.

Die Wasserhärte ist ein Maß für die Konzentration an Calcium-Ionen und Magnesium-Ionen. Sie hängt von den Bodenschichten und Gesteinen ab, durch die das Wasser ins Grundwasser gelangt. Sickert es durch kalkhaltige Schichten, so gehen Calcium-Ionen in Lösung und hartes Wasser entsteht.

Die Wände werden verputzt – bald kann die Familie einziehen. Kalkputz ist ein Produkt chemischer Reaktionen von Calciumverbindungen. Aus dem Naturprodukt Kalk erhält man durch Kalkbrennen und Kalklöschen Löschkalk. Mit Sand und Wasser entsteht daraus gebrauchsfertiger Kalkmörtel, mit dem die Wände verputzt werden. Beim Abbinden bildet sich schließlich fester Kalkputz. Durch die Beimischung von Sand im Kalkmörtel ist der fertige Putz ein stabiler Verbundwerkstoff. Kalkputz hat weitere Vorteile: Er ist feuchtigkeitsregulierend und hat antibakterielle und Schimmel abweisende Eigenschaften. Dadurch verbessert Kalkputz das Raumklima und die Wohnhygiene.

Im Diamantgitter ist jedes C-Atom tetraedrisch von vier anderen C-Atomen umgeben.

Im Graphitgitter sind die C-Atome in Schichten angeordnet.

1 *Diamant und Graphit – zwei Modifikationen des elementaren Kohlenstoffs*

Von keinem anderen Element kennt man so viele Verbindungen wie von Kohlenstoff. Den bei weitem größten Teil der Kohlenstoffverbindungen ordnet man der **Organischen Chemie** zu. Lediglich elementarer Kohlenstoff, seine Oxide sowie die Carbonate als Salze der Kohlensäure gehören zur **Anorganischen Chemie.**

Elementarer Kohlenstoff. Das Element Kohlenstoff bietet eine Überraschung: Aus Kohlenstoff-Atomen können unterschiedliche Elementsubstanzen aufgebaut werden. Die bekanntesten sind *Diamant* und *Graphit*.

Der **Diamant** ist das härteste bekannte Material. Seine durchsichtigen, stark lichtbrechenden Kristalle werden daher nicht nur als Schmuck, sondern auch in Bohr- und Schleifgeräten verwendet. Dagegen ist **Graphit** ein schwarz glänzender weicher Feststoff, der sich gut als Schmiermittel eignet. Aufgrund seiner guten elektrischen Leitfähigkeit wird Graphit auch als Elektrodenmaterial verwendet. Da beide Stoffe aus Kohlenstoff-Atomen bestehen, haben sie gleiche *chemische* Eigenschaften. In reinem Sauerstoff verbrennen sie zu Kohlenstoffdioxid. Gegenüber Säuren und Basen sind beide beständig. Die unterschiedlichen *physikalischen* Eigenschaften von Diamant und Graphit sind also auf die unterschiedliche innere Struktur zurückzuführen.

Diamatstruktur. Jedes Kohlenstoff-Atom im Diamant ist von vier anderen Kohlenstoff-Atomen im gleichen Abstand umgeben. Die Atome sind untereinander durch Atombindungen verbunden; alle vier Außenelektronen jedes Kohlenstoff-Atoms bilden mit den vier nächsten Nachbar-Atomen jeweils ein gemeinsames Elektronenpaar. Betrachtet man ausschnittsweise die Anordnung von fünf Kohlenstoff-Atomen, so bilden vier Kohlenstoff-Atome die Eckpunkte einer gleichseitigen Pyramide (Abb. 1). Da die Grundseite und die Seitenflächen jeweils gleichseitige Dreiecke sind, bilden die vier Kohlenstoff-

Atome ein *Tetraeder*. Das fünfte Kohlenstoff-Atom bildet den Mittelpunkt des Tetraeders. Ein einzelner Diamant kann demnach als ein einziges riesiges Molekül aus vielen Kohlenstoff-Tetraedern betrachtet werden. Man spricht auch von einem **Atomgitter**, das für die hohe Festigkeit verantwortlich ist. Da es keine freien Elektronen gibt, ist Diamant nicht elektrisch leitfähig und hat eine hohe Lichtdurchlässigkeit.

Graphitstruktur. Das Gitter von Graphit besteht aus Schichten, in denen jedes Atom mit drei Nachbar-Atomen durch je eine Atombindung verbunden ist. Das vierte Außenelektron jedes Atoms ist nicht fest gebunden, sondern innerhalb der Schicht frei beweglich. Zwischen den einzelnen Schichten bestehen nur schwache Bindungskräfte (Abb. 1).

Modifikationen. Da Diamant und Graphit nur aus Kohlenstoff-Atomen bestehen, handelt es sich um zwei verschiedene *Erscheinungsformen* oder *Modifikationen* des Elements Kohlenstoff. Die Unterschiede in den Eigenschaften von Graphit und Diamant hängen also nicht von der Art der Atome ab, sondern sind auf die unterschiedliche Anordnung der Kohlenstoff-Atome zurückzuführen.

Im Gegensatz zu Diamant und Graphit ist **Kohle** kein reiner Kohlenstoff. Neben Kohlenstoff-Atomen sind auch Atome der Elemente Wasserstoff, Sauerstoff, Stickstoff und Schwefel gebunden. Vereinfacht kann man Kohle daher als verunreinigten Kohlenstoff betrachten.

Künstliche Diamanten. Da Graphit und Diamant aus Kohlenstoff-Atomen aufgebaut sind, sollte es deshalb möglich sein, aus billigem Graphit wertvolle Diamanten herzustellen. In der Tat ist lediglich die Anordnung der Atome zu ändern. Da Diamant eine größere Dichte hat als Graphit, sind die Atome im Diamanten enger gepackt. Graphit müsste also unter hohem Druck erhitzt werden, damit die Atome die dichtere Anordnung einnehmen. Bei dem extremen Druck von 150 000 bar und einer Temperatur von etwa 2000 °C gelingt dies auch: Aus Graphit werden auf diese Weise Industriediamanten gewonnen. Wegen des großen Energieaufwands bei der Herstellung sind aber auch Industriediamanten nicht gerade billig. Verwendet werden sie vor allem für Bohrköpfe – sowohl bei der Suche nach Erdöl als auch beim Zahnarzt. Als Schmuckdiamanten sind die Kristalle leider zu klein.

Fullerene. Seit 1985 kennt man weitere Modifikationen des Kohlenstoffs: die Fullerene. Hierbei bilden die Kohlenstoff-Atome große hohlkugelartige Moleküle. Die Molekülformel des zuerst entdeckten Fullerens ist C_{60}. 60 Kohlenstoff-Atome bilden hier ein Molekül, das in seiner Form an einen Fußball erinnert.

> Graphit, Diamant und Fullerene sind verschiedene Modifikationen des Elements Kohlenstoff. Die unterschiedlichen Eigenschaften der Modifikationen sind auf die unterschiedliche Anordnung der Kohlenstoff-Atome zurückzuführen.

1 a) Notiere Gemeinsamkeiten und Unterschiede in der Struktur von *Graphit* und *Diamant*.
b) Erkläre die unterschiedlichen Eigenschaften von Graphit und Diamant mithilfe der Bindungsverhältnisse in den beiden Modifikationen.

2 Bleistiftminen enthalten kein Blei, sondern Graphit. Erkläre die Verwendung von Graphit als Bleistiftmine anhand des Gittermodells.

3 Wird ein Diamant in Gegenwart von Sauerstoff sehr stark erhitzt, verglüht er ohne Rückstand.
a) Erkläre diese Beobachtung.
b) Formuliere die Reaktionsgleichung.

4 Am besten erforscht ist das Buckminster-Fulleren mit der Molekülformel C_{60}.
a) Beschreibe die Struktur des C_{60}-Moleküls.
b) Recherchiere mögliche Verwendungen der Fullerene.

Exkurs — Der größte Diamant

Der größte Rohdiamant, der je gefunden wurde, wog 621,2 g (3106 Karat). König Edward VII. von England beauftragt den Amsterdamer Schleifer ASSCHEN mit der Bearbeitung dieses Edelsteins, der unter dem Namen **Cullinan** bekannt wurde. Beim Spalten des Steins erhielt man 105 Bruchstücke. Die neun größten wurden geschliffen und in Schmuckstücke eingearbeitet: Cullinan I ziert das englische Königszepter, Cullinan II die englische Königskrone.

Diamanten entstanden in Erdtiefen bis 200 km bei einer Temperatur von etwa 1100 °C; der Druck war dabei mehr als 60 000-mal so groß wie der normale Luftdruck. Lange konnten Diamanten wegen ihrer Härte nicht bearbeitet werden. Erst um 1330 entdeckte man die Möglichkeit, Diamanten zu schleifen indem man immer wieder etwas Diamantstaub auf die Schleifscheibe streute. Der Glanz des Edelsteines erhöhte sich mit einer größeren Zahl von Schliffflächen. Der heute übliche Brillantschliff mit 57 Facetten soll im 17. Jahrhundert entdeckt worden sein.

1 Recherchiere die Herkunft der Einheit Karat und die derzeit größten Diamantvorkommen.

1 *Cullinan I und II auf dem englischen Königszepter und der Krone*

CO
Gefahr

(S & V) 35-Jähriger beim Grillen im Keller gestorben.

(DPX) Tragischer Kohlenstoffmonoxidunfall: 22-Jährige findet Leichen in Garage.

(W & S) Verstopfter Schornstein – Dohlennest im Kamin wurde Familie zum Verhängnis.

(TuB) Defekte Gastherme – Achtjährige stirbt an Kohlenstoffmonoxidvergiftung.

(WS) Älteres Ehepaar erlitt Kohlenstoffmonoxidvergiftung durch verschmutzte Therme.

1 *Vergiftungen durch Kohlenstoffmonoxid*

Das CO_2 löst sich im Wasser. Der Universalindikator schlägt um.

2 *Trockeneis in schwach basischem Wasser*

Die Zahl der lebensgefährlichen oder tödlichen Vergiftungen durch Kohlenstoffmonoxid hat besorgniserregend zugenommen. Unzulässiges Grillen in geschlossenen Räumen, der Aufenthalt in der Garage bei laufendem Motor oder defekte Gasthermen sind nur einige der möglichen Unfallursachen (Abb. 1).

Kohlenstoffmonoxid. Bei Bränden in geschlossenen Räumen besteht stets die Gefahr einer Rauchgasvergiftung. Ursache ist die Bildung von geruchlosem, aber hochgiftigem **Kohlenstoffmonoxid** (Abb. 3). Das Gas entsteht, wenn Kohlenstoff oder kohlenstoffhaltiges Material bei ungenügender Zufuhr von Sauerstoff verbrennt:

$$2\,C\,(s) + O_2\,(g) \;\rightarrow\; 2\,CO\,(g)$$

Kohlenstoffdioxid. Die Formel CO_2 ist eine der bekanntesten chemischen Formeln. Sie steht für das Gas **Kohlenstoffdioxid**, das im Alltag auch kurz als *Kohlendioxid* bezeichnet wird. Kohlenstoffdioxid ist ein farbloses Gas mit deutlich höherer Dichte ($1{,}9\,\frac{g}{l}$) als Luft ($1{,}2\,\frac{g}{l}$). In geringer Konzentration ist es geruchlos, in hoher Konzentration hat es einen leicht säuerlichen Geruch. Bei Raumtemperatur löst sich in einem Liter Wasser etwa ein Liter Kohlenstoffdioxid.

Unter Druck steigt die Löslichkeit; dies nutzt man zur Herstellung von Sprudelwasser und anderen kohlenstoffdioxidhaltigen Getränken.

Festes CO_2 bezeichnet man als *Trockeneis* oder *Kohlensäureschnee*. Es sublimiert bei −78 °C, geht also ohne zu schmelzen in den gasförmigen Aggregatzustand über. Durch das sehr kalte Gas kondensiert der Wasserdampf aus der Luft und es bildet sich ein Nebel. Heute wird Trockeneis

überwiegend als Kühlmittel und in speziellen Strahlern zur Oberflächenreinigung eingesetzt.

Zur Herstellung kleiner Mengen Kohlenstoffdioxid im Labor setzt man häufig einen Gasentwickler ein (Abb. 4). Dabei reagiert verdünnte Salzsäure mit Calciumcarbonat und das entstehende Gas kann pneumatisch aufgefangen werden.

$$CaCO_3\,(s) + 2\,H^+\,(aq) + 2\,Cl^-\,(aq) \rightarrow$$
$$CO_2\,(g) + Ca^{2+}\,(aq) + 2\,Cl^-\,(aq) + H_2O\,(l)$$

Zum **Nachweis** von Kohlenstoffdioxid leitet man das Gas in Kalkwasser ein. Dabei bildet sich ein schwerlöslicher weißer Niederschlag von Calciumcarbonat:

$$Ca(OH)_2\,(aq) + CO_2\,(aq) \;\rightarrow\; CaCO_3\,(s) + H_2O\,(l)$$

Kohlenstoffdioxid besteht aus *linear gebauten* Molekülen, in denen die beiden Sauerstoff-Atome jeweils über eine Doppelbindung mit dem Kohlenstoff-Atom verknüpft sind (Abb. 3). Die Ladungsverschiebungen der beiden polaren C–O-Bindungen sind genau entgegengesetzt gerichtet. Ihre Wirkungen heben sich gegenseitig auf. Das Kohlenstoffdioxid-Molekül ist daher kein Dipol-Molekül.

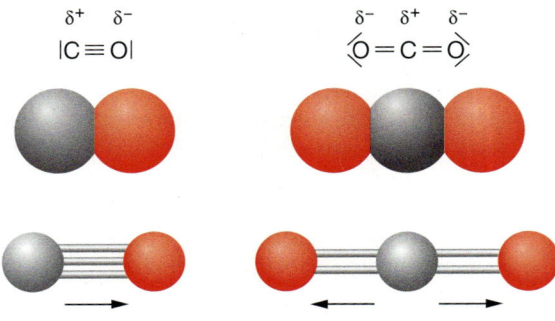

3 *CO-Molekül und CO₂-Molekül*

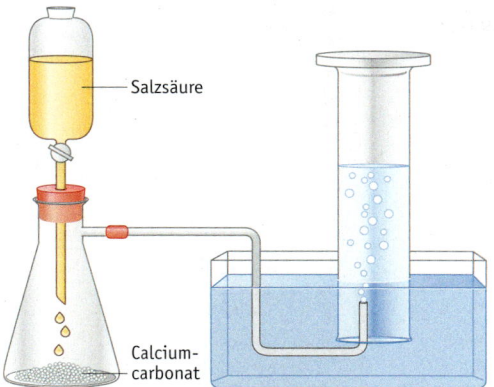

Salzsäure

Calcium-
carbonat

4 *Gewinnung von Kohlenstoffdioxid im Labor*

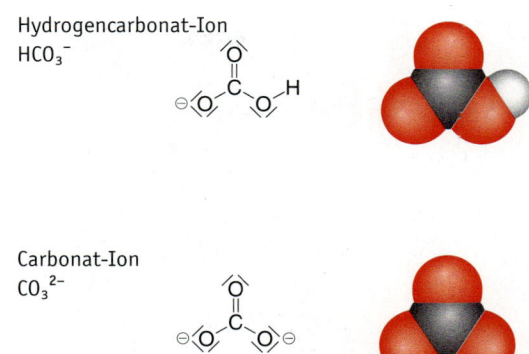

Hydrogencarbonat-Ion
HCO_3^-

Carbonat-Ion
CO_3^{2-}

5 *Hydrogencarbonat-Ion und Carbonat-Ion*

Kohlensäure und ihre Salze. Bei der Herstellung von Sprudelwasser wird Kohlenstoffdioxid in Wasser eingeleitet. Das Lösen von Kohlenstoffdioxid ist ein umkehrbarer Vorgang; das Gas kann auch wieder aus der Lösung entweichen. Die Umkehrbarkeit einer chemische Reaktion kennzeichnet man in der Reaktionsgleichung durch einen Doppelpfeil:

$$CO_2 (g) \rightleftharpoons CO_2 (aq)$$

Die Lösung von Kohlenstoffdioxid reagiert schwach sauer (pH ≈ 4); man spricht daher auch von **Kohlensäure** und verwendet gelegentlich die Formel H_2CO_3. Tatsächlich sind Kohlensäure-Moleküle aber extrem instabil und entsprechend in der Lösung nur in sehr geringer Konzentration enthalten:

$$CO_2 (aq) + H_2O (l) \rightleftharpoons H_2CO_3 (aq)$$

Der größte Teil des Kohlenstoffdioxids liegt als gelöstes Gas vor. Man verwendet daher meist statt der Formel H_2CO_3 die Formulierung $CO_2 + H_2O$.

Die saure Wirkung einer Kohlenstoffdioxidlösung ist wie bei allen sauren Lösungen auf die Bildung von **Wasserstoff-Ionen** zurückzuführen. Als Säurerest-Ionen entstehen **Hydrogencarbonat-Ionen** (HCO_3^-; Abb. 5):

$$CO_2 (aq) + H_2O (l) \rightleftharpoons H^+ (aq) + HCO_3^- (aq)$$

Durch Zugabe von Natronlauge kann gelöstes Kohlenstoffdioxid vollständig in eine Natriumhydrogencarbonatlösung überführt werden:

$$CO_2 (aq) + Na^+ (aq) + OH^- (aq) \rightarrow Na^+ (aq) + HCO_3^- (aq)$$

Festes Natriumhydrogencarbonat wird auch als *Natron* bezeichnet. Es ist Bestandteil von Backpulver und Brausetabletten. Früher wurde es häufig auch als *Antacidum* gegen eine Übersäuerung des Magens eingenommen.

Die zweifach negativ geladenen **Carbonat-Ionen** (CO_3^{2-}; Abb. 5) bilden sich durch die Reaktion von Hydrogencarbonat-Ionen mit weiteren Hydroxid-Ionen:

$$Na^+ (aq) + HCO_3^- (aq) + Na^+ (aq) + OH^- (aq) \rightarrow$$
$$H_2O (aq) + 2 Na^+ (aq) + CO_3^{2-} (aq)$$

Dampft man die entstandene Lösung ein, bleibt das Salz Natriumcarbonat (Na_2CO_3) zurück. Natriumcarbonat oder *Soda* ist eine wichtige Grundchemikalie in der chemischen Industrie. Man verwendet es insbesondere zur Herstellung von Glas und von Waschmitteln.

> Kohlenstoff bildet zwei gasförmige Oxide: Kohlenstoffmonoxid und Kohlenstoffdioxid. Kohlenstoffdioxid bildet mit Wasser eine saure Lösung: Kohlensäure. Die Hydrogencarbonate und Carbonate sind die Salze der Kohlensäure.

1 a) Formuliere die Reaktionsgleichungen für die Verbrennung von Kohlenstoff zu Kohlenstoffmonoxid und für die Verbrennung von Kohlenstoffmonoxid.
b) Nenne Bedingungen, unter denen sich bei Verbrennungsvorgängen Kohlenstoffmonoxid bildet.

2 Recherchiere und erstelle Steckbriefe von Kohlenstoffmonoxid und Kohlenstoffdioxid mit folgenden Angaben: Farbe, Geruch, Wasserlöslichkeit, Schmelztemperatur, Siedetemperatur, Dichte, Brennbarkeit, Vorkommen, Giftigkeit.

3 a) Beschreibe den Nachweis von Kohlenstoffdioxid.
b) Für den Nachweis von CO_2 kann auch Barytwasser (Bariumhydroxidlösung) verwendet werden. Begründe und formuliere die Reaktionsgleichung.

4 Werte die Beobachtungen im Experiment Abb. 2 aus.

5 Erläutere die Vorgänge, die beim Öffnen von Sprudelwasser ablaufen.

1 *Tropfsteinhöhle*

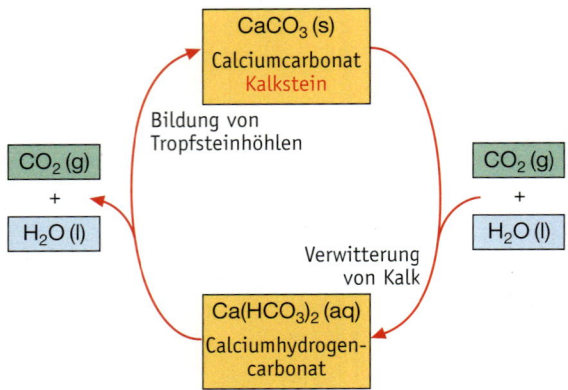

2 *Der Kalkkreislauf in der Natur*

Calciumcarbonat ($CaCO_3$) oder **Kalkstein** ist mengenmäßig die bedeutendste anorganische Kohlenstoffverbindung auf der Erde. Kalkstein bildet ganze Gebirgszüge wie die Schwäbische Alb, die Fränkische Alb oder die Kalkalpen. Die sprichwörtliche Unvergänglichkeit von Stein trifft bei Kalkstein allerdings nicht zu, da er leicht verwittern kann. Dabei laufen chemische Reaktionen ab, die über den Abbau und die Neubildung von Calciumcarbonat zu interessanten Naturerscheinungen führen.

Tropfsteinhöhlen. Ein faszinierendes Ergebnis chemischer Reaktionen von Kalkstein und Kohlensäure sind Tropfsteinhöhlen (Abb. 1): Regenwasser versickert und nimmt Kohlenstoffdioxid aus der Bodenluft auf. Die dabei entstehende saure Lösung reagiert mit dem Kalkstein zu löslichem Calciumhydrogencarbonat:

$$CaCO_3\,(s) + H_2O\,(aq) + CO_2\,(aq) \rightleftharpoons$$
$$Ca^{2+}\,(aq) + 2\,HCO_3^-\,(aq)$$

Im Laufe von Jahrtausenden werden dadurch vorhandene Risse und Spalten im Gestein immer größer und bilden schließlich Höhlen.

Wenn Sickerwasser mit gelöstem Calciumhydrogencarbonat von der Decke einer solchen Höhle tropft, entstehen allmählich **Tropfsteine:** Sowohl an der Decke als auch an der Auftropfstelle am Boden zerfällt das Calciumhydrogencarbonat teilweise wieder in unlösliches Calciumcarbonat, Kohlenstoffdioxid und Wasser:

$$Ca^{2+}\,(aq) + 2\,HCO_3^-\,(aq) \rightleftharpoons$$
$$CaCO_3\,(s) + H_2O\,(l) + CO_2\,(g)$$

Das gebildete Kohlenstoffdioxid wird an die Höhlenluft abgegeben.

Bei den Tropfsteinen unterscheidet man die von der Decke der Höhle wachsenden *Stalaktiten* und die vom Boden aufwärts wachsenden *Stalagmiten*. Sie wachsen im Jahr nur Bruchteile eines Millimeters, nach langer

Zeit können sie jedoch zu mächtigen Säulen werden. Enthält das herabtropfende Wasser Verbindungen von Eisen oder Kupfer, so entstehen gefärbte Tropfsteine.

Die Reaktionen von Calciumcarbonat, Calciumhydrogencarbonat und Kohlensäure bilden den natürlichen **Kalkkreislauf** (Abb. 2).

Mineralwasser. Viele Gesteine bestehen aus kompliziert aufgebauten salzartigen Verbindungen. Aus solchen Gesteinen werden durch Sickerwasser außer den Calcium-Ionen und Hydrogencarbonat-Ionen auch Magnesium-, Natrium- und Kalium-Ionen sowie Chlorid- und Sulfat-Ionen herausgelöst. Das Wasser aus Mineralquellen enthält oft einen relativ hohen Anteil an diesen Ionen (Abb. 3). Die im Mineralwasser gelösten Ionen übernehmen in unserem Körper als Wirkstoffe wichtige Funktionen: Calcium-Ionen sind notwendig zum Aufbau von Knochen und Zähnen. Magnesium-Ionen spielen eine wesentliche Rolle in den Muskeln, Natrium-, Kalium- und Chlorid-Ionen sind an der Erregungsleitung im Nervensystem beteiligt. Nach körperlicher Anstrengung trinken Sportler oft Mineralwasser, um die mit dem Schweiß ausgeschiedenen Ionen wieder zu ersetzen.

Natürliches Mineralwasser	
mit wenig Kohlensäure	
Analysen-Auszug	$\left(\frac{mg}{l}\right)$
Calcium-Ionen	190
Natrium-Ionen	98
Magnesium-Ionen	26
Kalium-Ionen	13
Hydrogencarbonat-Ionen	727
Chlorid-Ionen	110
Sulfat-Ionen	54

3 *Mineralwasser*

Hier hat sich eine Kruste aus CaCO₃ gebildet.

Leitungswasser enthält die folgenden Ionen: Ca²⁺, Mg²⁺, Na⁺, K⁺, HCO₃⁻, SO₄²⁻, Cl⁻.

4 *Hartes Wasser führt zur Verkalkung*

Wasserhärte. Ärgerlich, wenn sich am Wasserhahn und an den Armaturen in der Duschkabine schon wieder Kalkablagerungen gebildet haben. Ursache dafür sind die in unserem Leitungswasser gelösten Ionen: Es enthält stets mehr oder weniger große Mengen an Calcium-Ionen und an Hydrogencarbonat-Ionen. Ist der Gehalt besonders hoch, spricht man von **hartem Wasser.** Es entsteht durch den gleichen chemischen Prozess, der auch zur Bildung von Tropfsteinhöhlen und Mineralwasser führt. In kleinerer Menge enthält hartes Wasser neben Calcium-Ionen und Hydrogencarbonat-Ionen auch Magnesium-Ionen sowie Natrium-, Sulfat- und Chlorid-Ionen (Abb. 4).

Man unterscheidet zwischen der **Gesamthärte** und der Carbonathärte. Die Gesamthärte gibt die Konzentration von Calcium- und Magnesium-Ionen an, die **Carbonathärte** die Konzentration an Hydrogencarbonat-Ionen. Je nach Gesamthärte des Wassers wird es in *Härtebereiche* eingeordnet: weich, mittel oder hart.

Erhitzt man hartes Wasser, so zersetzt sich das gelöste Calciumhydrogencarbonat und es fällt unlösliches **Calciumcarbonat** aus. Am Boden von Wasserkochern, in den Rohren von Heißwasserspeichern oder an Heizspiralen setzt es sich als **Kesselstein** ab. Im Laufe der Zeit bilden sich dicke Krusten, die die Wärmeübertragung stark behindern.

Moderne Waschmittel enthalten daher **Enthärter,** die Calcium-Ionen binden und so die Kalkbildung in der Waschmaschine verhindern.

Um gebildete Ablagerungen von Kalkstein zu entfernen, kann man Essigreiniger verwenden. Dabei nutzt man die Tatsache aus, dass saure Lösungen Carbonate unter Gasentwicklung zersetzen. Dabei entstehen Kohlenstoffdioxid und Wasser sowie gelöste Calcium-Ionen.

$$2\,H^+\,(aq) + CaCO_3\,(s) \rightarrow CO_2\,(g) + H_2O\,(l) + Ca^{2+}\,(aq)$$

Hartes Wasser erkennt man auch beim Händewaschen. Die glitschige Seifenschicht ist schnell abgewaschen und im Waschwasser bilden sich weiße Flocken. Dabei handelt es sich um wasserunlösliche **Kalkseifen,** die sich aus den Calcium-Ionen des harten Wassers und den Anionen der Seife bilden.

> Kohlensäure und ihre Calciumsalze bilden den natürlichen Kalkkreislauf. Mineralwasser und hartes Wasser enthalten neben Hydrogencarbonat-Ionen vor allem Calcium-Ionen. Bei der Wasserhärte unterscheidet man zwischen der Gesamthärte und der Carbonathärte.

1 Beschreibe den Kalkkreislauf mit eigenen Worten.

2 „Steter Tropfen höhlt den Stein". Erläutere am Beispiel des Kalksteins den chemischen Hintergrund für dieses Sprichwort.

3 Notiere die Formeln der auf dem Mineralwasseretikett (Abb. 3) genannten Ionen.

4 Hartes Wasser wird in der Alltagssprache oft als *kalkhaltiges Wasser* bezeichnet. Diskutiere diesen Begriff unter chemischen Gesichtspunkten.

5 „Kalk im Wasser ist gesund!" Nimm Stellung zu diesem Slogan des Deutschen Verbands der Wasserwirtschaft.

6 Im Harz ist das Leitungswasser eher weich, im Teutoburger Wald eher hart. Gib eine Erklärung.

7 In Waschmaschinen verkalken die Heizstäbe weniger stark als in Heißwassergeräten. Erkläre die chemischen Zusammenhänge.

8 Expertenaufgabe:
a) Informiere dich beim örtlichen Wasserversorger über den Härtebereich und die Gesamthärte des Wassers.
b) Recherchiere die Definition der Einheit Millimol und die Größe Molare Masse.
c) Berechne daraus die Masse an Calciumcarbonat, die sich aus einem Liter Trinkwasser bilden kann.

Härte-bereich	Gesamthärte in Millimol Calcium-Ionen und Magnesium-Ionen je Liter
weich	weniger als 1,5
mittel	1,5 bis 2,5
hart	mehr als 2,5

d) Auf Waschmittelpackungen findet man die Gesamthärte auch noch in der alten Einheit °dH (Grad Deutscher Härte) angegeben. Recherchiere die Definition der alten Einheit und ordne sie den drei Härtebereichen zu.

Versuch 1:
Reaktion von Carbonaten mit sauren Lösungen

Materialien: Reagenzgläser mit seitlichem Ansatz, Stopfen mit Bohrung, Winkelrohr, Schlauchstück, Tropfpipetten, Becherglas (50 ml), Teelicht; Salzsäure (verd., **5**), Essigsäure (verd.; **7**), Marmorstücke, Backpulver (Natriumhydrogencarbonat), Kalkwasser.

Durchführung:
1. Gib ein Marmorstück in das Reagenzglas mit seitlichem Ansatz und baue die Apparatur nach der Abbildung zusammen.
2. Fülle das zweite Reagenzglas zur Hälfte mit Kalkwasser und tauche das Gasableitungsrohr ein.
3. Tropfe Salzsäure aus der Pipette auf das Marmorstück.
4. Wiederhole den Versuch mit Essigsäure und Backpulver.
5. Tausche das Reagenzglas mit Kalkwasser gegen das Becherglas mit dem darin brennenden Teelicht aus und wiederhole den Versuch mit Essigsäure und Backpulver.

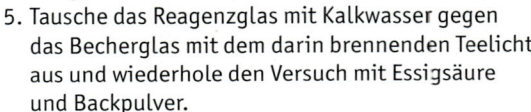

Aufgaben:
a) Notiere deine Beobachtungen.
b) Vergleiche die beiden Reaktionen.
c) Stelle die Reaktionsgleichungen für die Reaktion mit verdünnter Salzsäure und für die Nachweisreaktion auf.
d) Nenne einen Ersatzstoff für das Nachweismittel Kalkwasser.
e) Erkläre deine Beobachtungen bei Arbeitsschritt 5.
f) Auf Essigreinigern steht der Hinweis: „Nicht auf Marmor anwenden. Im Zweifelsfall an unauffälliger Stelle testen." Erkläre diesen Hinweis.

Versuch 2:
Gleiche Tabletten - verschiedene Gasvolumina

Materialien: Glaswanne, Standzylinder (300 ml), Deckglas, Folienstift; zwei Brausetabletten.

Durchführung:
1. Fülle den Standzylinder mit Wasser und decke ihn mit dem Deckglas ab. Stelle den Zylinder mit der Öffnung nach unten in die wassergefüllte Glaswanne. Entferne das Deckglas unter Wasser.
2. Gib eine Brausetablette in den Standzylinder. Markiere das Gasvolumen nach vollständiger Auflösung.
3. Gib eine zweite Tablette in den Standzylinder und markiere nach Auflösung erneut das Gasvolumen.

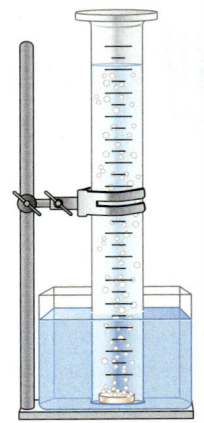

Aufgaben:
a) Notiere deine Beobachtungen.
b) Begründe das unterschiedliche Gasvolumen.

Versuch 3:
Untersuchung von Natriumhydrogencarbonat

Materialien: Becherglas (50 ml), Reagenzglas mit durchbohrtem Stopfen und gewinkeltem Glasrohr, Gasbrenner; Natriumhydrogencarbonat, Kalkwasser.

Durchführung:
1. Gib einen Spatel Natriumhydrogencarbonat in das Reagenzglas, setze den Stopfen mit dem Gasableitungsrohr auf und befestige es schräg an einem Stativ.
2. Fülle das Becherglas zu einem Viertel mit Kalkwasser.
3. Erhitze die Probe im Reagenzglas und tauche gleichzeitig das Ende des Glasrohres in das Becherglas mit Kalkwasser. Achte darauf, dass das Ableitungsrohr vor dem Ende des Erhitzens aus dem Becherglas entfernt wird.

Aufgaben:
a) Notiere deine Beobachtungen.
b) Gib die Reaktionsgleichungen für die Reaktionen im Reagenzglas an.
c) Erkläre die Verwendung von Natriumhydrogencarbonat als Bestandteil von Backpulver.

Versuch 4:
Untersuchung von Mineralwasser

Materialien: Reagenzglas mit durchbohrtem Stopfen, Gärröhrchen, Erlenmeyerkolben (100 ml) mit durchbohrtem Stopfen, Kolbenprober oder Spritze, Becherglas, Spatel, Gasbrenner;
Flasche mit Mineralwasser oder Sprudelwasser, Universalindikatorlösung (2, 7), Natriumchlorid, Kalkwasser.

Durchführung:
Einfluss der Temperatur:
1. Fülle das Reagenzglas zu etwa einem Drittel mit Mineralwasser und gib zwei Tropfen Universalindikatorlösung dazu. Verschließe es mit dem Gärröhrchen und fülle in das Röhrchen Kalkwasser.
2. Erhitze das Reagenzglas langsam.

Einfluss des Drucks:
3. Fülle den Erlenmeyerkolben etwa zur Hälfte mit Mineralwasser und verschließe ihn wie in der Abbildung mit dem Kolbenprober.
4. Ziehe den Kolben langsam heraus.
5. Drücke den Kolben langsam hinein. Wiederhole beide Vorgänge mehrmals.

Einfluss von Fremdstoffen:
6. Fülle das Becherglas zur Hälfte mit Mineralwasser und gib eine Spatelspitze Natriumchlorid dazu.

Aufgaben:
a) Notiere deine Beobachtungen.
b) Erläutere mithilfe einer Reaktionsgleichung die Änderung der Indikatorfarbe.
c) Erkläre den Einfluss der Temperatur.
d) Gib eine Reaktionsgleichung für die Beobachtung im Gärröhrchen an.
e) Erkläre den Einfluss des Drucks. Begründe die Wiederholbarkeit des Vorgangs.
f) Erkläre die Beobachtung bei der Zugabe von Natriumchlorid.
g) Die Vorgänge des Experiments spielen im täglichen Leben eine große Rolle. Nenne Beispiele und erkläre.

Versuch 5:
Calciumhydrogencarbonat und Calciumcarbonat

Materialien: Becherglas, Reagenzglas mit Gasableitungsrohr, Gasbrenner;
Flasche mit Mineralwasser oder Sprudelwasser, Kalkwasser.

Durchführung:
1. Fülle in das Becherglas ein wenig Mineralwasser und gib tropfenweise Kalkwasser dazu, bis sich gerade ein Niederschlag bildet.
2. Fülle anschließend das Becherglas zu etwa Dreiviertel mit Mineralwasser und rühre um.
3. Gib in das Reagenzglas 10 ml der Lösung aus dem Becherglas von Arbeitsschritt 2. Verschließe das Reagenzglas mit einem Gasableitungsrohr.
4. Erwärme das Reagenzglas solange, bis eine Veränderung sichtbar wird. Halte dabei das Gasableitungsrohr in ein Reagenzglas mit Kalkwasser.

Aufgaben:
a) Notiere deine Beobachtungen.
b) Gib die Reaktionsgleichungen für die Arbeitsschritte 1 und 2 an.
c) Erkläre die Veränderung am Ende und formuliere die Reaktionsgleichung.
d) Vergleiche die Löslichkeit der beiden Salze.
e) Die Vorgänge des Experiments spielen im täglichen Leben eine große Rolle. Nenne Beispiele und erkläre.

Experimentelle Hausaufgabe:
Wirkung von Zahncreme

Materialien: Glas;
Ei, Speiseessig, Zahncreme.

Durchführung:
1. Reibe die Hälfte des rohen Eis mit Zahncreme ein.
2. Fülle in ein Glas Speiseessig.
3. Gib das Ei in das Glas und lass es einige Tage stehen.

Aufgaben:
a) Notiere die Beobachtungen über diesen Zeitraum.
b) Erkläre die Beobachtung in Bezug auf die Eierschale.
c) Recherchiere die chemische Zusammensetzung der Zähne und leite aus dem Experiment die Wirkung der Zahncreme auf die Zähne ab.

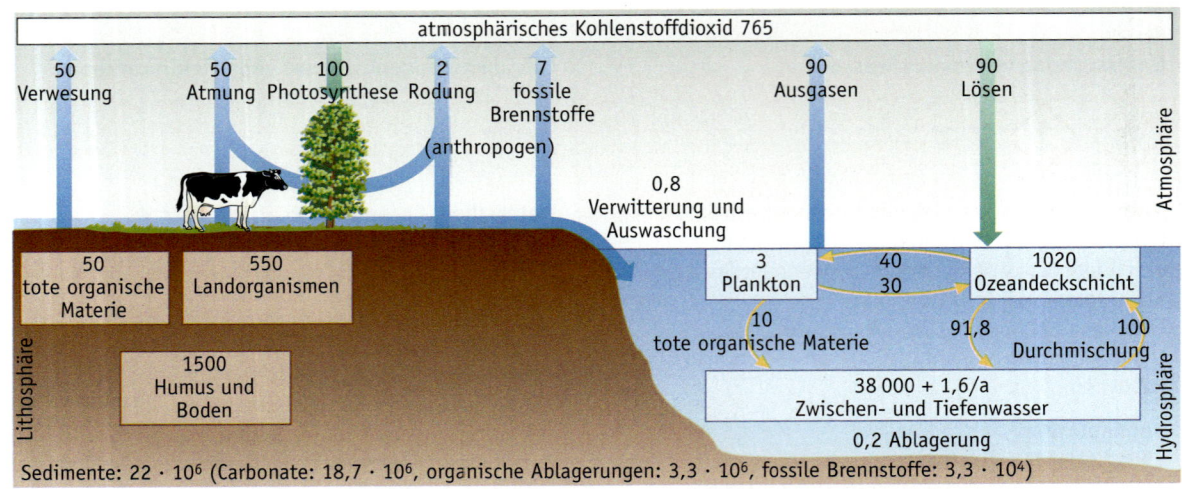

1 *Kohlenstoffkreislauf: Ströme in 10^9 t Kohlenstoff pro Jahr (Pfeile) und Vorräte in 10^9 t Kohlenstoff (Rechtecke)*

Kohlenstoffverbindungen kommen in der *Lithosphäre*, der Gesteinshülle unseres Planeten, in der *Hydrosphäre*, also den oberirdischen und unterirdischen Wasservorkommen, in der *Atmosphäre* und in der *Biosphäre*, den belebten Bereichen der Erde, vor.

Die größten **Vorräte** an Kohlenstoff finden sich in der Lithosphäre in Form von Carbonatgesteinen. Die Vorräte in allen anderen Bereichen sind im Vergleich dazu verschwindend gering. Die Atmosphäre enthält nur einen geringen Bruchteil der Gesamtvorräte, vor allem in Form von Kohlenstoffdioxid. In Form organischer Verbindungen ist in der Biosphäre mehr als dreimal so viel Kohlenstoff enthalten wie in der Atmosphäre, die Hydrosphäre enthält rund 50-mal so viel Kohlenstoff, überwiegend als gelöstes Kohlenstoffdioxid und Hydrogencarbonat.

Zwischen der Atmospäre, der Hydrosphäre, der Lithosphäre und der Biosphäre findet durch chemische Reaktionen ein ständiger **Austausch von Kohlenstoff-Atomen** statt. Man spricht vereinfacht vom *Kohlenstoffkreislauf* (Abb. 1) und unterscheidet mehrere Teilkreisläufe, die als *anorganischer* und als *biologischer Kohlenstoffkreislauf* (Abb. 2) zusammengefasst werden. Eine der wichtigsten Verbindungen ist dabei Kohlenstoffdioxid. Es ist an mehreren Reaktionen beteiligt und verknüpft dadurch verschiedene Teilkreisläufe miteinander.

Anorganischer Kohlenstoffkreislauf. Kohlenstoffdioxid aus der Luft löst sich im kalten Wasser der Weltmeere. Aus wärmerem Wasser entweicht es teilweise wieder in die Luft. Kältere Bereiche der Ozeane wirken somit als **Kohlenstoffdioxidsenken**, wärmere Bereiche als **Kohlenstoffdioxidquellen.** Dieser Austausch verläuft sehr langsam: $CO_2\,(g) \rightleftharpoons CO_2\,(aq)$

Das gelöste Kohlenstoffdioxid reagiert mit den Wasser-Molekülen vorwiegend zu Hydrogencarbonat-Ionen:

$$CO_2\,(aq) + H_2O\,(l) \rightleftharpoons HCO_3^-\,(aq) + H^+\,(aq)$$

Ein Teil der Hydrogencarbonat-Ionen reagiert mit Calcium-Ionen zu schwerlöslichem Calciumcarbonat, das auf den Meeresboden sinkt:

$$Ca^{2+}\,(aq) + HCO_3^-\,(aq) \rightarrow CaCO_3\,(s) + H^+\,(aq)$$

Die gleiche Reaktion läuft bei der Skelett- und Schalenbildung von Meerestieren wie Fischen, Muscheln und Korallen ab. Nach dem Absterben und der Verwesung der Tiere lagern sich die Skelette ebenfalls auf dem Meeresboden ab. So bilden sich im Laufe von Jahrmillionen mächtige Kalksteinschichten. Durch Bewegungen der Erdkruste sind in langen Zeiträumen kalksteinhaltige Ablagerungen in größere Tiefen gelangt. Vulkanische Aktivität setzt aus Kalkstein in geringem Umfang wieder Kohlenstoffdioxid frei:

$$CaCO_3\,(s) \rightarrow CaO\,(s) + CO_2\,(g)$$

Teilweise sind Kalksteinablagerungen an die Erdoberfläche verschoben worden; dort verwittern sie durch kohlenstoffdioxidhaltiges Regenwasser. Dabei bildet sich hartes Wasser mit gelöstem Calciumhydrogencarbonat. In der umgekehrten Reaktion entsteht bei höherer Temperatur oder beim Verdunsten an der Luft aus hartem Wasser wieder Kohlenstoffdioxid und Kalkstein:

$$CaCO_3\,(s) + H_2O\,(l) + CO_2\,(aq) \rightleftharpoons$$
$$Ca^{2+}\,(aq) + 2\,HCO_3^-\,(aq)$$

Durch diese Reaktion schließt sich der Kreislauf: Hydrogencarbonat-Ionen gelangen zurück ins Meer.

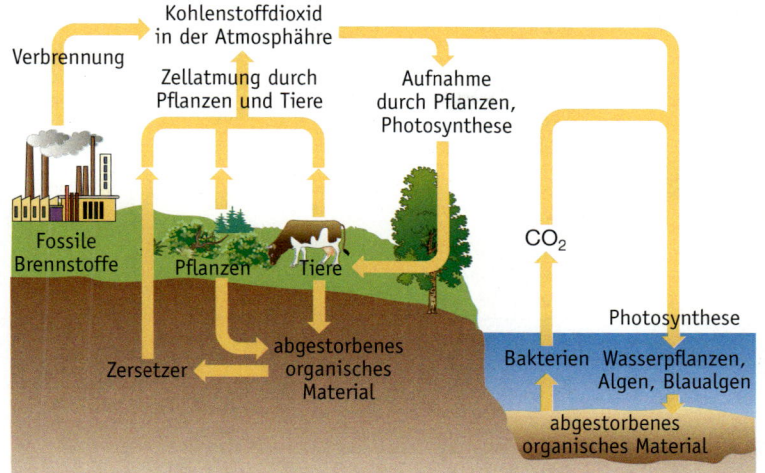

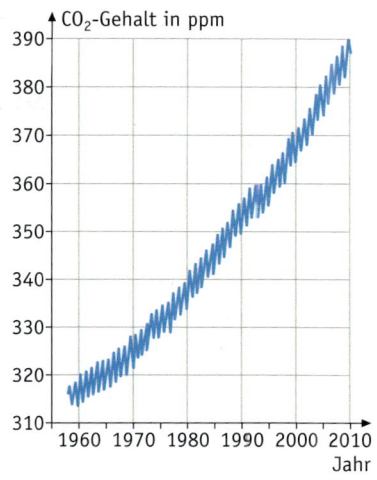

2 *Biologischer Kohlenstoffkreislauf und fossile Brennstoffe*

3 *Entwicklung des CO_2-Gehalts*

Biologischer Kohlenstoffkreislauf. Landpflanzen nehmen Kohlenstoffdioxid aus der Luft auf, pflanzliches Plankton entnimmt dem Wasser gelöstes Kohlenstoffdioxid. Der im Kohlenstoffdioxid enthaltene Kohlenstoff dient bei der **Photosynthese** zunächst zum Aufbau von Glucose (Traubenzucker):

$$6\ CO_2\,(g) + 6\ H_2O\,(l)\ \rightarrow\ C_6H_{12}O_6\,(aq) + 6\ O_2\,(g)$$

Glucose ist der Ausgangsstoff für die Biosynthese vieler anderer organischer Kohlenstoffverbindungen wie Stärke, Cellulose, Fette und Eiweiße.

Organische Stoffe werden bei der **Zellatmung** von Pflanzen und Tieren zur Energiegewinnung abgebaut. Auch beim Verbrennen von Holz und anderem organischem Material entsteht wieder Kohlenstoffdioxid, ebenso bei der **Verwesung** abgestorbener Lebewesen:

$$C_6H_{12}O_6\,(aq) + 6\ O_2\,(g)\ \rightarrow\ 6\ CO_2\,(g) + 6\ H_2O\,(l)$$

Das so entstandene Kohlenstoffdioxid gelangt wieder zurück ins Meer oder in die Atmosphäre; es handelt sich näherungsweise um die gleiche Menge, die bei der Photosynthese entnommen wurde. Man sagt, die **Kohlenstoffbilanz** ist ausgeglichen.

Fossile Brennstoffe. Seit etwa zweihundert Jahren greift der Mensch immer stärker in diese ausgeglichene Bilanz ein: Er verbrennt mit den fossilen Brennstoffen die Kohlenstoffvorräte, die sich vor Millionen von Jahren als Kohle, Erdöl und Erdgas gebildet haben und seit dieser Zeit dem Kohlenstoffkreislauf entzogen waren. Die Verbrennung dieser fossilen Brennstoffe zur Energienutzung erzeugt heute zusätzliches Kohlenstoffdioxid:

$$C\,(s) + O_2\,(g)\ \rightarrow\ CO_2\,(g)$$

Der Volumenanteil von Kohlenstoffdioxid in der Luft ist seit 1950 von 0,03 % auf heute fast 0,04 % oder 400 ppm (parts per million) angestiegen. Die zusätzliche Freisetzung stellt einen erheblichen Eingriff in den natürlichen Kohlenstoffkreislauf dar. Als klimawirksames Gas beeinflusst Kohlenstoffdioxid zusammen mit Wasserdampf und weiteren Spurengasen die Temperatur der Erdatmosphäre.

> Der Kohlenstoffkreislauf beschreibt den Kohlenstoffaustausch zwischen den Sphären der Erde. Der Mensch stört die ausgeglichene Kohlenstoffbilanz durch die Verbrennung fossiler Brennstoffe und die damit verbundene Freisetzung von zusätzlichem Kohlenstoffdioxid.

1 Nenne wichtige Kohlenstoffverbindungen in den einzelnen Sphären der Erde und gib ihre Formeln an.

2 Beschreibe den biologischen Kohlenstoffkreislauf.

3 Formuliere Reaktionsgleichungen für die in Abb. 1 mit Pfeilen dargestellten Vorgänge in der Atmosphäre.

4 Stelle die besondere Rolle des Kohlenstoffdioxids im Kohlenstoffkreislauf dar. Gehe dabei auf die Prozesse ein, bei denen das Gas gebildet oder verbraucht wird.

5 Erläutere die Begriffe *Kohlenstoffdioxidquelle* und *Kohlenstoffdioxidsenke* und gib je drei Beispiele an.

6 Erläutere den Unterschied zwischen der Verbrennung von Holz und der Verbrennung von Erdöl oder Kohle in Bezug auf die Kohlenstoffbilanz in der Atmosphäre.

7 a) Berechne den prozentualen Anstieg des CO_2-Gehalts der Atmosphäre in den letzten 20 Jahren (Abb. 3).
b) Recherchiere, wie die jahreszeitlichen Schwankungen des Kohlenstoffdioxidgehalts erklärt werden.

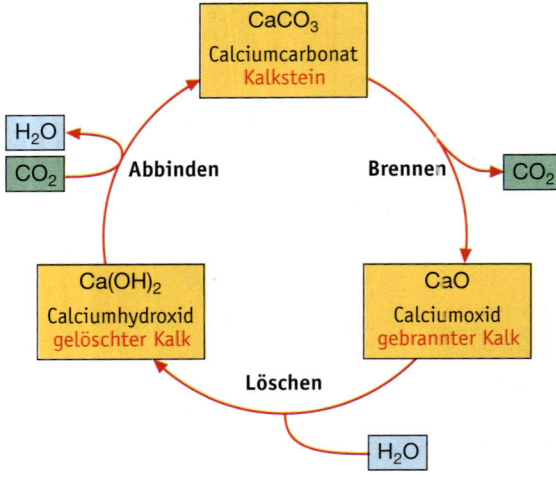

1 *Der technische Kalkkreislauf*

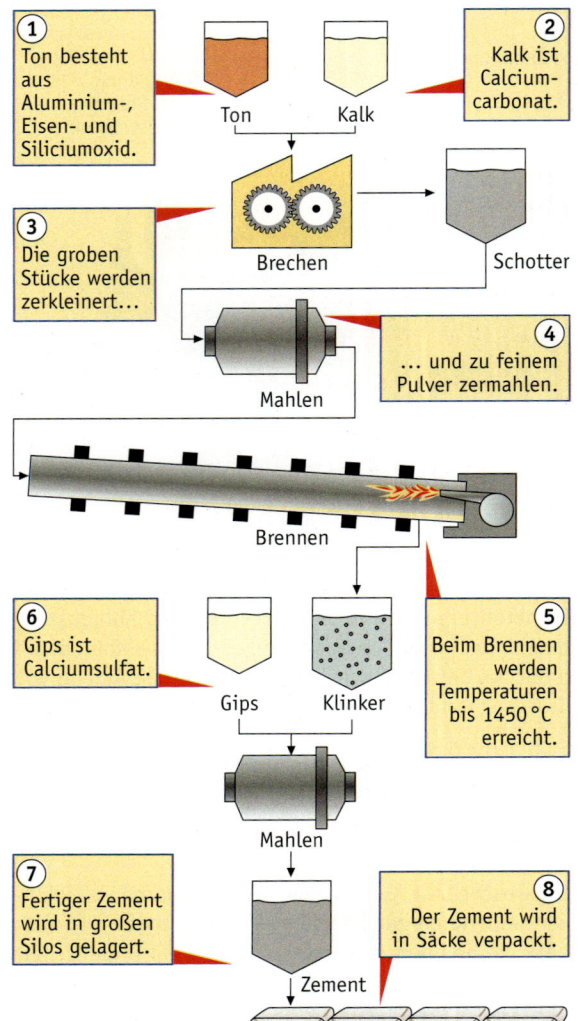

2 *Herstellung von Zement*

Mörtel besteht aus einem Gemisch von Sand, Wasser und einem Bindemittel. Man unterscheidet dabei zwischen *Kalkmörtel* und *Zementmörtel*.

Kalkmörtel. Ausgangsstoff für die Herstellung von Kalkmörtel ist **Kalkstein** (Calciumcarbonat, $CaCO_3$). Der Kalkstein wird auf Temperaturen von über 1000 °C erhitzt. Dabei zersetzt sich das Calciumcarbonat zu Calciumoxid und Kohlenstoffdioxid. Calciumoxid bezeichnet man daher als *gebrannten Kalk* oder **Branntkalk.** Noch im Kalkwerk wird der Branntkalk mit Wasser versetzt. Er reagiert in exothermer Reaktion zu festem Calciumhydroxid, das als *gelöschter Kalk* oder **Löschkalk** bezeichnet wird. Auf der Baustelle wird Löschkalk mit Sand und Wasser zu **Kalkmörtel** angerührt. Kalkmörtel nimmt aus der Luft allmählich Kohlenstoffdioxid auf und gibt Wasserdampf ab. Dabei bilden sich Calciumcarbonatkristalle, die die Sandkörner zu einem festen Baustoff verbinden. Man spricht dabei vom *Abbinden*. Kalkmörtel erhärtet nur an der Luft, nicht jedoch unter Wasser; er ist ein **Luftmörtel.** Da das Produkt mit dem Ausgangsstoff identisch ist, handelt es sich um einen Stoffkreislauf, den *technischen Kalkkreislauf* (Abb. 1).

Zementmörtel. Zur Herstellung von Zement benötigt man Kalkstein, Ton und Gips (Abb. 2). Wird Zement mit Wasser und Sand angerührt, so entsteht **Zementmörtel.** Er härtet im Gegensatz zu Kalkmörtel auch unter Wasser aus. Er ist ein **hydraulischer Mörtel.** *Beton* ist ein Zementmörtel mit einem hohen Anteil an Kies.

> Kalkbrennen, Kalklöschen und Abbinden bilden den technischen Kalkkreislauf. Kalkmörtel ist ein Luftmörtel, Zementmörtel dagegen ein hydraulischer Mörtel.

1 a) Stelle die Reaktionsgleichungen für die Einzelschritte des technischen Kalkkreislaufs (Abb. 1) auf.
b) Erläutere, inwiefern es sich bei der Abfolge von *Kalkbrennen, Kalklöschen* und *Abbinden* um einen Stoffkreislauf handelt.

2 Beschreibe die Herstellung von Zement anhand von Abb. 2.

3 Nenne die Rohstoffe, die zur Zementherstellung benötigt werden. Vergleiche mit den Rohstoffen für die Herstellung von Löschkalk.

4 Zementmörtel ist im Unterschied zu Kalkmörtel ein hydraulischer Mörtel. Erläutere den Unterschied.

5 Recherchiere Vorteile und Nachteile von Zementmörtel gegenüber Kalkmörtel.

Versuch 1:
Kalkbrennen

Materialien: kleines Quarzreagenzglas, Becherglas (50 ml), Stopfen mit Winkelrohr, Gasbrenner (besser: Lötbrenner); Calciumcarbonat (Pulver), Kalkwasser.

Durchführung:

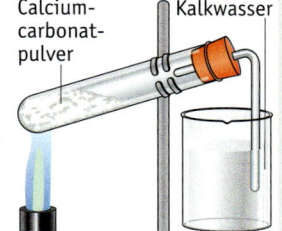

Calciumcarbonatpulver　　Kalkwasser

1. Fülle in das Quarzreagenzglas etwa 2 cm hoch Calciumcarbonat.
2. Baue die Apparatur nach der Abbildung auf.
3. Erhitze den Kalk im Quarzreagenzglas bis zur Rotglut (5).
4. Wenn im Kalkwasser eine deutliche Veränderung zu erkennen ist, wird das Winkelrohr aus dem Kalkwasser gezogen und die Gaszufuhr geschlossen.

Aufgaben:
a) Beschreibe deine Beobachtungen.
b) Erkläre die Reaktionen im Reagenzglas und im Becherglas. Stelle die Reaktionsgleichungen auf.
c) Erläutere den Begriff *Kalkbrennen*.

Versuch 2:
Kalklöschen

Materialien: Porzellanschale, Becherglas (100 ml), Trichter, Filtrierpapier, Thermometer, Tropfpipette; Calciumoxid (5), Universalindikatorpapier.

Durchführung:
1. Gib in der Porzellanschale zu Calciumoxid zunächst tropfenweise Wasser und rühre mit dem Thermometer um. Notiere die Temperaturänderung.
2. Gib anschließend noch mehr Wasser zu. Prüfe die entstandene Suspension mit dem Indikatorpapier.
3. Filtriere die Suspension und prüfe das klare Filtrat ebenfalls mit dem Indikatorpapier.

Aufgaben:
a) Beschreibe und erkläre deine Beobachtungen.
b) Stelle die Reaktionsgleichung auf.

Versuch 3:
Kalkmörtel und Zementmörtel im Vergleich

Materialien: 2 Porzellanschalen, 2 Bechergläser (400 ml); Calciumhydroxid (5), Zement (5, 7), Sand.

Durchführung:
1. Mische in einer Porzellanschale einen Teil Calciumhydroxid mit zwei Teilen Sand.
2. Gib unter Rühren langsam wenig Wasser hinzu, sodass ein dicker Brei entsteht.
3. Forme aus dem Kalkmörtel zwei Kugeln und kennzeichne sie.
4. Lege eine der Kugeln in ein Becherglas mit Wasser, lass die andere an der Luft liegen.
5. Wiederhole den Versuch mit Zement anstelle von Calciumhydroxid.
6. Prüfe nach einigen Tagen die Härte der Kugeln.

Aufgaben:
a) Beschreibe deine Beobachtungen.
b) Stelle die Unterschiede zwischen Kalkmörtel und Zementmörtel zusammen.

Versuch 4:
Zersetzung von Kalkstein durch Säureeinwirkung

Materialien: Reagenzglas mit Ansatz; Becherglas (50 ml), Stopfen mit Loch, Tropfpipette, Schlauchstück, Winkelrohr; Kalkstein oder Marmorstücke, Salzsäure (verd.; 5), Kalkwasser.

Durchführung:
1. Baue die Apparatur nach der Abbildung auf.
2. Gib Kalkwasser in das Becherglas.
3. Tropfe Salzsäure auf den Kalk.
4. Tauche das Winkelrohr in das Kalkwasser.

Aufgaben:
a) Beschreibe und deute deine Beobachtungen.
b) Stelle die Reaktionsgleichungen für die Reaktionen im Reagenzglas und im Becherglas auf.

1 *Verschiedene Geschirrreiniger*

2 *Vollentsalzer, Teilenthärter*

Gläser, die mit dem Geschirrspüler gereinigt wurden, haben manchmal hässliche weiße Wasserflecken. Die Stärke der Verschmutzung hängt mit der Wasserhärte der jeweiligen Region zusammen. Welche Inhaltsstoffe sind in Reinigungsmitteln enthalten, die versprechen, dass Gläser nach dem Spülen in der Geschirrspülmaschine keine hässlichen Wasserflecken aufweisen?

Arbeitsauftrag Entkalker/Klarspüler

1. Informiert euch über die Inhaltsstoffe von Klarspülern und Entkalkern.
2. Überprüft an verkalkten Gegenständen die Wirksamkeit von Klarspülern und eines handelsüblichen Entkalkers.
3. Stellt selbst einen Entkalker her und überprüft seine Wirksamkeit.
4. Stellt die Ergebnisse in Form eines Kurzreferates vor.

Arbeitsauftrag Geschirrspüler

1. Informiert euch über die Inhaltsstoffe von Geschirrspülreinigern.
2. Erläutert die Funktion der einzelnen Inhaltsstoffe.
3. Recherchiert, ob das Spülen mit der Hand umweltfreundlicher ist als das Spülen mit einem Geschirrspüler.
4. Vergleicht Vorteile und Nachteile eines Geschirrspülers.
5. Stellt die Ergebnisse in Form eines Kurzreferates vor.

Arbeitsauftrag Wasserhärte

1. Recherchiert die Einheiten $mmol \cdot l^{-1}$ und °dH.
2. Informiert euch über die Wasserhärte in eurer Region. Tragt die Angaben zur Wasserhärte in eine Karte ein.
3. Bestimmt die Wasserhärte von destilliertem Wasser und von Leitungswasser mit Teststäbchen.
4. Informiert euch, welchen Einfluss die Wasserhärte auf die benötigte Menge an Reinigungsmittel beim Wäschewaschen hat.
5. Fertigt ein Kurzreferat an.

Härte-bereich		$mmol \cdot l^{-1}$	°dH
	weich	< 1,5	< 8,4
	mittelhart	1,5–2,5	8,4–14
	hart	> 2,5	> 14

Arbeitsauftrag Entsalzer

1. Recherchiert die Arbeitsweise und die Entsorgung eines handelsüblichen Vollentsalzers (Abb. 2).
2. Gebt an, wie man seine Wirkung überprüfen kann und woran man erkennt, dass er verbraucht ist.
3. Vergleicht die Arbeitsweise und die Einsatzmöglichkeiten von Vollentsalzern und Teilenthärtern (Abb. 2).
4. Stellt die Ergebnisse in Form eines Kurzreferates vor.

1. Modifikationen des Kohlenstoffs

Modifikationen sind verschiedene Erscheinungsformen eines Elements. Die Stoffe sind zwar aus Atomen des gleichen Elementes aufgebaut, sie unterscheiden sich jedoch in der Anordnung der Atome. Dadurch weisen sie unterschiedliche Eigenschaften auf:

Diamant:
- sehr hart und spröde
- stark lichtbrechend
- durchsichtig
- Von jedem Atom gehen vier Atombindungen aus, die ein Atomgitter aus Tetraedern bilden.

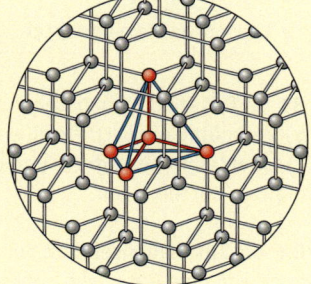

Graphit:
- sehr weich, leicht spaltbar
- schwarz, glänzend
- elektrisch leitfähig
- Graphit bildet ein Schichtgitter. Von jedem Atom gehen drei Atombindungen aus. Zwischen ihnen bewegt sich das vierte Außenelektron.

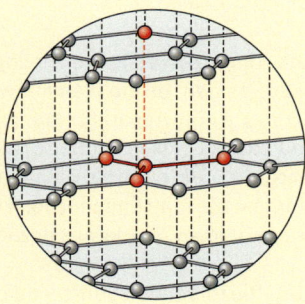

Fullerene:
- hohlkugelartige Moleküle

2. Anorganische Kohlenstoffverbindungen

a) Oxide des Kohlenstoffs
Kohlenstoffdioxid (CO_2) entsteht vor allem bei der Verbrennung fossiler Energieträger. Bei Sauerstoffmangel kann auch das brennbare, giftige Kohlenstoffmonoxid (CO) gebildet werden. Kohlenstoffdioxid bildet mit Calciumhydroxidlösung (Kalkwasser) schwerlösliches Calciumcarbonat.

b) Kohlensäure
Die wässrige Lösung von Kohlenstoffdioxid reagiert sauer und wird daher oft als *Kohlensäure* bezeichnet.

c) Carbonate und Hydrogencarbonate
Carbonate und Hydrogencarbonate sind die Salze der Kohlensäure. Calciumcarbonat ($CaCO_3$) kommt in der Natur als Kalkstein, Kreide und Marmor vor. Kalkstein ist ein wichtiger Rohstoff für das Kalkbrennen und die Herstellung von Zement. Natriumhydrogencarbonat ($NaHCO_3$) ist unter dem Namen Natron bekannt und Bestandteil von Backpulvern und Brausetabletten.

3. Wasserhärte

Die Wasserhärte ist ein Maß für den Gehalt einer Lösung an gelösten zweifach positiv geladenen Ionen, vorwiegend Calcium-Ionen und Magnesium-Ionen.

4. Natürlicher Kalkkreislauf

Die Reaktionen zwischen gelöstem Kohlenstoffdioxid, unlöslichem Calciumcarbonat (Kalkstein) und gelöstem Calciumhydrogencarbonat (hartem Wasser) bilden den natürlichen Kalkkreislauf.

Der natürliche Kalkkreislauf ist Teil des anorganischen Kohlenstoffkreislaufs. Kohlenstoffdioxid steht dabei an zentraler Stelle und verbindet diesen Teilkreislauf mit dem Gesamtkohlenstoffkreislauf.

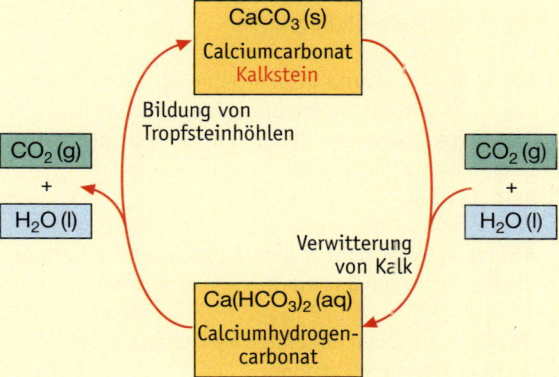

5. Technischer Kalkkreislauf

Aus Kalkstein (Calciumcarbonat) entsteht durch Kalkbrennen und Kalklöschen handelsfertiger Löschkalk.

Löschkalk wird mit Sand und Wasser zum gebrauchsfertigen Kalkmörtel vermischt.

Beim Abbinden des Kalkmörtels entsteht im Laufe von Wochen bis Monaten wieder Calciumcarbonat.

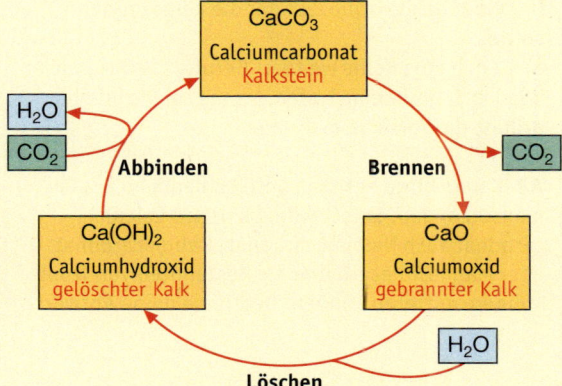

Teste dich

A1 Vergleiche die Strukturen und Eigenschaften von Diamant und Graphit.

A2 Kohlenstoffhaltige Brennstoffe reagieren sehr gut mit Sauerstoff.
a) Bei der Verbrennung von reinem Kohlenstoff bleibt kein Rückstand. Begründe.
b) Gib die Reaktionsgleichung für die Verbrennung an.
c) Erläutere den experimentellen Nachweis des Reaktionsproduktes.
d) Bei der Verbrennung von Holz und Kohle verbleibt Asche als Rückstand. Gib begründete Vermutungen über die Zusammensetzung an.

A3 Kohlenstoffdioxid bildet im Gegensatz zu Wasser kein Dipol-Molekül. Begründe.

A4 Bleibt eine verschlossene Mineralwasserflasche aus Plastik im Hochsommer in einem Auto in der Sonne stehen, besteht die Gefahr, dass sie platzt. Lässt man sie leicht offen, kann man das verhindern. Erkläre.

A5 Erkläre den Begriff *hartes Wasser* und erläutere die Nachteile von hartem Wasser im Haushalt.

A6 a) In manchen Gegenden verkalken Wasserkocher sehr schnell. Erkläre.
b) Erläutere die chemische Reaktion, mit der sich ein Wasserkocher entkalken lässt. Gib eine Reaktionsgleichung an.

A7 Bei der alkoholischen Gärung entsteht Kohlenstoffdioxid. Wenn in früheren Zeiten ein Kellermeister in den Weinkeller ging, nahm er immer eine brennende Kerze mit, obwohl das elektrische Licht eingeschaltet war.
a) Begründe diese Vorsichtsmaßnahme.
b) Überlege die Höhe, auf der die Kerze stehen sollte.
c) Es gab eine Reihe weiterer Berufe, die die gleiche Vorsichtsmaßnahme trafen. Nenne solche und begründe die Vorsichtsmaßnahme.

A8 Kalkgebirge besitzen unterschiedliche Zusammensetzungen. Entscheide, ob neben Calciumcarbonat auch Natriumcarbonat, Kaliumcarbonat oder Magnesiumcarbonat als Bestandteil von Tropfsteinen auftreten können. Begründe deine Antwort.

Lösungen stehen im Anhang.

Die wichtigsten Begriffe

- Graphit, Diamant
- Kohlenstoffdioxid, Kohlenstoffmonoxid
- Kohlensäure, Carbonate, Hydrogencarbonate
- Wasserhärte
- Kohlenstoffkreislauf
- Branntkalk, Löschkalk
- Kalkmörtel, Zementmörtel

B1 a) Erkläre die obenstehenden Begriffe.
b) Verknüpfe die Begriffe zu einer Conceptmap.
c) Übertrage die Begriffe und deine Erklärungen in digitale Karteikarten.

B2 Die Zusammensetzung der Luft vor dem Einatmen und nach dem Ausatmen unterscheidet sich. Begründe diese Aussage.

B3 Um 1780 versuchte der Chemiker LAVOISIER herauszufinden, ob ein Diamant wirklich unzerstörbar ist. Er baute eine Apparatur auf, mit der er das Sonnenlicht durch zwei Linsen bündelte und auf einen Diamanten richtete. Dieser wurde dadurch sehr stark erhitzt. Erläutere die stattfindende Reaktion und gib die Schlussfolgerung an, die daraus gezogen werden musste.

B4 Die folgenden Stoffe sind gegeben: Natriumhydrogencarbonat, Magnesiumhydrogencarbonat, Bariumcarbonat, Kohlenstoffdioxid und Kohlenstoffmonoxid.
a) Gib die Formeln an.
b) Bestimme die chemische Bindung und gib die Dissoziationsgleichungen für die in Wasser löslichen Verbindungen an.
c) Gib drei Reaktionsgleichungen für verschiedene Herstellungsmöglichkeiten von Bariumcarbonat an.

B5 Im unten abgebildeten Versuch reagiert Kalkwasser mit Trockeneis. Erkläre die Beobachtungen unter Einbeziehung von Reaktionsgleichungen.

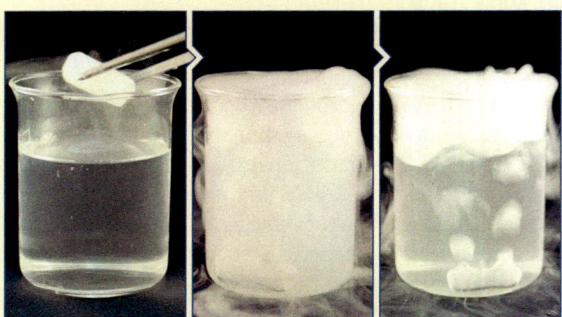

Start   nach 10 Sekunden   nach 90 Sekunden

C1 Treibhauseffekt

1 *Treibhaus einer Gärtnerei*

In Gärtnereien nutzt man Frühbeete und Treibhäuser aus Glas, um schon früh im Jahr kälteempfindliche Pflanzen heranzuziehen und so die Gartensaison zu verlängern.

a) Plane den Bau eines Modelltreibhauses aus einem Schuhkarton, Plastikfolie und schwarzer Pappe.
b) Stellt man nun das selbst gebaute Treibhausmodell draußen bei 20 °C in die Sonne, lassen sich folgende Temperaturen messen:

Zeit in min	oben offenes Modell	zusätzlich mit Folie bedeckt	zusätzlich Boden aus schwarzer Pappe
0	20 °C	20 °C	20 °C
5	20 °C	20,5 °C	20,9 °C
10	20,5 °C	21,3 °C	23 °C
15	21 °C	21,9 °C	24,3 °C
20	21 °C	22,2 °C	25,8 °C

Erkläre den Treibhauseffekt in der Atmosphäre mithilfe der angegebenen Messdaten.
c) Erkläre, wie man den Temperatureffekt in dem Modelltreibhaus noch vergrößern könnte.
d) Ein Sonnenkollektor nutzt ein ähnliches Prinzip. Erstelle eine Skizze eines Sonnenkollektors zur Warmwasserbereitung.
e) Die Zunahme der globalen Durchschnittstemperatur der Atmosphäre soll mit der Zunahme der CO_2-Konzentration zusammenhängen. Erkläre, welche Prozesse die größten Mengen an CO_2 freisetzen.
f) Folgende Werte sind gegeben:
CO_2-Gehalt in der Atmosphäre bis 1850: 280 ppm
CO_2-Gehalt im Jahr 2010: 390 ppm
Berechne den jährlichen CO_2-Anstieg in ppm.

C2 Reaktionen rund um hartes Wasser

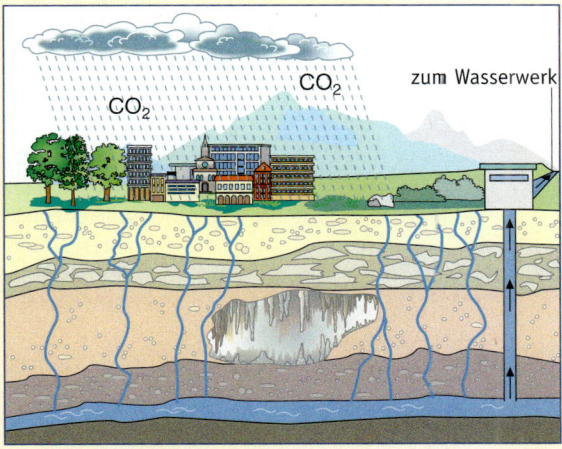

2 *Bildung von hartem Wasser*

Durch versickerndes Regenwasser entsteht in kalkhaltigen Böden hartes Wasser. In diesem harten Wasser können je nach Umgebungsbedingungen weitere Reaktionen ablaufen. Erkläre die folgenden Vorgänge und formuliere dazu die jeweiligen Reaktionsgleichungen.

a) Bodenluft enthält einen wesentlich höheren Anteil an Kohlenstoffdioxid als die Atmosphäre.
b) Regenwasser nimmt aus der Bodenluft Kohlenstoffdioxid auf und bildet eine schwach saure Lösung mit einem pH-Wert von etwa 4 bis 5.
c) Die schwach saure Lösung greift den Kalkstein des Untergrundes an und es entsteht hartes Wasser.
d) In einer unterirdischen Höhle entweicht etwas Kohlenstoffdioxid aus der Lösung in die kohlenstoffdioxidarme Höhlenluft; dabei bildet sich eine Kalksteinkruste.
e) Ein Teil des harten Wassers tritt aus einer Quelle zutage und rieselt über einen Felsvorsprung, wo sich Calciumcarbonat als Kalktuff absetzt.
f) Ein Schüler überprüft bei einer Exkursion im Fach Geografie den Kalkgehalt des Gesteins mit Salzsäure. Dabei bilden sich Gasblasen.
g) Eine junge Wasserschnecke nimmt hartes Wasser auf. Bei ihrem Wachstum wächst ihre Kalkschale mit.
h) Hartes Wasser gelangt über einen Brunnen ins Trinkwassernetz und wird in einem Wasserkocher zum Kochen gebracht. Im Laufe der Zeit verkalkt der Kocher allmählich. Die Tochter der Familie hat im Chemieunterricht aufgepasst. Sie entfernt den Kalkbelag im Wasserkocher mit verdünnter Salzsäure. Dabei schäumt es heftig.
i) Beim Einleiten von Kohlenstoffdioxid in Leitungswasser sinkt der pH-Wert auf 5. Kocht man die Lösung, steigt der pH-Wert fast wieder auf 7 an.

Chemisches Rechnen – Stöchiometrie

Für Chemiker ist es heute selbstverständlich, Reaktionsgleichungen aufzustellen und aus ihnen abzulesen, in welchem Verhältnis Stoffe zur Reaktion gebracht werden müssen. Das war nicht immer so. Bevor man chemische Formeln kannte, war die Chemie eher magische Alchemie. Erst der französische Chemiker Antoine Laurent de LAVOISIER setzte Ende des 18. Jahrhunderts die Waage für genaue mengenmäßige Untersuchungen chemischer Reaktionen ein. Damit legte er den Grundstein für Berechnungen in der Chemie und ebnete ihren Weg zu einer exakten Wissenschaft.

Zahncreme wie wir sie heute kennen ist eine sächsische Erfindung. 1907 stellte der Dresdner Apotheker Ottmar Heinsius von MAYENBURG aus Bimssteinpulver, Calciumcarbonat, Seife, Glycerin, Kaliumchlorat und Pfefferminzaroma die erste Zahnpasta der Welt her. Er nannte sie Chlorodont.

Bei der Herstellung solcher Produkte ist damals wie heute das exakte Mischungsverhältnis von großer Bedeutung. Das Handwerkszeug der Chemiker ist dabei die Waage und der Messzylinder. Da aber bei chemischen Reaktionen Atome oder Moleküle in einem bestimmten Verhältnis miteinander reagieren, müssen Chemiker wissen, wie viele Atome oder Moleküle in einer Portion eines Stoffes enthalten sind.

Eine wichtige Aufgabe von Chemikern ist es, die genaue Zusammensetzung eines Stoffes zu ermitteln – ihn zu analysieren. Dazu sind sehr genaue Analysenwaagen notwendig, mit denen man die Masse der Stoffe bestimmen kann. Über die Atommassen lässt sich dann die in der jeweiligen Stoffportion enthaltene Anzahl an Teilchen berechnen. Auch bei der Produktion von Stoffen in der Industrie kommt es auf die Massen an: Um eine bestimmte Menge eines Stoffes kostengünstig und möglichst ohne Abfälle herzusteller, müssen die Ausgangsstoffe im richtigen Verhältnis gemischt werden.

Gase haben sehr unterschiedliche Dichten. Wasserstoff und Helium beispielsweise haben eine deutlich geringere Dichte als Luft; die Dichte von Kohlenstoffdioxid ist hingegen größer als die von Luft. Aufgrund der geringen Dichte wird Helium als Füllung für Ballons und Luftschiffe eingesetzt. Schon zu Beginn des 19. Jahrhunderts entwickelte Amedeo AVOGADRO eine Theorie, mit der man die Dichte eines Gases sehr genau vorhersagen kann, wenn man die Masse der Gas-Teilchen kennt.

Wenn man Atome wiegen könnte wäre 1 O-Atom genauso schwer wie 16 H-Atome.

1 *Vergleich der Atommasse*

Element	Atommasse	
	gerundeter Wert	genauer Wert
Wasserstoff	1 u	1,00794 u
Kohlenstoff	12 u	12,011 u
Magnesium	24 u	24,3050 u
Aluminium	27 u	26,981539 u
Schwefel	32 u	32,066 u
Chlor	35,5 u	35,4527 u
Eisen	56 u	55,847 u
Kupfer	63,5 u	63,546 u
Silber	108 u	107,8682 u
Uran	238 u	238,0289 u

2 *Elemente und ihre Atommassen*

Die Masse einer Stoffportion kann mit einer Waage einfach bestimmt werden. Die Massen der kleinsten Teilchen der Stoffe, der Atome, Moleküle und Ionen, sind dagegen so unvorstellbar klein, dass Wiegen unmöglich ist. Heute kann man Atommassen sehr genau mit einem Massenspektrometer bestimmen. Ein Wasserstoff-Atom hat zum Beispiel die unvorstellbar winzige Masse von 0,000 000 000 000 000 000 000 001 67 g.

Atomare Masseneinheit. Niemand rechnet gern mit Zahlen, die 23 Nullen hinter dem Komma haben. Daher hat man eine Masseneinheit eingeführt, die der Größenordnung der Atommassen angepasst ist. Man verwendet die *atomare Masseneinheit* mit dem Einheitszeichen **u** (engl. *unit*: Einheit). 1 u entspricht ungefähr der Masse des leichtesten aller Atome, des Wasserstoff-Atoms. Zwischen der Einheit Gramm und der atomaren Masseneinheit u besteht folgender Zusammenhang:

$$1 \text{ g} = 602\,200\,000\,000\,000\,000\,000\,000 \text{ u}$$
$$\approx 6 \cdot 10^{23} \text{ u} = 600 \text{ Trilliarden u}$$
$$1 \text{ u} = \frac{1}{600 \text{ Trilliarden}} \text{ g} = \frac{1}{6 \cdot 10^{23}} \text{ g} \approx 1,66 \cdot 10^{-24} \text{ g}$$

Verwendet man die Einheit 1 u, so vergleicht man die Masse des betreffenden Atoms mit der Masse eines Wasserstoff-Atoms, denn ursprünglich war die Einheit 1 u als die Masse eines Wasserstoff-Atoms definiert. Die Masse eines Sauerstoff-Atoms beträgt 16 u. Die Masse eines Sauerstoff-Atoms ist also 16-mal so groß wie die Masse eines Wasserstoff-Atoms (Abb. 1). Das schwerste in der Natur vorkommende Atom, das Uran-Atom, ist rund 238-mal so schwer wie ein Wasserstoff-Atom; es hat also eine Masse von 238 u (Abb. 2). Wie bei vielen anderen Maßeinheiten hat man im Laufe der Jahre auch bei der atomaren Masseneinheit das Bezugssystem geändert. Im Jahr 1961 wurde international vereinbart, die atomare Masseneinheit auf das Kohlenstoff-Atom zu bezie-

hen. Die atomare Masseneinheit 1 u entspricht nun einem Zwölftel der Masse des Kohlenstoff-Atoms:

$$1 \text{ u} = \frac{1}{12 \, m \text{ (C-Atom)}}$$

Molekülmasse und Formelmasse. Aus den Atommassen lässt sich auch die Masse eines Moleküls berechnen. Dazu muss man die Massen der einzelnen Atome des Moleküls addieren. Die *Molekülmasse* ist somit die Summe der jeweiligen Atommassen. Für Wasser ergibt sich:

$$m \text{ (}H_2O\text{-Molekül)} = 2 \, m \text{ (H-Atom)} + m \text{ (O-Atom)}$$
$$m \text{ (}H_2O\text{-Molekül)} = 2 \cdot 1 \text{ u} + 16 \text{ u} = 18 \text{ u}$$

Für Ionensubstanzen gilt die gleiche Berechnung, obwohl die Formel nur das Verhältnis der Ionen im Ionengitter angibt. Man spricht dann von der *Formelmasse*. Für Calciumnitrat ergibt sich demnach:

$$m \text{ (}Ca(NO_3)_2\text{)} = 1 \, m \text{ (Ca)} + 2 \, m \text{ (N)} + 6 \, m \text{ (O)} = 164 \text{ u}$$

> Die Masse von Atomen wird in der atomaren Masseneinheit u angegeben. Für die Umrechnung in die Masseneinheit Gramm gilt: $1 \text{ g} = 6 \cdot 10^{23} \text{ u}$. Die Molekülmasse ist die Summe der jeweiligen Atommassen. Die Formelmasse lässt sich aus der Verhältnisformel ableiten.

1 Erläutere den Begriff *atomare Masseneinheit*.

2 Berechne die Masse eines Blei-Atoms in der Einheit Gramm.

3 Berechne die Molekülmassen bzw. Formelmassen.
   a) O_2,
   b) $C_6H_{12}O_6$,
   c) $Ba(OH)_2$,
   d) H_3PO_4.

Die Masse eines Eisennagels kann man mit einer Waage einfach bestimmen. Die Massen von Atomen, Molekülen und Ionen sind dagegen so unvorstellbar klein, dass das Wiegen mit herkömmlichen Waagen unmöglich ist. Dennoch findet man im Periodensystem Massenangaben von Atomen – allerdings nicht in der Einheit Gramm, sondern in der atomaren Masseneinheit u. Die heute im Periodensystem aufgelisteten Atommassen sind das Ergebnis *massenspektrometrischer* Untersuchungen.

Massenspektrometrie. Ein Massenspektrometer dient als sehr genaue „Waage", mit deren Hilfe sich die Masse von Atomen und Molekülen bestimmen lässt. Dazu wird eine Stoffprobe zunächst in den gasförmigen Zustand überführt (Abb. 1). Durch Elektronenbeschuss werden Bindungen gespalten und Atome und Moleküle ionisiert. Die entstandenen Ionen werden in einem elektrischen Feld beschleunigt und zu einem Ionenstrahl gebündelt. Dieser Strahl wird durch elektrische und magnetische Felder abgelenkt. Ionen mit einer größeren Masse werden – bei gleicher Ladung – weniger stark abgelenkt als Ionen mit einer geringeren Masse.

Die geladenen Teilchen werden somit nach ihrer Masse und Ladung aufgetrennt. Da Elektronen im Vergleich zu den anderen Elementarteilchen eine vernachlässigbar kleine Masse aufweisen, entspricht die Masse der Ionen praktisch der Masse der ungeladenen Teilchen. Die Erfassung der auftreffenden Ionen erfolgt über elektrische Signale, die dann in einem *Massenspektrum* dargestellt werden.

Massenspektrum von Chlor. Bei der Untersuchung einer Probe von Chlor erhält man im Massenspektrum fünf Signale oder *Peaks*. Die Peaks mit den Massen 35 u und 37 u entsprechen den beiden Chlor-Isotopen ^{35}Cl und ^{37}Cl. Die Intensität (Höhe) der Peaks ist proportional zur Teilchenzahl. Aus dem Verhältnis der Intensitäten der einzelnen Isotopenpeaks ergibt sich, dass 75,77 % der Chlor-Atome eine Atommasse von 34,97 u und 24,23 % eine Atommasse von 36,97 u aufweisen. Für das Element Chlor erhält man daraus für die durchschnittliche Atommasse den Wert 35,45 u. Die Peaks mit den Massen von etwa 70 u, 72 u und 74 u entsprechen ionisierten Cl_2-Molekülen, die aus den beiden Isotopen aufgebaut sind.

---

1 Recherchiere den Begriff *Isotop*.
2 Erkläre anhand der Abbildungen die Funktionsweise eines Massenspektrometers und beschreibe die Aussagen eines Massenspektrums.
3 a) Beschreibe das Massenspektrum von Brom in Abb. 2.
   b) Interpretiere die Signale im Massenspektrum.
4 Erläutere, wie die Angabe *Atommasse der Elemente* im Periodensystem zu verstehen ist.

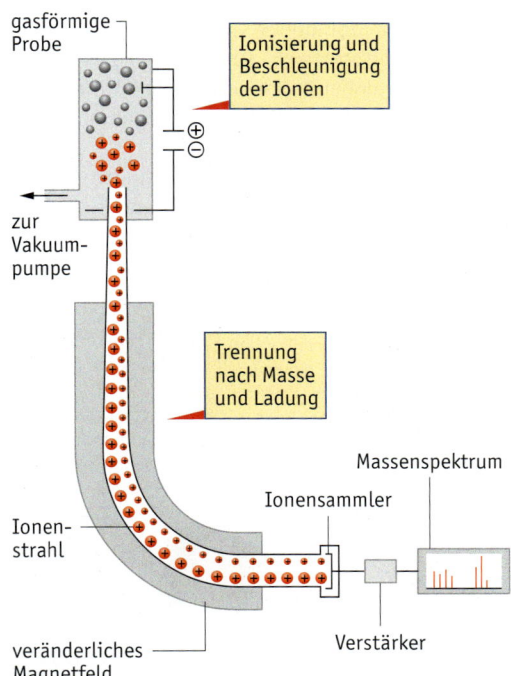

gasförmige Probe

Ionisierung und Beschleunigung der Ionen

zur Vakuumpumpe

Trennung nach Masse und Ladung

Massenspektrum

Ionensammler

Ionenstrahl

Verstärker

veränderliches Magnetfeld

1 *Aufbau und Prinzip eines Massenspektrometers*

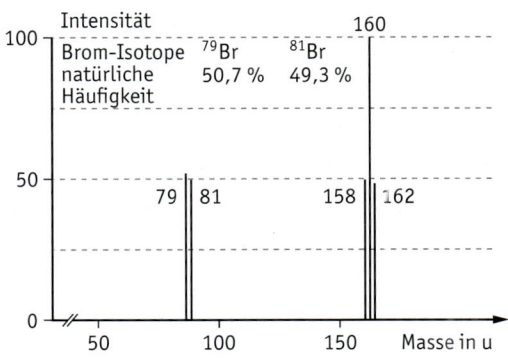

2 *Massenspektrum von Brom*

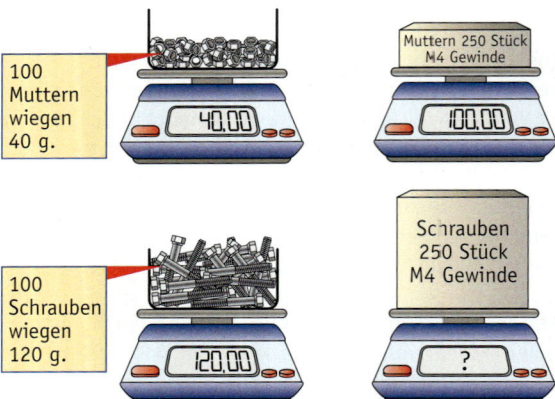

1 *Zählen durch Wiegen*

2 *Ein Mol entspricht …*

Wie bei einem Rezept aus einem Kochbuch müssen auch Chemiker die Ausgangsstoffe im richtigen Verhältnis mischen, wenn die Stoffe vollständig und ohne Rest miteinander reagieren sollen. Da sich bei einer chemischen Reaktion die Atome der beteiligten Stoffe in einem bestimmten Anzahlverhältnis verbinden, muss man wissen, wie viele Atome oder Moleküle in einer Stoffportion enthalten sind. Ihre Anzahl ist jedoch viel zu groß, als dass man sie abzählen könnte.

Damit steht man vor einer ähnlichen Aufgabe wie ein Lagerarbeiter, der die gleiche Anzahl an Schrauben und passenden Muttern bereitstellen muss. Auch er wird die Schrauben und Muttern nicht einzeln abzählen – er wird sie wiegen (Abb. 1). Wenn man weiß, wie schwer eine Schraube oder eine Mutter ist, lässt sich leicht berechnen, wie viele Schrauben oder Muttern in einer ganzen Packung oder Portion enthalten sind.

Nach dem Prinzip *Zählen durch Wiegen* gehen auch Chemiker vor, wenn sie für die Synthese von Zinksulfid (ZnS) gleich viele Zink-Atome und Schwefel-Atome zur Reaktion bringen möchten. Da ein Schwefel-Atom 32 u und ein Zink-Atom 65 u wiegt, muss man Schwefel und Zink im Massenverhältnis 32 zu 65 mischen. Man kann zum Beispiel 32 g Schwefel mit 65 g Zink oder 3,2 g Schwefel mit 6,5 g Zink reagieren lassen, damit kein Ausgangsstoff als Rest übrig bleibt.

Berechnet man die Anzahl der in 32 g Schwefel enthaltenen Schwefel-Atome sowie die Zink-Atome in 65 g Zink, erhält man in beiden Fällen das gleiche Ergebnis. Es gilt:

$1 \text{ g} = 6 \cdot 10^{23} \text{ u} = 600 \text{ Trilliarden u}$

$$N \text{ (S-Atome)} = \frac{m \text{ (Schwefel)}}{m \text{ (S-Atom)}} = \frac{32 \text{ g}}{32 \text{ u}}$$

$$= \frac{32 \cdot 6 \cdot 10^{23} \text{ u}}{32 \text{ u}} = 6 \cdot 10^{23} = 600 \text{ Trilliarden}$$

32 g Schwefel enthalten also 600 Trilliarden S-Atome (Abb. 2). Führt man die gleiche Berechung für die Anzahl der Zink-Atome in 65 g Zink durch, erhält man die gleiche Zahl: 65 g Zink enthalten 600 Trilliarden Zn-Atome.

Das Mol und die Stoffmenge *n*. Die Zahl $6 \cdot 10^{23}$ (600 Trilliarden) hat für das Zählen von Teilchen eine vergleichbare Bedeutung wie das *Dutzend*. Wie man 12 Gegenstände zu einem Dutzend zusammenfasst, so fassen Chemiker eine Stückzahl von $6 \cdot 10^{23}$ Teilchen zu einem **Mol** zusammen. Das Mol ist die Einheit einer Größe, die man als *Stoffmenge* bezeichnet – das Größensymbol ist *n*. Eine Stoffmenge von $n = 1$ mol liegt dann vor, wenn eine Stoffportion $6 \cdot 10^{23}$ Teilchen enthält. Die Teilchen können dabei Atome oder Moleküle sein. Die Zahl $6 \cdot 10^{23}$ wird **Avogadro-Konstante N_A** genannt.

Die molare Masse *M*. Wenn 100 Schrauben 40 g wiegen, dann wiegen 200 Schrauben genau doppelt so viel, nämlich 80 g. Diese Proportionalität zwischen Anzahl und Masse gilt auch für Teilchen: 1 mol Eisen (600 Trilliarden

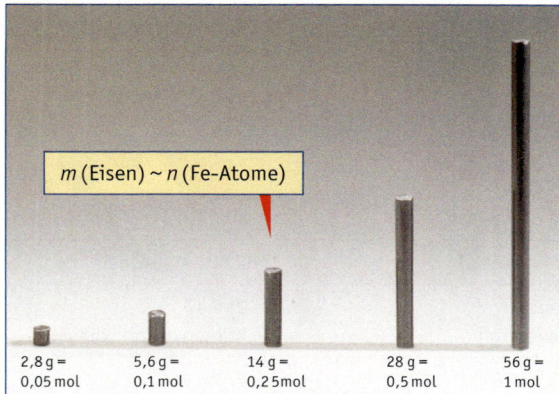

m (Eisen) ~ n (Fe-Atome)

| 2,8 g = | 5,6 g = | 14 g = | 28 g = | 56 g = |
| 0,05 mol | 0,1 mol | 0,25 mol | 0,5 mol | 1 mol |

3 *Masse und Stoffmenge verhalten sich proportional*

Fe-Atome) wiegt 56 g, 0,1 mol davon 5,6 g (Abb. 3). Die Stoffmenge einer Stoffportion verhält sich also proportional zur Masse: $n \sim m$. Den Quotienten aus der Masse und der Stoffmenge einer Stoffportion bezeichnet man als *molare Masse M*. Sie ist die Masse eines Mols, also von 600 Trilliarden Teilchen eines Stoffes. Es gilt:

$$M = \frac{m}{n}; \quad \text{Einheit: } \frac{g}{mol}$$

Für Elemente sind die Werte der molaren Massen im **Periodensystem** angegeben. Dabei gilt, dass der Zahlenwert der *molaren Masse* mit dem Zahlenwert der *Atommasse* übereinstimmt. Nur die Einheiten unterscheiden sich. So wiegt jedes einzelne Kohlenstoff-Atom 12 u. 600 Trilliarden Kohlenstoff-Atome ($n = 1$ mol) wiegen 12 g. Die molare Masse von Kohlenstoff beträgt also 12 $\frac{g}{mol}$. Um die molare Masse eines Elements zu bestimmen, ersetzt man einfach die atomare Masseneinheit u durch die Masseneinheit $\frac{g}{mol}$ und erhält so den Wert für die molare Masse.

Die molare Masse einer *Verbindung* erhält man, indem man die molaren Massen der beteiligten Elemente addiert. Dabei muss man die jeweilige Verhältnisformel oder Molekülformel beachten. So ergibt sich für die molare Masse von Glucose (Traubenzucker, $C_6H_{12}O_6$):

$$M(C_6H_{12}O_6) = 6 \cdot M(C) + 12 \cdot M(H) + 6 \cdot M(O)$$
$$= (6 \cdot 12 + 12 \cdot 1 + 6 \cdot 16)\frac{g}{mol}$$
$$= 180 \frac{g}{mol}$$

1 mol Traubenzucker (600 Trilliarden Glucose-Moleküle) wiegt also 180 g (Abb. 2).

> Das Mol ist die Einheit der Stoffmenge n. Die Stoffmenge $n = 1$ mol entspricht 600 Trilliarden Teilchen.
> Die molare Masse M eines Stoffes ist der Quotient aus der Masse m und der Stoffmenge n einer Stoffportion.

Rechenbeispiele

A) Berechnung der molaren Masse

Berechne die molare Masse von Kohlenstoffdioxid.
Gegeben: $M(C) = 12 \frac{g}{mol}$; $M(O) = 16 \frac{g}{mol}$

$$M(CO_2) = (1 \cdot 12 + 2 \cdot 16)\frac{g}{mol} = 44 \frac{g}{mol}$$

Kohlenstoffdioxid hat die molare Masse 44 $\frac{g}{mol}$.

B) Berechnung der Stoffmenge

Berechne die Stoffmenge an Kohlenstoffdioxid-Molekülen in 10 g Kohlenstoffdioxid.
Gegeben: $m(CO_2, g) = 10$ g; $M(CO_2) = 44 \frac{g}{mol}$

$$n(CO_2) = \frac{m(CO_2, g)}{M(CO_2)} = \frac{10 \text{ g}}{44 \frac{g}{mol}} = 0,23 \text{ mol}$$

10 g Kohlenstoffdioxid enthalten 0,23 mol CO_2-Moleküle.

C) Berechnung der Masse

Berechne die Masse von 0,2 mol Traubenzucker.
Gegeben: $n(C_6H_{12}O_6) = 0,2$ mol;

$$M(C_6H_{12}O_6) = 180 \frac{g}{mol}$$

$$m(\text{Traubenzucker}) = M(C_6H_{12}O_6) \cdot n(C_6H_{12}O_6)$$
$$= 180 \frac{g}{mol} \cdot 0,2 \text{ mol} = 36 \text{ g}$$

0,2 mol Traubenzucker haben eine Masse von 36 g.

---

1 Definiere den Begriff *molare Masse* und erläutere seine Bedeutung.

2 a) Gib die molare Masse von Al, Zn, Si und Au an.
b) Berechne die molare Masse von Kohlenstoffmonoxid, Magnesiumchlorid, Kaliumcarbonat, Calciumhydrogencarbonat, Bariumnitrat, Stickstoffdioxid und Aluminiumsulfat.

3 Berechne die Stoffmenge von 26 g Kohlenstoffdioxid, 51 g Natriumcarbonat, 3,7 kg Calciumsulfat, 1 t Kaliumbromid, 0,5 kg Aluminiumoxid und 770 mg Bariumhydroxid.

4 Berechne die Masse folgender Stoffproben: 4,8 mol CO, 12 mol $MgCO_3$, 3,8 mol Graphit und 3,2 mol Na_2O.

5 Berechne die Anzahl der Moleküle, die in 25 g CO_2, 50 g H_2SO_4 und 0,12 g $Mg(NO_3)_2$ enthalten sind.

6 Für einen Versuch werden 1,5 mmol Kohlenstoff benötigt. Gib die Masse in Gramm an, die abzuwiegen ist.

7 Stelle den Zusammenhang von Masse und Stoffmenge am Beispiel von Calciumcarbonat graphisch dar. Gehe von 1 mol, 2 mol, 3 mol und 4 mol Calciumcarbonat aus.

Wortgleichung	Kohlenstoffmonoxid	+	Sauerstoff	→	Kohlenstoffdioxid
Reaktionsgleichung	$2\,CO$	+	O_2	→	$2\,CO_2$
Modell		+		→	
Moleküle	2 CO-Moleküle	+	1 O_2-Molekül	→	2 CO_2-Moleküle
Stoffmengen	2 mol Kohlenstoffmonoxid	+	1 mol Sauerstoff	→	2 mol Kohlenstoffdioxid
Teilchenanzahlen	$2 \cdot 6 \cdot 10^{23}$ CO-Moleküle	+	$1 \cdot 6 \cdot 10^{23}$ O_2-Moleküle	→	$2 \cdot 6 \cdot 10^{23}$ CO_2-Moleküle
Massen	m(Kohlenstoffmonoxid) $m(CO) = n(CO) \cdot M(CO)$ $m(CO) = 2\ \text{mol} \cdot 28\ \frac{g}{mol}$ $m(CO) = 56\ g$	+	m(Sauerstoff) $m(O_2) = n(O_2) \cdot M(O_2)$ $m(O_2) = 1\ \text{mol} \cdot 32\ \frac{g}{mol}$ $m(O_2) = 32\ g$	→	m(Kohlenstoffdioxid) $m(CO_2) = n(CO_2) \cdot M(CO_2)$ $m(CO_2) = 2\ \text{mol} \cdot 44\ \frac{g}{mol}$ $m(CO_2) = 88\ g$
Massenerhaltung	$m(CO) + m(O_2) = 88\ g$			→	$m(CO_2) = 88\ g$

1 *Mit Reaktionsgleichungen kann man rechnen*

Chemische Reaktionen beschreibt man mithilfe von *Reaktionsgleichungen*. Für die beteiligten Stoffe verwendet man dabei die jeweiligen *Molekülformeln* oder die jeweiligen *Verhältnisformeln*. Faktoren vor den Formeln geben das Verhältnis der Teilchenanzahlen und damit das Verhältnis der *Stoffmengen* an. Für jedes Element stimmt die Anzahl der Atome auf der linken Seite mit der Anzahl der Atome auf der rechten Seite überein: Die Anzahl der Atome wird durch eine chemische Reaktion nicht verändert (Abb. 1).

Massenberechnungen. Mithilfe von Reaktionsgleichungen kann man die Massenverhältnisse bei chemischen Reaktionen berechnen. In der chemischen Fachsprache wird dies als **stöchiometrisches Rechnen** bezeichnet. Grundlage für solche Berechnungen ist das *Gesetz von der Erhaltung der Masse* und das *Gesetz der konstanten Massenverhältnisse*. Letzteres besagt: Die Massen der umgesetzten Ausgangsstoffe bei einer chemischen Reaktion stehen stets in einem bestimmten Verhältnis zueinander.

Es gilt: $m_1 \sim m_2$; $\dfrac{m_1}{m_2} = \text{konstant}$

Mit dem Zusammenhang $m = M \cdot n$, erhält man die folgende Größengleichung:

$$\frac{m_1}{m_2} = \frac{M_1 \cdot n_1}{M_2 \cdot n_2} = \text{konstant}$$

Ist die Masse eines der Ausgangsstoffe bekannt, so kann man die Masse der anderen Ausgangsstoffe oder eines Reaktionsprodukts berechnen. Ebenso kann man aus der Masse eines Produkts auch die benötigten Massen der Ausgangsstoffe ermitteln.

Die Vorgehensweise bei solchen Berechnungen soll hier am Beispiel der Reaktion von Kohlenstoffmonoxid mit Sauerstoff verdeutlicht werden. Gegeben ist die Masse m_1 des Ausgangsstoffs O_2 mit 1,2 g. Gesucht ist die Masse m_2 des Reaktionsprodukts CO_2. Die Stoffmengen n_1 und n_2 entnimmt man der Reaktionsgleichung, die molaren Massen M_1 und M_2 dem Tafelwerk.

gegeben: $m_1 = 1{,}2\ g$ gesucht: m_2

$$2\,CO \quad + \quad O_2 \quad \rightarrow \quad 2\,CO_2$$

$n_1 = 1\ \text{mol}$ $n_2 = 2\ \text{mol}$
$M_1 = 32\ g \cdot \text{mol}^{-1}$ $M_2 = 44\ g \cdot \text{mol}^{-1}$

Mit der Größengleichung lässt sich jetzt recht einfach die gesuchte Masse berechnen:

$$\frac{m_1}{m_2} = \frac{M_1 \cdot n_1}{M_2 \cdot n_2} \quad \text{oder} \quad \frac{m_1}{M_1 \cdot n_1} = \frac{m_2}{M_2 \cdot n_2}$$

Dabei ist die rechte Gleichung vorteilhafter umzustellen, denn die gesuchte Größe steht immer im Zähler.

$$\frac{m_2}{44\ \frac{g}{mol} \cdot 2\ \text{mol}} = \frac{1{,}2\ g}{32\ \frac{g}{mol} \cdot 1\ \text{mol}}$$

Schrittfolge	*Beispiel:* Berechne die Masse an Kohlenstoff, die für die Reduktion von 4,5 g CuO benötigt wird.

1. Aufstellen der Reaktionsgleichung	$2\,CuO\,(s)$	$+$	$C\,(s)$	$\rightarrow$	$CO_2\,(g)$	$+$	$2\,Cu\,(s)$

Das in der Schrittfolge jeweils Neue ist blau gekennzeichnet.

2. Eintragen der gegebenen und gesuchten Massen der Stoffe **über** der Reaktionsgleichung	$4{,}5\,g$		$m\,(C)$				
	$2\,CuO\,(s)$	$+$	$C\,(s)$	$\rightarrow$	$CO_2\,(g)$	$+$	$2\,Cu\,(s)$

3. Eintragen der zu den entsprechenden Stoffen gehörenden molaren Massen M und Stoffmengen n als Produkt $M \cdot n$ **unter** der Reaktionsgleichung	$4{,}5\,g$		$m\,(C)$				
	$\mathbf{2}\,CuO\,(s)$	$+$	$\mathbf{1}\,C\,(s)$	$\rightarrow$	$CO_2\,(g)$	$+$	$2\,Cu\,(s)$
	$80\,\frac{g}{mol} \cdot \mathbf{2}\,mol$		$12\,\frac{g}{mol} \cdot \mathbf{1}\,mol$				

4. Aufstellen und berechnen der Verhältnisgleichung

Als Hilfe denkt man sich die Reaktionsgleichung als Bruchstrich zwischen den gegebenen und gesuchten Größen oben und den reagierenden Massen laut Reaktionsgleichung unten.

$$\frac{4{,}5\,g}{80\,\frac{g}{mol} \cdot 2\,mol} = \frac{m\,(C)}{12\,\frac{g}{mol} \cdot 1\,mol}$$

$$m\,(C) = 0{,}34\,g$$

5. Formulieren eines sinnvollen Antwortsatzes

Es werden 0,34 g Kohlenstoff zur Reduktion von 4,5 g Kupferoxid benötigt.

2 Schrittfolge zur Berechnung von Massen

$$m_2 = \frac{1{,}2\,g \cdot 44\,\frac{g}{mol} \cdot 2\,mol}{32\,\frac{g}{mol} \cdot 1\,mol} = 6{,}6\,g$$

Bei der Reaktion von Kohlenstoffmonoxid mit 1,2 g Sauerstoff entstehen 3,3 g Kohlenstoffdioxid.

Als Alternative zur Berechnung über die Größengleichung kann man auch eine einfache Schrittfolge anwenden (Abb. 2).

Mithilfe der molaren Masse und der Stoffmengen aus der Reaktionsgleichung kann man die Massen der an einer chemischen Reaktion beteiligten Stoffe berechnen.

1 Bei der Herstellung von Branntkalk wird Kalkstein (Calciumcarbonat) durch Wärme zu Branntkalk (Calciumoxid) umgesetzt.
a) Gib die Reaktionsgleichung an.
b) Berechne die Masse an Branntkalk in Tonnen, die aus 25 t Kalkstein hergestellt werden kann.
c) Begründe, dass die wirklich erzeugte Menge an Branntkalk meist unter dem berechneten Wert liegt.

2 Magnesiumoxid reagiert mit Wasser zu Magnesiumhydroxid. Berechne die Masse des entstandenen trockenen Magnesiumhydroxids, wenn 10 g Magnesiumoxid umgesetzt werden.

3 Berechne die Masse an Schwefel, die man benötigt, um 150 g Silbersulfid (Ag_2S) herzustellen.

4 Ein Aluminiumdraht hat eine Masse von 8 g. Berechne die Masse des entstehenden Aluminiumoxids, wenn der Draht vollständig mit Sauerstoff zu Aluminiumoxid reagiert.

5 Traubenzucker ($C_6H_{12}O_6$) wird mit Kupferoxid (CuO) gemischt. Beim Erhitzen findet folgende Reaktion statt:
$C_6H_{12}O_6 + a\,CuO \rightarrow b\,Cu + x\,H_2O\,(g) + y\,CO_2\,(g)$
a) Bestimme die Faktoren a, b, x und y.
b) Berechne die Masse an Kupferoxid, die benötigt wird, um 5 g Traubenzucker umzusetzen.
c) Berechne die bei der Reaktion entstehende Masse an Wasser.

6 In einer Abwasserprobe werden 10 g Schwefelsäure ermittelt. Das Abwasser soll mit Natriumhydroxid neutralisiert werden. Berechne die Masse an Natriumhydroxid, die für eine vollständige Neutralisation mindestens benötigt wird.

7 In einem Kohlekraftwerk werden pro Jahr rund 1 000 000 Tonnen Steinkohle mit einem Kohlenstoffanteil von 85 % umgesetzt. Berechne die Masse an Kohlenstoffdioxid in Tonnen, die dabei entsteht.

8 **Expertenaufgabe:** Bei kurzen Raumausflügen kann das ausgeatmete Kohlendioxid der Astronauten an chemischen Absorbern wie Lithiumhydroxid gebunden werden. Dabei entsteht Lithiumcarbonat und Wasser. Berechne die Masse an Lithiumhydroxid, die insgesamt benötigt wird, wenn zwei Astronauten für die Reparatur der Sonnensegel der Raumstation drei Stunden benötigen. Das pro Astronaut in 24 Stunden ausgeatmete Kohlendioxidvolumen beträgt 567 Liter ($\varrho\,(CO_2) = 1{,}8\,\frac{g}{l}$)

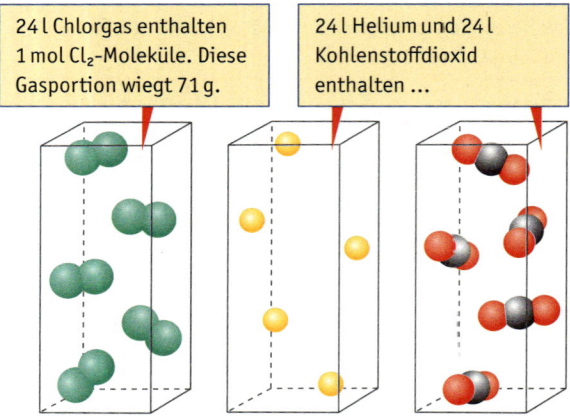

24 l Chlorgas enthalten 1 mol Cl_2-Moleküle. Diese Gasportion wiegt 71 g.

24 l Helium und 24 l Kohlenstoffdioxid enthalten …

1 *Das Gesetz von Avogadro*

Wiegt man jeweils einen Liter verschiedener Gase, so ergeben sich Unterschiede: Ein Liter Chlor wiegt bei Raumtemperatur 2,96 g, ein Liter Wasserstoff bringt dagegen nur etwa 0,084 g auf die Waage.

Gesetz von Avogadro. Berechnet man die Stoffmenge der in einem Liter enthaltenen Gas-Teilchen, erhält man für beide Gase mit 0,042 mol nahezu identische Werte. Bereits 1811 stellte der italienische Physiker Amedeo AVOGADRO dazu eine Hypothese auf, die so allgemeingültig ist, dass man heute vom **Gesetz von Avogadro** spricht (Abb. 1): *Gleiche Volumina gasförmiger Stoffe enthalten bei gleichem Druck und gleicher Temperatur gleich viele Teilchen.*

Molares Volumen. Nach dem Gesetz von Avogadro ist das Volumen eines gasförmigen Stoffes proportional zu dessen Stoffmenge, sofern Druck und Temperatur konstant sind. So nimmt 1 mol eines beliebigen Gases bei normalem Luftdruck (1013 hPa) und 0 °C ein Volumen von 22,4 Litern ein. Halbiert man die Stoffmenge, halbiert sich auch das Volumen auf 11,2 l. Den Quotient aus dem Volumen V eines Gases und seiner Stoffmenge n bezeichnet man als *molares Volumen* V_m. Es gilt:

$$V_m = \frac{V}{n} = 22{,}4 \, \tfrac{l}{mol}$$

Das molare Volumen ist für alle Gase eine Konstante. Da sich Gase bei Erwärmung ausdehnen, ändert sich mit der Temperatur jedoch der Wert für das molare Volumen. Bei normalem Luftdruck und 20 °C gilt: $V_m = 24 \, \tfrac{l}{mol}$.

Häufig muss man zwischen der Stoffmenge und dem Volumen einer gasförmigen Probe umrechnen. Dazu kann man die Gleichung für das molare Volumen verwenden:

$$V_m = \frac{V}{n} \quad \text{oder} \quad V = V_m \cdot n \quad \text{oder} \quad n = \frac{V}{V_m}$$

Berechnungen. Ein Luftballon enthält 3,7 l Wasserstoff. Wie viel mol Wasserstoff-Moleküle enthält der Luftballon? Die Temperatur beträgt 20 °C, der Druck im Luftballon liegt etwas über dem normalen Luftdruck.

$$n = \frac{V}{V_m} = \frac{3{,}7 \, l}{24 \, \tfrac{l}{mol}} = 0{,}15 \, mol$$

Ein Luftballon mit dem Volumen 3,7 l enthält bei den gegebenen Bedingungen rund 0,15 mol Wasserstoff-Moleküle.

Für chemische Reaktionen, an denen Gase beteiligt sind, besteht ein direkter proportionaler Zusammenhang zwischen dem Volumen der Ausgangsstoffe und dem Volumen der Reaktionsprodukte: $V_1 \sim V_2$. Eine analoge Proportionalität ergibt sich zwischen der Masse und dem Volumen der reagierenden Stoffe: $m_1 \sim V_2$. Das heißt: Je höher die eingesetzte Masse eines Ausgangsstoffes ist, desto höher das entstehende Volumen eines gasförmigen Reaktionsprodukts. Für die Volumenberechnungen bei chemischen Reaktionen ergeben sich ähnliche Zusammenhänge wie bei den Massenberechnungen. Da: $m = M \cdot n$ und $V = V_m \cdot n$, ergibt sich:

$$\frac{m_1}{V_2} = \frac{M_1 \cdot n_1}{V_m \cdot n_2} = \text{konstant}; \quad \frac{V_1}{V_2} = \frac{V_m \cdot n_1}{V_m \cdot n_2} = \text{konstant}$$

Beispiel: Berechne das Volumen an Sauerstoff (20 °C, 1013 hPa), das benötigt wird, um 10 g Wasserstoff vollständig zu verbrennen.

$$2 \, H_2\,(g) + O_2\,(g) \;\rightarrow\; 2 \, H_2O\,(g)$$

Gesucht ist hier das Volumen des Sauerstoffs ($V(O_2)$); gegeben ist die Masse des Wasserstoffs ($m(H_2)$). Die Stoffmengen erhält man aus der Reaktionsgleichung, die molare Masse und das molare Volumen entnimmt man dem Tafelwerk und setzt alles in die *Größengleichung* ein:

$$\frac{V(O_2)}{m(H_2)} = \frac{V_m \cdot n(O_2)}{M(H_2) \cdot n(H_2)}; \quad V(O_2) = \frac{24 \, \tfrac{l}{mol} \cdot 1 \, mol \cdot 10 \, g}{2 \, \tfrac{g}{mol} \cdot 2 \, mol}$$

$$\underline{V(O_2) = 60 \, l}$$

60 Liter Sauerstoff werden benötigt, um 10 g Wasserstoff vollständig zu verbrennen.

Ähnlich wie bei der Massenberechnung kann auch hier als Alternative die *Schrittfolge* (Abb. 2; S. 53) genutzt werden.

> Alle Gase enthalten bei gleichem Druck und gleicher Temperatur im gleichen Volumen gleich viele Teilchen. Das Volumen von Gasen ist proportional zur Stoffmenge. Für das molare Volumen V_m gilt bei 0 °C und 1013 hPa $V_m = 22{,}4 \, \tfrac{l}{mol}$.

Berechnung des Volumens eines gasförmigen Reaktionsprodukts

Silberoxid kann thermisch zu Silber und Sauerstoff zersetzt werden. Berechne das Volumen an Sauerstoff, wenn von 3,5 g Silberoxid bei 20 °C und normalem Luftdruck ausgegangen wird.

1.–3. Aufstellen der Reaktionsgleichung und Angabe aller Größen über und unter der Gleichung

$$3,5 \text{ g} \qquad\qquad V(O_2)$$
$$2\,Ag_2O\,(s) \quad \rightarrow \quad 4\,Ag\,(s) \quad + \quad O_2\,(g)$$
$$232\,\tfrac{g}{mol} \cdot 2\,mol \qquad\qquad 24\,\tfrac{l}{mol} \cdot 1\,mol$$

4. Aufstellen und berechnen der Verhältnisgleichung

$$\frac{3,5 \text{ g}}{232\,\tfrac{g}{mol} \cdot 2\,mol} = \frac{V(O_2)}{24\,\tfrac{l}{mol} \cdot 1\,mol}$$

$$\underline{V(O_2) = 0,18 \text{ l}}$$

5. Antwortsatz

Bei der Zersetzung von 3,5 g Silberoxid entstehen 0,18 l Sauerstoff.

Berechnung der Masse eines Ausgangsstoffes

Durch Einwirken von Phosphorsäure auf Lithium wird in einem Gasentwickler Wasserstoff hergestellt. Berechne die einzusetzende Masse an Lithium, wenn 18 l H_2 benötigt werden (0 °C; normaler Luftdruck).

1.–3. Aufstellen der Reaktionsgleichung und Angabe aller Größen über und unter der Gleichung

$$m(Li) \qquad\qquad\qquad\qquad 18 \text{ l}$$
$$6\,Li\,(s) \;+\; 2\,H_3PO_4\,(aq) \;\rightarrow\; 2\,Li_3PO_4\,(aq) \;+\; 3\,H_2\,(g)$$
$$7\,\tfrac{g}{mol} \cdot 6\,mol \qquad\qquad 22,4\,\tfrac{l}{mol} \cdot 3\,mol$$

4. Aufstellen und berechnen der Verhältnisgleichung

$$\frac{m(Li)}{7\,\tfrac{g}{mol} \cdot 6\,mol} = \frac{18 \text{ l}}{22,4\,\tfrac{l}{mol} \cdot 3\,mol}$$

$$\underline{m(Li) = 11,3 \text{ g}}$$

5. Antwortsatz

Für die Herstellung von 18 l Wasserstoff werden 11,3 g Lithium benötigt.

---

1 Stelle die in Abb. 2 angegebenen Größengleichungen nach allen enthaltenen Größen um.

2 Magnesium reduziert Kohlenstoffdioxid.
a) Berechne das Volumen an Kohlenstoffdioxid, das benötigt wird, um 10 g Kohlenstoff zu erhalten (0 °C; 1013 hPa).
b) Gib das Volumen an, das es bei 20 °C und 1013 hPa einnimmt.

3 a) Ermittle das Volumen an H_2, das bei 0 °C und 1013 hPa entsteht, wenn 5,0 g Natrium mit Wasser reagieren.
b) Berechne die Masse an Natrium, die erforderlich ist, um einen Kolbenprober mit 150 ml Wasserstoff zu füllen.

4 Kupferoxid (CuO) wird von Wasserstoffgas reduziert. Berechne das benötigte Volumen an Wasserstoff (1013 hPa, 20 °C), um 3,2 g Kupferoxid zu reduzieren.

5 Wasserstoffperoxid (H_2O_2) zerfällt bei Zugabe von Braunstein als Katalysator in Wasser und Sauerstoff. Ermittle das Volumen an Sauerstoff, das aus 10 ml einer 10%igen Lösung von Wasserstoffperoxid bei 20 °C und 1013 hPa entsteht.

6 Ein Powerriegel (80 g) enthält 23 % Glucose ($C_6H_{12}O_6$).
a) Stelle die Reaktionsgleichung für die Umsetzung der Glucose in unserem Körper auf.
b) Berechne das für die vollständige Umsetzung der Glucose benötigte Sauerstoffvolumen (20 °C; 1013 hPa).
c) Berechne das einzuatmende Luftvolumen.

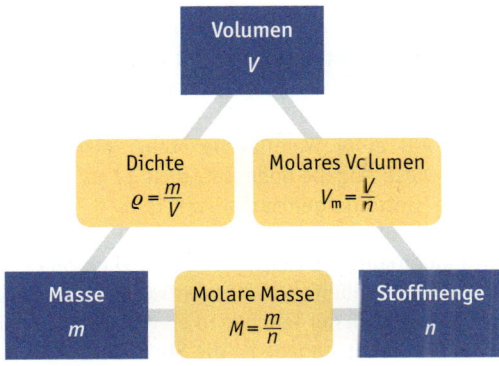

2 *Merkhilfe für das stöchiometrische Rechnen*

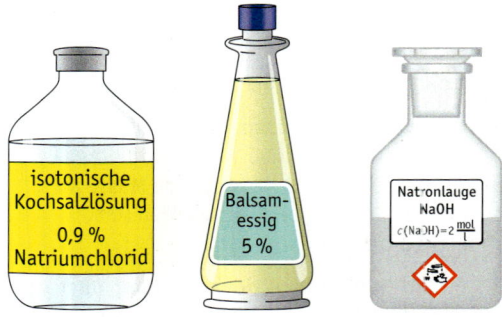

1 *Unterschiedliche Konzentrationsangaben*

Viele Flüssigkeiten, die wir aus dem Alltag und dem Chemieunterricht kennen, sind wässrige Lösungen: Speiseessig ist eine 5%ige Lösung von Essigsäure, Mineralwasser enthält verschiedene Mineralsalze sowie Kohlenstoffdioxid, Natronlauge ist eine wässrige Lösung von Natriumhydroxid. Auf den Flaschen, in denen die Lösungen aufbewahrt werden, ist die Art der gelösten Stoffe und ihr Gehalt angegeben (Abb. 1). Bei Lösungen von Feststoffen in Wasser findet man oft den **Massenanteil** w in Prozent. Gemeint ist damit das Verhältnis der Masse des gelösten Stoffes zur Masse der Lösung.

$$w = \frac{m \, (\text{gelöster Stoff}) \cdot 100}{m \, (\text{Lösung})}; \quad \text{Einheit: \%}$$

Bezieht man den Gehalt des gelösten Stoffes auf das *Volumen* der fertigen Lösung, erhält man die folgenden *Konzentrationsangaben*.

Massenkonzentration β. Ist die Masse des gelösten Stoffes bekannt, lässt sich die Massenkonzentration berechnen:

$$\beta = \frac{m \, (\text{gelöster Stoff})}{V \, (\text{Lösung})}; \quad \text{Einheit: } \frac{g}{l} \text{ oder } \frac{mg}{l}$$

Beispiel: In einem Liter Meerwasser sind 35 g Salz gelöst: $\beta \, (\text{Salz}) = 35 \, \frac{g}{l}$

Volumenkonzentration σ. Handelt es sich bei dem gelösten Stoff um eine Flüssigkeit, gibt man den Gehalt als **Volumenkonzentration σ** (sigma) in Prozent an. *Beispiel:* Auf einer Weinflasche steht: Alkoholgehalt 12 % Vol. Diese Angabe bedeutet, dass 12 ml Alkohol in 100 ml des Getränks gelöst sind: $\sigma = 12 \, \%$.

Stoffmengenkonzentration c. In der Chemie verwendet man in vielen Fällen eine Konzentrationsangabe, die sich auf die Anzahl der Teilchen in einer Lösung bezieht. Eine solche Gehaltsangabe ist die **Stoffmengenkonzentration** c (engl. *concentration*). Sie gibt an, welche Stoff-

menge eines Stoffes in einem bestimmten Volumen vorliegt:

$$c \, (\text{gelöster Stoff}) = \frac{n \, (\text{gelöster Stoff})}{V \, (\text{Lösung})}; \quad \text{Einheit: } \frac{mol}{l}$$

Beispiel: Bei der Herstellung einer Infusionslösung ist es wichtig, dass diese Lösung genauso viel gelöste Teilchen pro Liter enthält wie das Blut. Diese Lösungen nennt man **isotonisch**. Eine isotonische Glucoselösung enthält 0,31 mol Glucose in einem Liter: $c \, (\text{Glucose}) = 0,31 \, \frac{mol}{l}$.

Rechenbeispiel

Herstellung einer isotonischen Lösung

Es sollen 0,5 l einer isotonischen Glucoselösung mit $c \, (\text{Glucose}) = 0,31 \, \frac{mol}{l}$ hergestellt werden.

Gegeben: $M \, (\text{Glucose}) = 180 \, \frac{g}{mol}$

1. **Berechnung der Stoffmenge:**
   $n \, (\text{Glucose}) = c \, (\text{Glucose}) \cdot V \, (\text{Lösung})$
   $= 0,31 \, \frac{mol}{l} \cdot 0,5 \, l = 0,155 \, mol$

2. **Berechnung der Masse:**
   $m \, (\text{Glucose}) = n \, (\text{Glucose}) \cdot M \, (\text{Glucose})$
   $= 0,155 \, mol \cdot 180 \, \frac{g}{mol} = 27,9 \, g$

Man muss 27,9 g Glucose abwiegen, in etwas demineralisiertem Wasser lösen und dann mit Wasser auf 0,5 l auffüllen.

Massenanteil, Massenkonzentration und Volumenkonzentration sind Angaben über den Gehalt eines gelösten Stoffes in einer Lösung. In der Chemie verwendet man meist die Stoffmengenkonzentration.

---

1 Löst man 10 g Kochsalz (Natriumchlorid, NaCl) in 90 g Wasser, so erhält man 94 ml Salzlösung.
a) Bestimme den Massenanteil w, die Massenkonzentration β und die Stoffmengenkonzentration c.
b) Erkläre an diesem Beispiel den Unterschied zwischen Massenkonzentration und Massenanteil.

2 a) Beschreibe, wie man 0,5 l Kaliumnitratlösung mit der Stoffmengenkonzentration $c \, (KNO_3) = 0,2 \, \frac{mol}{l}$ herstellt.
b) Berechne die Massenkonzentration der Lösung.

3 **Expertenaufgabe:** Eine isotonische Kochsalzlösung hat einen Massenanteil von 0,9 %. Berechne die Stoffmengenkonzentration und vergleiche den Wert mit der Angabe für eine isotonische Glucoselösung. Stelle Vermutungen über die Ursache des Unterschiedes auf.

3.6 Mischen von Lösungen *

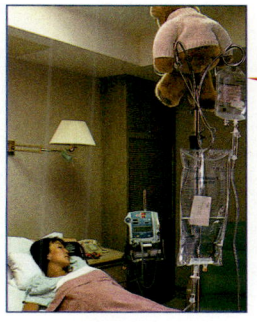

Ringer-Infusionslösung
1000 ml enthalten:
Calciumchlorid 0,33 g
Kaliumchlorid 0,30 g
Natriumchlorid 8,60 g
Elektrolyte in $\frac{mmol}{1000\,ml}$: Ca^{2+}
2,25, K^+ 4,00, Cl^- 155,70,
Na^+ 147,20

1 *Infusionslösung*

Besonders wichtig ist die Einhaltung bestimmter Konzentrationen bei Lösungen, die im medizinischen Bereich verwendet werden. Ein Beispiel ist die **Ringer-Lösung**, die Patienten bei großen Flüssigkeitsverlusten als Infusion gegeben wird (Abb. 1). Es handelt sich dabei um eine stark verdünnte Lösung von Kochsalz, Kaliumchlorid, Calciumchlorid und Natriumhydrogencarbonat. Die Konzentration der Salze entspricht etwa ihrer Konzentration im Blutserum, sodass die Ringer-Lösung als Flüssigkeitsersatz im Blut verwendet werden kann.

Auch beim Praktikum im Chemieunterricht benötigt man sehr oft Lösungen mit einer ganz bestimmten Konzentration. Leider haben die Chemikalien in den Vorratsflaschen oft eine viel höhere Konzentration. Um die gewünschte Konzentration einzustellen, muss man daher meist mit Wasser verdünnen. Das gleiche Ergebnis erhält man aber auch durch das Mischen verschieden konzentrierter Lösungen.

Mischungsgleichung. Im Labor kann man eine Lösung eines Stoffes A mit einem Massenanteil w_3 (A) aus einer Lösung mit einem größeren Massenanteil w_1 (A) und einer Lösung mit einem kleineren Massenanteil w_2 (A) herstellen. Die Mischungsgleichung lautet:

$$w_3\,(A) = \frac{m\,(Lsg.\ 1) \cdot w_1\,(A) + m\,(Lsg.\ 2) \cdot w_2\,(A)}{m\,(Lsg.\ 1) + m\,(Lsg.\ 2)}$$

Mischungskreuz. Das bei Laboranten beliebte Mischungskreuz ist eine Anwendung der Mischungsgleichung. Das Mischungsverhältnis ergibt sich dabei aus den Differenzen der Massenanteile der Ausgangslösungen:

w_1 (A) $\searrow$ $\nearrow$ w_3 (A) $-$ w_2 (A)

w_3 (A)

w_2 (A) $\nearrow$ $\searrow$ w_1 (A) $-$ w_3 (A)

Mit der Mischungsgleichung oder über das Mischungskreuz lassen sich Lösungen bestimmter Konzentration herstellen.

1 Eine 10%ige und eine 3%ige NaCl-Lösung sollen im Massenverhältnis 10 : 3 gemischt werden. Berechne den Massenanteil der entstehenden Lösung.

2 Aus 96%iger Schwefelsäure und Wasser soll eine 50%ige Schwefelsäure hergestellt werden. Berechne das zu mischende Massenverhältnis.

Rechenbeispiele

A) Mischungsgleichung

20 g einer 37%igen Salzsäure werden mit 100 g einer 2%igen Salzsäure gemischt. Welchen Massenanteil w_3 (HCl) an Salzsäure hat die neue Lösung?

Gegeben: w_1 (HCl) = 37 %, m (Lsg. 1) = 20 g;
w_2 (HCl) = 2 %, m (Lsg. 2) = 100 g

$$w\,(HCl) = \frac{m\,(Lsg.\ 1) \cdot w_1\,(HCl) + m\,(Lsg.\ 2) \cdot w_2\,(HCl)}{m\,(Lsg.\ 1) + m\,(Lsg.\ 2)}$$

$$= \frac{20\,g \cdot 37\,\% + 100\,g \cdot 2\,\%}{20\,g + 100\,g} = 7,8\,\%$$

Werden 20 g der 37%igen Salzsäure mit 100 g Salzsäure (2 %) gemischt, so entsteht eine 7,8%ige Salzsäure.

B) Mischungskreuz

Aus 40%iger Natronlauge soll durch Mischen mit Wasser eine 25%ige Natronlauge hergestellt werden. In welchem Massenverhältnis muss gemischt werden?

40 $\searrow$ $\nearrow$ 25 $-$ 0 = 25

25                                 $\frac{25}{15} = \frac{5}{3}$

0 $\nearrow$ $\searrow$ 40 $-$ 25 = 15

Es müssen fünf Massenteile der 40%igen Natronlauge mit drei Massenteilen H_2O gemischt werden.

1 *Taschenrechner rechnen zu genau*

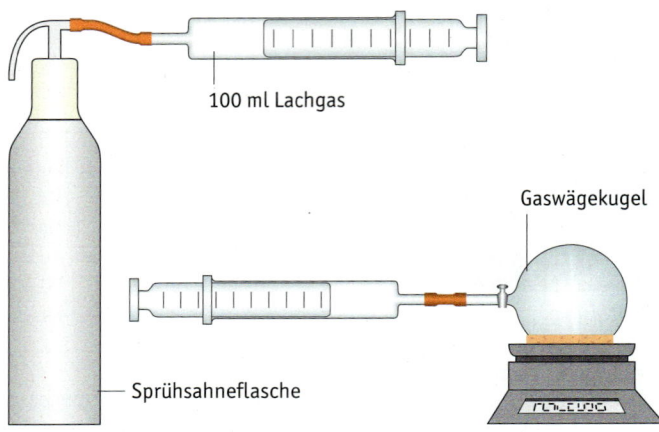

100 ml Lachgas

Gaswägekugel

Sprühsahneflasche

2 *Bestimmung der molaren Masse eines Gases*

Beim Rechnen mit Messwerten oder mit Werten aus Formelsammlungen geben Taschenrechner bis zu zehn Nachkommastellen an (Abb. 1). Da man diese genauen Werte nur selten braucht, stellt sich die Frage, auf wie viele Nachkommastellen man runden darf, um aussagekräftige Ergebnisse zu erhalten.

Berechnung mit Tabellenwerten. Wenn für eine chemische Reaktion eine bestimmte Stoffmenge eines Stoffes benötigt wird, muss man dessen Masse über die molare Masse berechnen. Die Werte der molaren Masse sind im Periodensystem oder in Formelsammlungen meist mit zwei oder sogar drei Nachkommastellen angegeben.

Beispiel: Abwiegen von 0,1 mol Magnesiumchlorid

Rechnet man mit den auf zwei Nachkommastellen angegebenen Werten für die molare Masse, erhält man:

m (Magnesiumchlorid)
$= n\,(MgCl_2) \cdot (M\,(Mg) + 2 \cdot M\,(Cl))$
$= 0{,}1\ \text{mol} \cdot (24{,}31 + 2 \cdot 35{,}45)\,\frac{\text{g}}{\text{mol}} = 9{,}521\ \text{g}$

Rundet man die Werte der molaren Massen auf eine Nachkommastelle, also mit $24{,}3\,\frac{\text{g}}{\text{mol}}$ und $35{,}5\,\frac{\text{g}}{\text{mol}}$, ergibt sich eine Masse von 9,53 g. Da viele schulübliche Laborwaagen aber nur auf 0,1 g genau wiegen, kann man ohnehin nur 9,5 g abwiegen – eine Nachkommastelle reicht also völlig aus.

Berechnungen mit Messwerten. Um die Molekülformel eines Gases zu ermitteln, kann man dessen molare Masse experimentell bestimmen. Dazu wird mit einem Kolbenprober ein genau abgemessenes Gasvolumen in eine luftleer gepumpte und vorher

gewogene Gaswägekugel gefüllt. Das Gasvolumen wird dann möglichst genau gewogen (Abb. 2). Die molare Masse des Gases kann dann nach folgender Beziehung bestimmt werden:

$$M\,(Gas) = \frac{m\,(Gas) \cdot V_{\text{m}}}{V\,(Gas)}$$

Beispiel: Berechnung der Molekülformel von Lachgas – einem Stickstoffoxid, das in Sprühsahneflaschen als Treibgas verwendet wird:

Die Wägung einer Gasportion bei 20 °C und 1013 hPa ergibt, dass 100 ml Lachgas 0,18 g wiegen. Daraus errechnet sich eine molare Masse von $43{,}2\,\frac{\text{g}}{\text{mol}}$. Die verwendete Waage zeigt die Masse auf 0,01 g mit einer Wägegenauigkeit von ± 5 % an. Der Wert der molaren Masse sollte also zwischen $41\,\frac{\text{g}}{\text{mol}}$ und $45\,\frac{\text{g}}{\text{mol}}$ liegen. Diese Spanne reicht aber, um festzustellen, dass das Treibgas die Molekülformel N_2O haben muss ($M\,(N_2O) = 44\,\frac{\text{g}}{\text{mol}}$). Die molaren Massen anderer möglicher Stickstoffoxide wie NO_2 oder NO weichen von dem ermittelten Wert stark ab.

---

1 Berechne die Stoffmenge von 5,6 g Kupferoxid (CuO). Überlege, wie genau die molare Masse bestimmt werden muss und wie stark das Rechenergebnis gerundet werden sollte.

2 Berechne die Masse von 0,2 mol Eisensulfid (FeS) – einmal mit den genauen Tabellenwerten und dann mit den auf eine Nachkommastelle gerundeten Werten für die molare Masse. Beurteile, welche Berechnung für die Wägung mit einer normalen Laborwaage günstiger ist.

---

1. Stoffmenge und Mol

Das Mol ist die Einheit der Stoffmenge n. Eine Stoffportion hat die Stoffmenge $n = 1$ mol, wenn sie 600 Trilliarden ($= 6 \cdot 10^{23}$) Teilchen (Atome, Moleküle oder Formeleinheiten) enthält.

2. Molare Masse

Die molare Masse M ist die Masse von 1 mol eines Stoffes, also von 600 Trilliarden Teilchen eines Stoffes. Sie ergibt sich als Quotient aus der Masse m eines reinen Stoffes und ihrer Stoffmenge n.

$$M = \frac{m}{n}; \quad \text{Einheit: } \frac{g}{mol}$$

Die molare Masse eines Elements stimmt in ihrem Zahlenwert mit der Atommasse überein. Nur die Einheiten sind verschieden. Die molare Masse einer Verbindung erhält man, indem man die molaren Massen der Elemente addiert. Gleiches gilt für Gase, die aus mehratomigen Molekülen aufgebaut sind.

3. Das molare Volumen von Gasen

Nach dem *Gesetz von Avogadro* enthalten gleiche Volumina beliebiger Gase bei gleichem Druck und gleicher Temperatur gleich viele Teilchen. Bei Gasen lässt sich daher aus dem Volumen einer Gasportion die Anzahl an Gas-Teilchen bestimmen. Dazu benutzt man das molare Volumen V_m.

$$V_m = \frac{V}{n}; \quad \text{Einheit: } \frac{l}{mol}$$

Das molare Volumen ist das Volumen von 1 mol eines Gases, also von 600 Trilliarden Teilchen. Für alle gasförmigen Stoffe ist das molare Volumen bei einer bestimmten Temperatur und einem bestimmten Druck gleich groß. Es gilt:

$$V_m (20\,°C, 1013\,hPa) = 24\,\frac{l}{mol}$$

$$V_m (0\,°C, 1013\,hPa) = 22{,}4\,\frac{l}{mol}$$

4. Gesetzmäßigkeiten chemischer Reaktionen

Alle chemischen Reaktionen verlaufen nach folgenden grundsätzlichen Gesetzmäßigkeiten:

a) *Gesetz von der Erhaltung der Masse:* Die Masse der Reaktionsprodukte ist gleich der Masse der Ausgangsstoffe.

b) *Konstante Massenverhältnisse:* Die Ausgangsstoffe reagieren in einem bestimmten Massenverhältnis miteinander. Die Reaktionsprodukte einer chemischen Reaktion enthalten die Elemente in einem konstanten Massenverhältnis.

c) *Ganzzahlige Volumenverhältnisse:* Gase reagieren stets in ganzzahligen Volumenverhältnissen.

5. Von der Reaktionsgleichung zum Stoffumsatz

Schrittfolge	*Beispiel:* Bei der Reaktion von Kohlenstoff mit CO_2 entstehen 10 Liter CO.	
	Berechne die Masse an Kohlenstoff.	Berechne das Volumen an CO_2.
1. Reaktionsgleichung	$C\,(s) + CO_2\,(g) \rightarrow 2\,CO\,(g)$	
2. Eintragen der gegebenen und gesuchten Größen über den Stoffen der Gleichung	$\begin{array}{ccc} m\,(C) & & 10\,l \\ C\,(s) & + CO_2\,(g) \rightarrow & 2\,CO\,(g) \end{array}$	$\begin{array}{ccc} & V\,(CO_2) & 10\,l \\ C\,(s) & + CO_2\,(g) \rightarrow & 2\,CO\,(g) \end{array}$
3. Zu den entsprechenden Stoffen gehörende Stoffmenge und molare Masse/molares Volumen unter der Gleichung eintragen	$\begin{array}{ccc} m\,(C) & & 10\,l \\ C\,(s) & + CO_2\,(g) \rightarrow & 2\,CO\,(g) \\ 12\,\frac{g}{mol} \cdot 1\,mol & & 22{,}4\,\frac{l}{mol} \cdot 2\,mol \end{array}$	$\begin{array}{ccc} & V\,(CO_2) & 10\,l \\ C\,(s) & + CO_2\,(g) \rightarrow & 2\,CO\,(g) \\ 22{,}4\,\frac{l}{mol} \cdot 1\,mol & & 22{,}4\,\frac{l}{mol} \cdot 2\,mol \end{array}$
4. Aufstellen und berechnen der Verhältnisgleichung $\boxed{\text{Merke Dir als Hilfe, dass die Reaktionsgleichung wie ein Bruchstrich betrachtet werden kann.}}$	$\dfrac{m\,(C)}{12\,\frac{g}{mol} \cdot 1\,mol} = \dfrac{10\,l}{22{,}4\,\frac{l}{mol} \cdot 2\,mol}$ $\underline{m\,(C) = 2{,}68\,g}$	$\dfrac{V\,(CO_2)}{22{,}4\,\frac{l}{mol} \cdot 1\,mol} = \dfrac{10\,l}{22{,}4\,\frac{l}{mol} \cdot 2\,mol}$ $\underline{V\,(CO_2) = 5\,l}$
5. Antwortsatz	Für die Bildung von 10 l CO müssen 2,68 g Kohlenstoff mit CO_2 reagieren.	Die 10 l CO werden aus 5 l CO_2 bei Reaktion mit Kohlenstoff gebildet.

Teste dich

A1 Stelle die wichtigen Formeln für die Beziehungen zwischen den folgenden Größen auf: *Stoffmenge, Masse, molare Masse, molares Volumen, Volumen und Dichte.*

A2 Berechne die molaren Massen der folgenden Verbindungen:
a) Kohlenstoffdioxid,
b) Wasser,
c) Bleioxid (PbO_2),
d) Calciumcarbonat.

A3 Für ein Experiment benötigt man 25 mmol Aluminiumoxid (Al_2O_3). Berechne die abzuwiegende Masse.

A4 Berechne die Stoffmengen folgender Stoffportionen (Raumtemperatur):
a) 24 g Kohlenstoff,
b) 15 g Siliciumdioxid (SiO_2),
c) 9 g Wasser,
d) 6 l Sauerstoff (20 °C; 1013 hPa).

A5 Für Butangas hat man die Formel C_4H_{10} ermittelt.
a) Es handelt sich hierbei um eine Molekülformel. Erkläre.
b) Berechne die molare Masse von Butan.
c) Ermittle die Dichte von Butan mithilfe des molaren Volumens (20 °C; 1013 hPa).

A6 430 g Zink werden verbrannt (0 °C; 1013 hPa).
a) Berechne die Masse des entstehenden Zinkoxids.
b) Gib die Masse des entstehenden Zinkoxids an, wenn das Metall zu 10 % verunreinigt ist.
c) Berechne das Volumen an Sauerstoff, das bei der Oxidation von 430 g reinem Zink verbraucht wird.

A7 Im Hochofen soll 1 t Roheisen gewonnen werden: $Fe_2O_3 + 3\ CO \rightarrow 2\ Fe + 3\ CO_2$; (20 °C; 1013 hPa).
a) Berechne das Volumen an CO, das für die Gewinnung verbraucht wird.
b) Gib das Volumen von CO_2 an, das gleichzeitig entsteht.

A8 In der Brennerflamme verbrennt Methan (CH_4) mit Luftsauerstoff zu Kohlenstoffdioxid und Wasser.
a) Formuliere die Reaktionsgleichung.
b) Bestimme das Volumenverhältnis, in dem die vier Gase zueinander stehen.
c) Berechne das Luftvolumen, dass zur Verbrennung von einem Liter Methan benötigt wird.

Lösungen stehen im Anhang.

Die wichtigsten Begriffe

- Stoffmenge, Mol
- molare Masse
- molares Volumen
- Gesetz von Avogadro
- Stöchiometrie

B1 a) Erkläre die obenstehenden Begriffe.
b) Verknüpfe die Begriffe zu einer Conceptmap.
c) Übertrage die Begriffe und deine Erklärungen in digitale Karteikarten.

B2 In der Abbildung ist die Dichte einiger gasförmiger Elemente gegen ihre Atommasse aufgetragen.

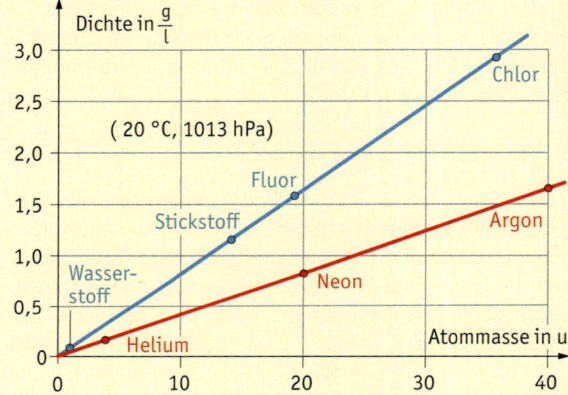

a) Die Elemente Wasserstoff, Stickstoff, Fluor und Chlor liegen auf einer Geraden. Erkläre diesen Sachverhalt mithilfe des Gesetzes von Avogadro.
b) Ordne den Punkt für die Dichte von Sauerstoff in die entsprechende Gerade ein.
c) Vergleiche die Steigung der roten Gerade mit der blauen Gerade und erkläre den Unterschied in der Steigung.
d) Im Gegensatz zu Sauerstoff mit O_2-Molekülen besteht Ozon aus O_3-Molekülen. Erläutere, wie sich die Dichte der beiden Gase unterscheidet.

B3 Wasserstoff kann durch Umsetzung von Zinkspänen mit Salzsäure erzeugt werden.
a) Stelle die Reaktionsgleichung auf.
b) Berechne die Masse an Zink, die notwendig ist, um 10 m³ Wasserstoff bei 20 °C und normalem Luftdruck herzustellen.

C1 Airbag

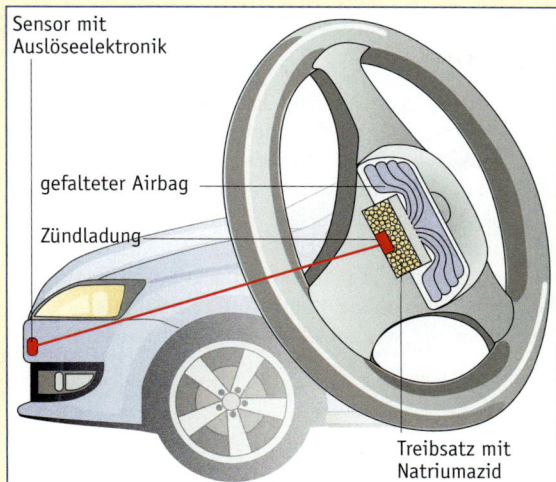

Sensor mit Auslöseelektronik

gefalteter Airbag

Zündladung

Treibsatz mit Natriumazid

1 *Vereinfachter Aufbau eines Airbagsystems*

Alle Airbags bestehen aus drei Komponenten: Sensoren mit Auslöseelektronik, Gasgenerator und Luftsack oder besser Prallsack. Der Gasgenerator arbeitet meist auf der Basis pyrotechnischer Reaktionen, die du von Feuerwerkskörpern her kennst. Er besteht aus einer kleinen Zündladung und dem eigentlichen Treibsatz mit dem Hauptbestandteil Natriumazid (NaN_3). Dieses Salz zerfällt bei 300 °C spontan in Stickstoff und Natrium. Bei einem Aufprall muss sich der Fahrerairbag innerhalb von 30 – 40 ms voll entfalten und kurz darauf entleeren, damit der Fahrer wieder freie Sicht hat bzw. das Fahrzeug verlassen kann.

a) Beschreibe die Wirkungsweise eines Airbags bei einem Aufprall. Nutze die Abbildung und benenne die Aufgaben der einzelnen abgebildeten Bestandteile.
b) Stelle die Reaktionsgleichung für den Zerfall von Natriumazid auf.
c) Der Prallsack eines Fahrer-Airbags hat bei 20 °C ein maximales Fassungsvolumen von 50 l. Berechne die Masse an Natriumazid, die im Gasgenerator enthalten sein muss.
d) Erkläre die folgenden Sicherheitsregeln für die Benutzung von Fahrzeugen mit Airbags:
• Keine Kindersitze, die entgegen der Fahrtrichtung auf die Beifahrerseite montiert sind, verwenden.
• Keine Gegenstände und Körperteile auf die Klappe des Airbags legen.
e) Moderne Airbagsysteme enthalten azidfreie Treibladungen. Recherchiere den Vorteil gegenüber Gasgeneratoren mit Natriumazid.
f) Eine weitere Neuentwicklung sind Hybridgasgeneratoren. Recherchiere ihre Funktionsweise.

C2 Wasserstoffperoxidlösungen machen blond

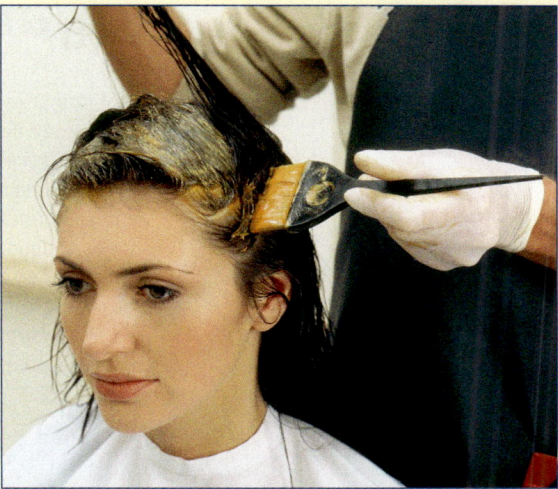

2 *Wasserstoffperoxid im Blondierungsmittel*

Haare, heller als blond – so lautet es in einer Anzeige für ein Haarbleichmittel. Die Bleichwirkung geht auf das in dem Produkt enthaltene Wasserstoffperoxid (H_2O_2) zurück, weshalb man stark blondiertes Haar auch als wasserstoffblond bezeichnet. Verdünnte Lösungen von Wasserstoffperoxid werden auch zum Bleichen von Textilien und Zähnen eingesetzt. Allerdings kann Wasserstoffperoxid bei einem Massenanteil von über 5 % Haare, Haut und Textilien schädigen. Deshalb ist es wichtig, die Anwendungshinweise genau zu befolgen.

Mehrtageskontaktlinsen werden über Nacht in einen Behälter mit einer verdünnten Wasserstoffperoxidlösung gelegt. In dem Behälter ist eine kleine Menge Platin als Katalysator enthalten. Dieser bewirkt, dass Wasserstoffperoxid in Wasser und Sauerstoff zerfällt.

a) Im Handel sind Wasserstoffperoxidlösungen mit einem Massenanteil von 30 % erhältlich. Berechne, welches Volumen dieser Lösung man benötigt, um 500 ml einer 5 %igen Wasserstoffperoxidlösung herzustellen.
b) Stelle die Reaktionsgleichung für die Zersetzung von Wasserstoffperoxid auf.
c) Gibt man fein verteiltes Platin zu 10 ml eines Haarbleichmittels, werden 105 ml Sauerstoff frei. Zeichne eine Apparatur, mit der man das entstehende Gas auffangen kann.
d) Berechne die bei 20 °C und normalem Druck in 105 ml Sauerstoff enthaltene Stoffmenge an Sauerstoff-Molekülen und leite daraus die in 10 ml Haarbleichmittel enthaltene Stoffmenge an Wasserstoffperoxid ab.
e) Berechne die Stoffmengenkonzentration an H_2O_2.

Erdöl und Erdgas – organische Stoffgemische

Erdöl und Erdgas sind unsere wichtigsten fossilen Energieträger. In Deutschland werden damit etwa 55 % des gesamten Energiebedarfs gedeckt. Chemisch gesehen handelt es sich bei Erdöl und Erdgas um Kohlenwasserstoffe. Für die Verbrennung sind Kohlenwasserstoffe eigentlich zu schade, denn sie dienen auch als Rohstoffe für die meisten Produkte der chemischen Industrie. Stoffe zu produzieren und neue Stoffe zu entwickeln gehört zu den zentralen Aufgaben der Chemie. Viele dieser Stoffe werden von uns im täglichen Leben verwendet: Kunststoffe, Farben, Reinigungsmittel und Arzneimittel sind nur ein kleiner Ausschnitt aus der Produktpalette.

Die Standorte des mitteldeutschen Olefinverbundes der Werke Schkopau, Leuna, Teutschenthal in Sachsen-Anhalt und Böhlen im Land Sachsen produzieren seit dem Jahr 2000 unter der Leitung der amerikanischen Firma Dow Chemical. In ihren Anlagen werden Kunststoffe hergestellt. Mittlerweile sind in den Chemieparks noch weitere Kunststoffproduzenten, kunststoffverarbeitende Unternehmen und chemienahe Dienstleister dazugekommen. Die Werke sind für den Austausch von chemischen Grundstoffen durch ein Pipelinesystem verbunden. Am Standort Böhlen befindet sich das Herzstück des Olefinverbundes, der Cracker. In ihm werden wichtige chemische Grundstoffe für die Kunststoffproduktion wie Ethen und Propen hergestellt.

Im Jahre 1828 berichtete der deutsche Chemiker Friedrich WÖHLER in einem Brief an Jöns Jakob BERZELIUS über seine Untersuchungen: „Ich [...] muß ihnen sagen, daß ich Harnstoff machen kann, ohne dazu Nieren oder überhaupt ein Thier, [...], nöthig zu haben. Ich fand, daß immer wenn man Cyansäure mit Ammoniak zu verbinden sucht, eine kristalline Substanz entsteht, [...], und es bedurfte nun weiter Nichts als einer vergleichenden Untersuchung mit Pisse-Harnstoff, den ich in jeder Hinsicht selbst gemacht hatte, und dem Cyan-Harnstoff. Wenn nun [...] kein anderes Produkt als Harnstoff entstanden war, so mußte [...] der Pisse-Harnstoff [...] dieselbe Zusammensetzung haben, wie das cyansaure Ammoniak."

Ölarbeiter in Pennsylvania bemerkten in der Mitte des 19. Jahrhunderts, dass Schürf- und Brandwunden besser heilten, wenn sie mit den schmierigen Rückständen an Bohrgestängen bestrichen wurden. Gute zehn Jahre später gelang es dem Chemiker Robert CHESEBROUGH den pharmazeutisch wirksamen Bestandteil aus der schmierigen Masse zu extrahieren und zu reinigen. Er nannte sein Produkt Vaseline. Auch heute noch verwendet man Vaseline zum Schutz der Haut vor Wind und Wetter. Man nutzt sie aber auch zur Hohlraumversiegelung von Autos, als umweltfreundlichen Unterbodenschutz von Bootsrümpfen gegen Algenbewuchs sowie zum Einfetten von Lederartikeln und Metallgeräten.

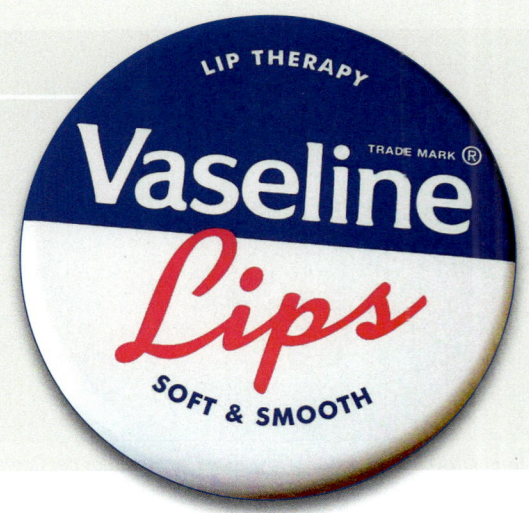

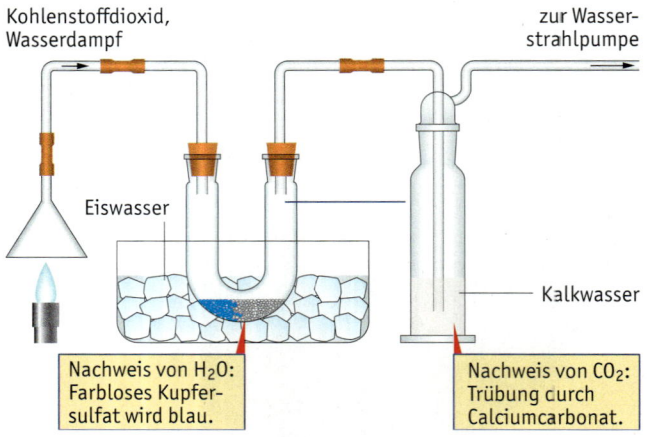

1 *Verbrennungsprodukte von Erdgas*

Kohlenstoffdioxid, Wasserdampf

zur Wasser- strahlpumpe

Eiswasser

Kalkwasser

Nachweis von H_2O: Farbloses Kupfer- sulfat wird blau.

Nachweis von CO_2: Trübung curch Calciumcarbonat.

Erdgas besteht überwiegend aus *Methan*. Bei der Verbrennung bilden sich als Reaktionsprodukte Wasserdampf und Kohlenstoffdioxid (Abb. 1). Methan-Moleküle müssen also Kohlenstoff-Atome und Wasserstoff-Atome enthalten. Allgemein bezeichnet man alle Verbindungen, die nur aus Kohlenstoff- und Wasserstoff-Atomen aufgebaut sind, als **Kohlenwasserstoffe**. Methan ist die einfachste Verbindung dieser Art.

Molekülformel von Methan. Das Gas Methan ist wesentlich leichter als Luft. Seine Dichte ist zwar nur halb so groß wie die Dichte von Sauerstoff, aber achtmal so groß wie die Dichte von Wasserstoff, des Gases mit der geringsten Dichte. Wasserstoff (H_2) hat eine Molekülmasse von 2 u. Da die Dichte eines Gases proportional zur Masse seiner Moleküle ist, muss ein Methan-Molekül eine Masse von 16 u besitzen. Ein Methan-Molekül kann demnach nur aus einem Kohlenstoff-Atom und vier Wasserstoff-Atomen aufgebaut sein. Damit ergibt sich für Methan die Molekülformel CH_4.

Rechenbeispiel

Berechnung der Verhältnisformel von Methan

Methan wird durch eine **quantitative Elementaranalyse** vollständig zu Kohlenstoffdioxid und Wasser oxidiert (Abb. 2).

Aus 75 ml Methan (50 mg) erhält man 113 mg Wasser und 138 mg Kohlenstoffdioxid.

1. **Stoffmenge an Wasserstoff-Atomen**

$$n\,(H_2O) = \frac{m\,(H_2O)}{M\,(H_2O)} = \frac{0{,}113\,g}{18\,\frac{g}{mol}} = 6{,}3\ \text{mmol}$$

$$n\,(H) = 2 \cdot n\,(H_2O) = 12{,}6\ \text{mmol}$$

2. **Stoffmenge an Kohlenstoff-Atomen**

$$n\,(C) = n\,(CO_2) = \frac{m\,(CO_2)}{M\,(CO_2)} = \frac{0{,}138\,g}{44\,\frac{g}{mol}} = 3{,}1\ \text{mmol}$$

3. **Atomanzahlverhältnis und Verhältnisformel**

$$N\,(C) : N\,(H) = n\,(C) : n\,(H) = 3{,}1\ \text{mmol} : 12{,}6\ \text{mmol}$$
$$= 1 : 4$$

Methan hat also die **Verhältnisformel C_1H_4.**

Kontrolle: Aus den Stoffmengen kann man die Massen der Elemente berechnen:
$$n\,(H) \cdot M\,(H) = m\,(H) = 12{,}6\ \text{mg}$$
$$n\,(C) \cdot M\,(C) = m\,(C) = 37{,}2\ \text{mg}$$

Da die Summe dieser Massen im Rahmen der Messgenauigkeit ebenso groß ist, wie die Masse des analysierten Methans, kann man sicher sein, dass ein Methan-Molekül keine weiteren Atome enthält.

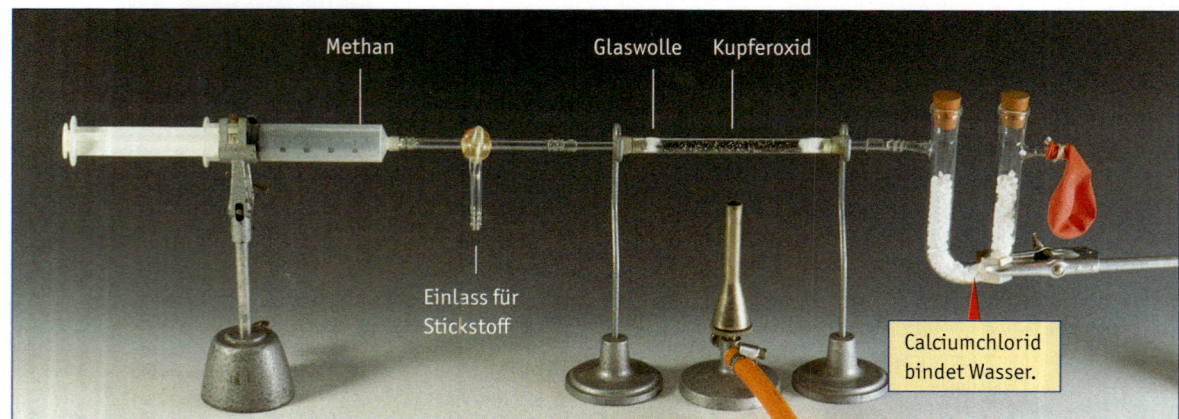

Methan

Glaswolle

Kupferoxid

Einlass für Stickstoff

Calciumchlorid bindet Wasser.

2 *Quantitative Elementaranalyse von Methan. Vor der Reaktion wird die Apparatur mit Stickstoff gespült.*

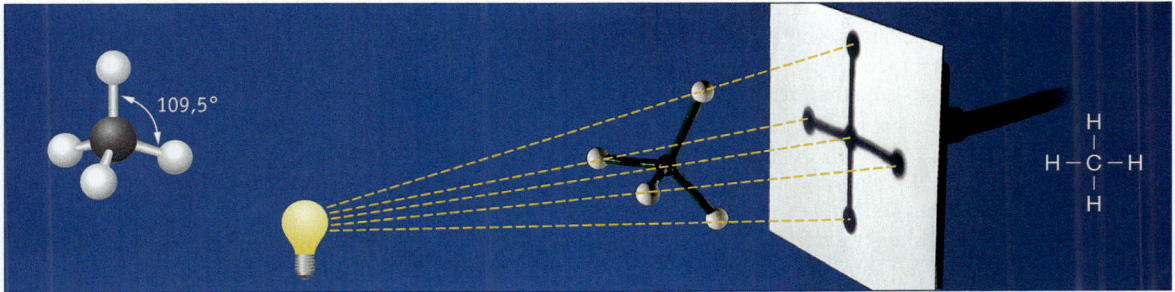

3 *Struktur, Molekülformel und Projektion eines Methan-Moleküls*

Struktur des Methan-Moleküls. Im Methan-Molekül sind die vier Wasserstoff-Atome jeweils über eine Atombindung mit dem Kohlenstoff-Atom verbunden. Die Atome ordnen sich dabei tetraederförmig an. Im Zentrum des Tetraeders befindet sich das Kohlenstoff-Atom, an den vier Ecken sind die Wasserstoff-Atome. Die H–C–H-Bindungswinkel im Methan-Molekül betragen 109,5°. Diesen Winkel bezeichnet man als *Tetraederwinkel*. Am Kugel-Stab-Modell lässt sich der räumliche Bau des Moleküls sehr gut erkennen. Die übliche Strukturformel entspricht der Projektion des Modells in die Zeichenebene (Abb. 3).

Methan in der Natur. Ähnlich wie Erdgas enthalten auch die in Sümpfen aufsteigenden Gase (Sumpfgase) einen hohen Anteil an Methan. Die Ursache für die Bildung von Methan im Erdgas und im Sumpfgas ist ein ganz natürlicher Vorgang: Abgestorbene Pflanzen werden unter Mitwirkung bestimmter Bakterien weitgehend zersetzt. Sobald dabei der Sauerstoff völlig verbraucht ist, kommen andere Bakterien ins Spiel, die Methan erzeugen. Solche Methanbakterien sind es auch, die Methan in den Mägen von Rindern entstehen lassen. Technisch wird dieser natürliche Prozess in den Faultürmen der Kläranlagen und in Biogasanlagen genutzt.

Gegen Ende des letzten Jahrhunderts entdeckte man, dass Methan auch in eisähnlichen Ablagerungen am Meeresboden in einer Tiefe zwischen 300 und 1000 m auftritt. Auch hier wird Methan durch Methanbakte-

rien gebildet. Bei hohem Druck und niedriger Temperatur lagern sich Methan-Moleküle mit Wasser-Molekülen zu Kristallen zusammen, die man als **Methanhydrat** bezeichnet. Auch im Permafrostboden der Polargebiete befinden sich große Mengen an Methanhydrat. Vermutlich gibt es auf der Erde mehr Methanhydrat als Erdöl, Erdgas und Kohle zusammen.

> Methan (CH_4) ist der einfachste Kohlenwasserstoff. Die Methan-Moleküle sind tetraedrisch aufgebaut. Als Hauptbestandteil im Erdgas ist Methan ein wichtiger Brennstoff.

Steckbrief Methan (CH_4)

 H 220, H 280

Eigenschaften:
- farbloses, geruchloses und brennbares Gas,
- brennt mit bläulicher Flamme,
- Methan-Luft-Gemische sind explosiv,
- Dichte: 0,67 $\frac{g}{l}$ (bei 20 °C und 1013 hPa),
- Schmelztemperatur: –182 °C,
- Siedetemperatur: –162 °C.

Herstellung:
- aus Erdgas und Biogas.

Verwendung:
- Heizgas in Kraftwerken und Haushalten,
- wichtiger Rohstoff für die chemische Industrie.

---

1 Methan-Moleküle sind unpolar. Erläutere.
2 Formuliere für die Verbrennung von Methan und für die Oxidation mit Kupferoxid (CuO) Reaktionsgleichungen.
3 Berechne die Massen an Wasser und an Kohlenstoffdioxid, die bei einer Verbrennung von 5 mmol Methan entstehen.
4 Recherchiere, in welchen Gegenden Methanhydrat am Meeresboden vorkommt und beschreibe die Gefahren, die von Methanhydrat ausgehen können.
5 Erläutere den Unterschied zwischen *Verhältnisformel* und *Molekülformel*.

Neben Methan gibt es eine große Anzahl weiterer Kohlenwasserstoffe. Dazu gehören auch zahlreiche flüssige und feste Verbindungen. Die Vielfalt der Kohlenwasserstoffe beruht auf einer besonderen Eigenschaft der Kohlenstoff-Atome: In einem Molekül können sehr viele Kohlenstoff-Atome über Atombindungen miteinander verknüpft sein. Neben unterschiedlich langen kettenförmigen Molekülen können auch verzweigte und ringförmige Moleküle gebildet werden.

Alle Kohlenwasserstoffe weisen ähnliche Eigenschaften auf: Ihre Moleküle sind unpolar; flüssige Kohlenwasserstoffe eignen sich daher hervoragend als Lösemittel für hydrophobe (wasserabstoßende) Stoffe. Mit Sauerstoff reagieren Kohlenwasserstoffe exotherm zu Kohlenstoffdioxid und Wasser.

Bei den Kohlenwasserstoffen unterscheidet man zwischen gesättigten und ungesättigten Verbindungen. Bei den *gesättigten Kohlenwasserstoffen* liegen zwischen den C-Atomen nur C–C-Einfachbindungen vor. Diese Stoffgruppe bezeichnet man als **Alkane**. Dagegen treten in den Molekülen der *ungesättigten Kohlenwasserstoffe* auch C=C-Doppelbindungen und C≡C-Dreifachbindungen auf.

Homologe Reihe. Die Alkane lassen sich nach der Anzahl der Kohlenstoff-Atome im Molekül ordnen. **Methan** steht mit der Molekülformel CH_4 an erster Stelle. Es folgt **Ethan** mit der Molekülformel C_2H_6. Fügt man formal eine CH_2-Gruppe ein, so erhält man ein C_3H_8-Molekül, das Molekül des **Propans**. Ab dem **Butan** (C_4H_{10}) können die Molekülketten unverzweigt oder verzweigt sein. Die unverzweigten Alkane bezeichnet man als n-**Alkane** (normale Alkane). Innerhalb der Stoffgruppe der *n*-Alkane wachsen die Moleküle jeweils um eine CH_2-Gruppe gegenüber dem vorhergehenden Molekül. Eine solche regelmäßige Reihe bezeichnet man als **homologe Reihe** (griech. *homos:* gleich; griech. *logos:* Wort. Gesetz). Aufgrund des regelmäßigen Aufbaus ergibt sich für

Alkane die allgemeine Molekülformel C_nH_{2n+2}. Dabei ist n eine natürliche Zahl. Innerhalb der homologen Reihe der *n*-Alkane steigen die Schmelz- und Siedetemperaturen mit wachsender Kettenlänge an. So ist *n*-Octan (C_8H_{18}) – ein Bestandteil des Benzins – bei Raumtemperatur flüssig; *n*-Octadecan ($C_{18}H_{38}$) ist hingegen fest, es ist in Kerzen aus Paraffin enthalten (Abb. 1).

Benennung von Alkanen. Die Namen der ersten vier Alkane entstanden zu einer Zeit, als der Aufbau ihrer Moleküle noch nicht bekannt war. Auch heute noch werden diese *Trivialnamen* verwendet (lat. *trivialis:* altbekannt). Die Namen der weiteren Alkane werden gebildet, indem man vor die Endung **-an** ein lateinisches oder griechisches Zahlwort setzt, das die Anzahl der C-Atome im Molekül angibt: **Pentan** (C_5H_{12}), **Hexan** (C_6H_{14}), **Heptan** (C_7H_{16}).

Spaltet man formal von einem Alkan-Molekül ein Wasserstoff-Atom ab, erhält man eine **Alkyl-Gruppe** (*Alkyl-Rest*). So leitet sich die Methyl-Gruppe ($–CH_3$) vom Methan und die Ethyl-Gruppe ($–CH_2CH_3$) vom Ethan ab. In Formeln verwendet man für Alkyl-Reste das Symbol **–R**.

> Die *n*-Alkane bilden eine homologe Reihe mit der allgemeinen Molekülformel C_nH_{2n+2}. Zwischen den Kohlenstoff-Atomen liegen nur C–C-Einfachbindungen vor.

1 Erläutere den Unterschied zwischen gesättigten und ungesättigten Kohlenwasserstoffen.

2 a) Gib die allgemeine Formel für Alkyl-Reste an.
   b) Benenne die Reste mit ein bis zehn C-Atomen.

3 Erläutere die hohe Anzahl verschiedener Kohlenwasserstoffverbindungen.

4 Überprüfe mithilfe der molaren Massen, ob folgende Kohlenwasserstoffe Alkane sind: $142 \frac{g}{mol}$, $100 \frac{g}{mol}$, $210 \frac{g}{mol}$. Beschreibe dein Vorgehen.

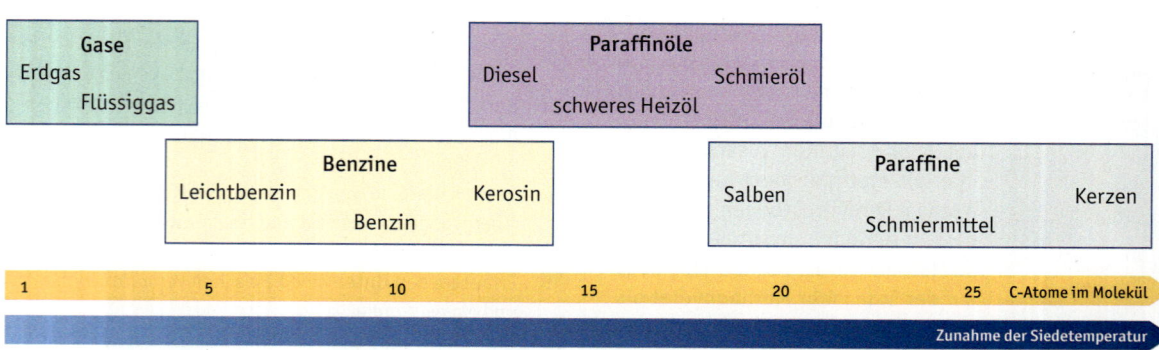

1 *Die Vielfalt der Alkane*

Alkan	Kugel-Stab-Modell	Molekül-formel	Struktur-formel	vereinfachte Strukturformel	Schmelz-temp. in °C	Siedetemp. in °C
Methan		CH_4	H | H–C–H | H	CH_4	–182	–161
Ethan		C_2H_6	H H | | H–C–C–H | | H H	$H_3C–CH_3$	–183	–89
Propan		C_3H_8	H H H | | | H–C–C–C–H | | | H H H	$H_3C–CH_2–CH_3$	–188	–42
n-Butan		C_4H_{10}	H H H H | | | | H–C–C–C–C–H | | | | H H H H	$H_3C{\left(CH_2\right)}_2 CH_3$	–138	–1
n-Pentan		C_5H_{12}	H H H H H | | | | | H–C–C–C–C–C–H | | | | | H H H H H	$H_3C{\left(CH_2\right)}_3 CH_3$	–130	36
n-Hexan		C_6H_{14}	H H H H H H | | | | | | H–C–C–C–C–C–C–H | | | | | | H H H H H H	$H_3C{\left(CH_2\right)}_4 CH_3$	–95	69
n-Heptadecan		$C_{17}H_{36}$	H (H) H | (|) | H–C–(C)–C–H | (|)₁₅| H (H) H	$H_3C{\left(CH_2\right)}_{15} CH_3$	22	302

1 *Die homologe Reihe der n-Alkane*

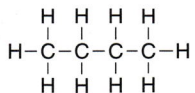 $H_3C–CH_2–CH_2–CH_3$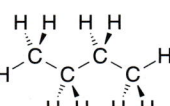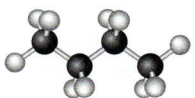

In der *Strukturformel* (Lewis-Formel) werden alle Atome und alle Elektronen-paare angegeben. Die Formel entspricht einer Projektion des Moleküls in die Papierebene.

Die *vereinfachte Strukturformel* stellt nur die Bindungen zwischen Kohlenstoff-Atomen dar.

Die *Keil-Strich-Formel* beschreibt zusätzlich die dreidimensionale Anordnung der Atome.

Beim *Kugel-Stab-Modell* werden die Atom-zentren durch Kugeln und die Bindungen durch Stäbe darge-stellt. Man erkennt Bindungswinkel, Bindungslängen und die Drehbarkeit um Bindungen.

Im *Kalottenmodell* werden Atome als sich teilweise durchdringende Kugeln dargestellt. Atomvolumina und Bindungswinkel werden maßstabs-getreu wiederge-geben.

2 *Formeln und Molekülmodelle*

Neben Methan als Hauptbestandteil des Erdgases werden noch weitere Kohlenwasserstoffe als Energieträger genutzt. So verwendet man in Feuerzeugen und Gaskartuschen Kohlenwasserstoffe, die unter normalem Druck gasförmig sind, sich aber durch erhöhten Druck leicht verflüssigen lassen. Solche Stoffe werden auch als *Flüssiggase* bezeichnet. Auch Autogas, das heute schon an vielen Tankstellen anstelle von Benzin und Diesel getankt werden kann, ist ein Flüssiggas: LPG, liquified petroleum gas. Flüssiggase sind meistens Gemische aus den Kohlenwasserstoffen **Propan** (C_3H_8) und **Butan** (C_4H_{10}). Reines Propan siedet unter normalem Druck bereits bei –42 °C, *n*-Butan dagegen erst bei –1 °C.

Trennung von Flüssiggas durch Gas-Chromatografie.
Die Zusammensetzung von Flüssiggasen und anderen Gasgemischen lässt sich durch das Verfahren der Gas-Chromatografie genauer untersuchen. Kernstück eines Gas-Chromatografen ist ein langes dünnes Rohr, die *Trennsäule*. Sie ist mit einem porösen Feststoff gefüllt. Auf der großen Oberfläche dieses Feststoffes befindet sich als *stationäre Phase* ein dünner Film einer schwer verdampfbaren Flüssigkeit. Durch die Trennsäule strömt als *mobile Phase* ein Trägergas wie Helium. Zur Analyse wird eine kleine Probe des zu untersuchenden Gases in die Trennsäule gespritzt. Die Probe strömt mit dem kontinuierlichen Trägergasstrom an der stationären Phase vorbei. Die verschiedenartigen Moleküle der Probe lösen sich kurzzeitig in dem Flüssigkeitsfilm, gehen aber auch immer wieder in den Gasraum über. Je nach Löslichkeit im Flüssigkeitsfilm benötigen die Moleküle der einzelnen Reinstoffe für ihren Weg durch die Trennsäule mehr oder weniger Zeit (Abb. 1). Ein *Detektor* am Ende der Trennsäule erkennt die getrennten Reinstoffe an einer Änderung der Wärmeleitfähigkeit des vorbeiströmenden Gases. Ein Computerprogramm stellt dann die Signale des Detektors in einem **Gas-Chromatogramm** grafisch als Ausschläge (Peaks) dar: Aus Lage und Höhe der Peaks lassen sich Art und Menge der Reinstoffe bestimmen. Vergleichsdaten erleichtern die Auswertung.

Das *Gas-Chromatogramm von Feuerzeuggas* zeigt überraschenderweise drei Peaks (Abb. 2). Feuerzeuggas ist demnach also ein Gemisch aus drei Kohlenwasserstoffen: Propan, *n*-Butan und Isobutan, ein Alkan, dessen Moleküle verzweigt sind.

> Flüssiggase sind Gemische von Kohlenwasserstoffen, die bei Raumtemperatur gasförmig sind, sich aber schon durch leicht erhöhten Druck verflüssigen lassen. Flüssiggase und andere Gasgemische können durch Gas-Chromatografie getrennt werden.

1 Erstelle Steckbriefe von Propan und *n*-Butan.

2 Formuliere Reaktionsgleichungen für die Verbrennung von Propan und von *n*-Butan.

3 Ein Gasfeuerzeug enthält gleichzeitig gasförmige und flüssige Stoffe. Beschreibe die Vorgänge die im Einzelnen ablaufen, wenn Flüssiggas aus einem Gasfeuerzeug ausströmt.

4 Erläutere die Eigenschaften, die eine Flüssigkeit haben muss, damit sie in einem Gas-Chromatografen als stationäre Phase dienen kann.

5 Erkläre die Reihenfolge der Peaks im Gas-Chromatogramm von Feuerzeuggas.

6 Berechne die Mengen an Kohlenstoffdioxid und Wasser, die bei der Verbrennung von 10 g Butan entstehen.

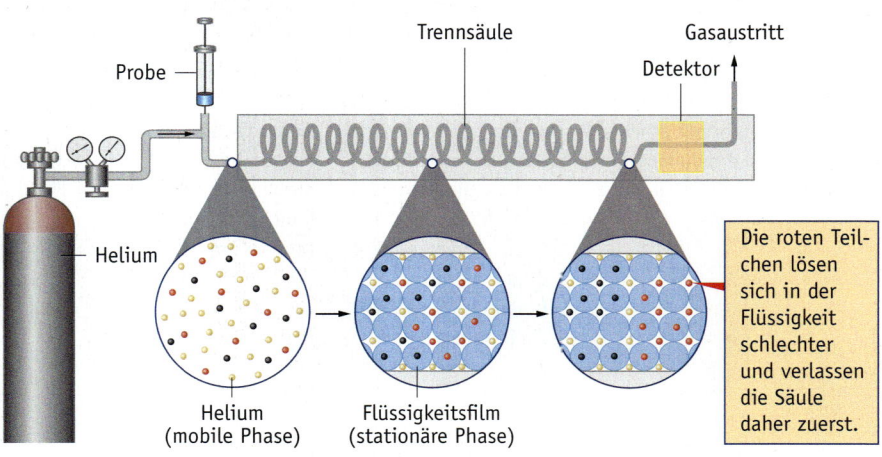

Die roten Teilchen lösen sich in der Flüssigkeit schlechter und verlassen die Säule daher zuerst.

1 *Funktionsprinzip eines Gas-Chromatografen*

2 *Gas-Chromatogramm von Feuerzeuggas*

Versuch 1:
Untersuchung von organischen Stoffen

Materialien: Gasbrenner;
Zucker, Mehl, Milchpulver, Kaffeefilter, weißes
Kupfersulfat (**7**, **9**).

Durchführung:
1. Fülle ein Reagenzglas 2 cm hoch mit Zucker.
   Erhitze es zuerst vorsichtig und dann kräftig bis
   zur Farbänderung und lasse das Reagenzglas
   danach abkühlen.
2. Gib auf die Tröpfchen, die sich an den kälteren
   Stellen des Reagenzglases niedergeschlagen
   haben, eine Spatelspitze weißes Kupfersulfat.
3. Wiederhole den Versuch mit Mehl, Milchpulver und
   kleingeschnittenem Kaffeefilter-Papier.

Aufgaben:
a) Notiere deine Beobachtungen.
b) Nenne die nachgewiesenen Elemente.

Versuch 2:
Nachweis von C und H in brennbaren Stoffen

Materialien: Becherglas (100 ml, hohe Form), Gasbrenner, Porzellantiegel, Holzspan, Tiegelzange;
Kalkwasser, weißes Kupfersulfat (**7**, **9**) Brennspiritus
(**2**, **7**).

Durchführung:
1. Halte mit der Tiegelzange ein trockenes Becherglas mit der Öffnung nach unten über die Brennerflamme. Gib auf die Rückstände an der Innenwand
   des Becherglases etwas weißes Kupfersulfat.
2. Spüle ein Becherglas mit Kalkwasser aus, sodass
   kleine Tropfen an der Innenwand bleiben. Halte es
   mit der Öffnung nach unten über die Flamme.
3. Wiederhole den Versuch mit Brennspiritus. Gib
   dazu zehn Tropfen Brennspiritus in den Porzellantiegel und entzünde ihn.

Aufgaben:
a) Notiere deine Beobachtungen.
b) Erläutere den Wasserstoffnachweis.
c) Gib die Reaktionsgleichung für die Reaktion mit
   Kalkwasser an. Nenne das nachgewiesene Element.

d) Formuliere die Reaktionsgleichung für die Verbrennung des Feuerzeuggases (Butan).

Versuch 3:
Untersuchung von Gummibärchen und Knäckebrot

Materialien: Reibeschale, Becherglas (30 ml),
Gasbrenner, großes Reagenzglas, Gasableitungsrohr,
durchbohrter Stopfen;
Kalkwasser, weißes Kupfersulfat (**7**, **9**), Kupferoxid-
pulver (**7**, **9**), Gummibärchen, Knäckebrot.

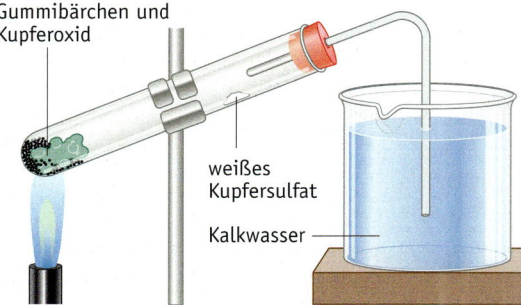

Gummibärchen und
Kupferoxid

weißes
Kupfersulfat

Kalkwasser

Durchführung:
1. Gib ein Gummibärchen und drei Spatelspitzen
   Kupferoxid in das trockene Reagenzglas.
2. Baue die Apparatur entsprechend der Abbildung
   auf.
3. Erhitze das Gemisch kräftig mit dem Gasbrenner.
4. Wiederhole den Versuch mit zerstoßenem Knäckebrot.

Hinweis: Ziehe das Gasableitungsrohr nach dem Erhitzen sofort aus der Lösung, um ein Zurücksteigen des
Kalkwassers in das heiße Reagenzglas zu verhindern.

Aufgaben:
a) Notiere deine Beobachtungen.
b) Nenne die in den Gummibärchen und im Knäckebrot nachgewiesenen Elemente.
c) Erläutere die Funktion des Kup-
   feroxids.
d) Begründe die Sicherheitsmaß-
   nahme im Hinweis.
e) Die Nachweise bezeichnet man
   auch als indirekte Nachweise.
   Erkläre.

$$\overset{1}{CH_3}-\overset{2}{CH_2}-\overset{3}{CH_2}-\overset{4}{CH_2}-\overset{5}{CH_2}-\overset{6}{CH_3}$$

n-Hexan

$$\overset{1}{CH_3}-\overset{2}{CH}-\overset{3}{CH_2}-\overset{4}{CH_2}-\overset{5}{CH_3}$$
mit CH_3 an C2

2-Methylpentan

$$\overset{1}{CH_3}-\overset{2}{CH_2}-\overset{3}{CH}-CH_2-\overset{5}{CH_3}$$
mit CH_3 an C3

3-Methylpentan

$$\overset{1}{CH_3}-\overset{2}{C}-\overset{3}{CH_2}-\overset{4}{CH_3}$$
mit CH_3 oben und CH_3 unten an C2

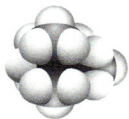

2,2-Dimethylbutan

$$\overset{1}{CH_3}-\overset{2}{CH}-\overset{3}{CH}-\overset{4}{CH_3}$$
mit CH_3 und CH_3 oben

2,3-Dimethylbutan

1 *Isomere Hexane*

Feuerzeuggas enthält neben Propan (C_3H_8) noch zwei Kohlenwasserstoffe mit der Molekülformel C_4H_{10}, die sich in ihrer Molekülstruktur unterscheiden:

$$CH_3-CH_2-CH_2-CH_3$$
n-Butan

$$CH_3-CH-CH_3$$
mit CH_3
2-Methylpropan
(Isobutan)

Verbindungen, die wie n-Butan und 2-Methylpropan bei gleicher Molekülformel eine unterschiedliche Struktur haben, bezeichnet man als *Isomere*.

Die Zahl der Isomere nimmt mit der Anzahl der Kohlenstoff-Atome stark zu: Im Falle von Pentan (C_5H_{12}) gibt es drei isomere Verbindungen, von Hexan (C_6H_{14}) schon fünf und bei Decan ($C_{10}H_{22}$) sind es bereits 75 Isomere. Bei Eicosan ($C_{20}H_{42}$) beträgt die Zahl der Isomeren über 360 000.

Die Siedetemperaturen der einzelnen isomeren Alkane sind unterschiedlich, denn sie hängen von der Molekülstruktur ab. In der Regel ist die Siedetemperatur eines Isomers umso niedriger, je stärker verzweigt die Molekülstruktur ist.

Beispiel: n-Hexan ist eine farblose, leichtflüchtige Flüssigkeit mit einer Siedetemperatur von 69 °C. Auch die anderen Hexan-Isomere lassen sich als Reinstoffe isolieren. Das stark verzweigte 2,2-Dimethylbutan hat mit 50 °C die niedrigste Siedetemperatur der isomeren Hexane.

Cycloalkane. Gesättigte Kohlenwasserstoffe können auch ringförmige Moleküle bilden, die Cycloalkane. Ihre Moleküle enthalten zwei Wasserstoff-Atome weniger als die Alkane mit gleicher Anzahl an Kohlenstoff-Atomen.

Das wichtigste Cycloalkan ist *Cyclohexan* (C_6H_{12}). Es hat ähnliche Eigenschaften wie Hexan und wird ebenfalls als Lösemittel verwendet. Wie in den Alkanen betragen die Bindungswinkel im Molekül 109,5°. Dabei können Cyclohexan-Moleküle sehr unterschiedliche räumliche isomere Strukturen (Konformationen) einnehmen. Die stabilste Form ist die *Sessel-konformation,* weil hier alle Wasserstoff-Atome den größt-möglichen Abstand voneinander haben.

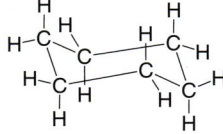

> Isomere haben die gleiche Molekülformel, unterscheiden sich aber in ihrer Struktur. Cycloalkane sind gesättigte Kohlenwasserstoffe mit ringförmigen Molekülen.

---

1 Die isomeren Butane sieden bei −1 °C und −12 °C. Ordne die Siedetemperaturen den Isomeren zu und begründe deine Zuordnung.

2 a) Zeichne die Strukturformeln der isomeren Pentane und benenne die Moleküle.
b) Erläutere, warum man eine Mischung dieser Pentane mithilfe der Gas-Chromatografie in die einzelnen Isomere trennen kann.
c) Stelle eine begründete Hypothese zur Reihenfolge der Auftrennung der Isomere auf.

3 a) Zeichne die Strukturformeln von Cyclopropan, Cyclobutan und Cyclopentan und baue die entsprechenden Molekülmodelle.
b) Cyclopropan und Cyclobutan sind wesentlich reaktionsfähiger als Cyclohexan. Begründe die unterschiedlichen Reaktivitäten.

4 Bei der Wannenkonformation von Cyclohexan ist der Sechsring in Form einer Wanne angeordnet. Zeichne die Strukturformel und erläutere die geringere Stabilität der Wannenkonformation im Vergleich zur Sesselkonformation.

Bis heute wurden mehr als 20 Millionen organische Verbindungen näher untersucht, darunter zahlreiche Alkane. Damit trotz dieser Vielfalt der Überblick nicht verloren geht, benötigt man ein eindeutiges und möglichst rationelles System der Namensgebung, eine *Nomenklatur*. Heute hält man sich in der Chemie bei der Benennung organischer

Verbindungen weltweit an Regeln, die von besonderen Nomenklatur-Kommissionen der **IUPAC** (International Union of Pure and Applied Chemistry) erarbeitet werden. Dadurch ist die Benennung international vereinheitlicht. Für die wissenschaftliche Benennung der verzweigten Alkane gelten folgende IUPAC-Regeln:

Regel	Beispiel
1. Man bestimmt die längste Kette der Kohlenstoff-Atome im Molekül und gibt die Anzahl der C-Atome in dieser **Hauptkette** durch ein griechisches oder lateinisches Zahlwort an. Durch Anfügen der Endung **-an** ergibt sich der **Stammname** der Verbindung.	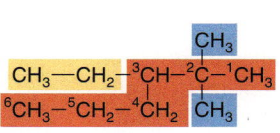 Mit sechs Kohlenstoff-Atomen in der längsten Kette ist der Stammname -hexan. 3-Ethyl-2,2-dimethylhexan
2. Dem Stammnamen werden die Namen der **Seitenketten** vorangestellt. Bei den Seitenketten handelt es sich um *Alkyl-Gruppen*, die sich formal vom Alk**an** mit der gleichen C-Anzahl durch Abspaltung eines Wasserstoff-Atoms ableiten. Die Endung **-an** wird durch die Endung **-yl** ersetzt.	Die Seitenketten sind Methyl- und Ethyl-Gruppen. 3-Ethyl-2,2-dimethylhexan
3. Um die Verknüpfungsstelle zwischen der Hauptkette und den Seitenketten anzuzeigen, werden die Kohlenstoff-Atome der Hauptkette so *durchnummeriert*, dass die Verzweigungsstellen möglichst kleine Zahlen erhalten. Diese Zahlen werden den Namen der Seitenketten vorangestellt.	Die Methyl-Gruppen sind am zweiten Kohlenstoff-Atom mit der Hauptkette verknüpft. Die Ethyl-Gruppe ist an das dritte Kohlenstoff-Atom der Hauptkette gebunden. 3-Ethyl-2,2-dimethylhexan
4. Treten gleiche Seitenketten mehrfach auf, so werden sie zusammengefasst. Ihre Anzahl wird durch ein entsprechendes Zahlwort (di-, tri-, tetra-, penta-) angegeben, das dem Namen der Seitenkette vorangestellt wird.	Die beiden Methyl-Gruppen werden zusammengefasst. 3-Ethyl-2,2-dimethylhexan
5. Verschiedene Seitenketten werden *alphabetisch* geordnet; die als Vorsilben verwendeten Zahlwörter werden dabei nicht berücksichtigt. Nur der erste Buchstabe des Namens wird großgeschrieben.	„E" steht im Alphabet vor „m" und wird als erster Buchstabe des Namens großgeschrieben. 3-Ethyl-2,2-dimethylhexan

1 Zeichne die Strukturformeln der folgenden Verbindungen: 3-Ethyl-2-methylhexan; 2,2,4-Trimethylpentan; 2,2,3-Trimethyl-4-propylheptan; 3-Ethylpentan; 6-Ethyl-2,2,3,7-tetramethyl-4-propyloctan.

2 Benenne die folgenden Alkane:

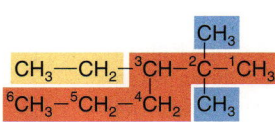

a)
CH₃
CH₃–CH–CH–CH₃
         CH₂–CH₂–CH₃

b)
CH₃ CH₃
CH₃–CH–C—CH–CH₃
         CH₃ CH₃

c)
CH₃ CH₂–CH₃
CH₃ CH₂ CH₂
CH₃–CH–CH–C–CH₂–CH₃
              CH₂–CH₃

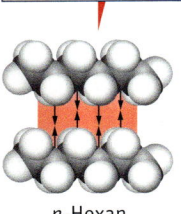

Große Berührungsfläche, stärkere Van-der-Waals-Kräfte.

n-Hexan

2,3-Dimethylbutan

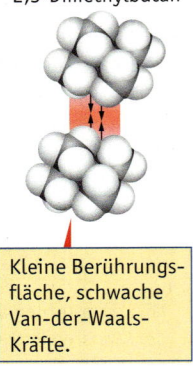

Kleine Berührungsfläche, schwache Van-der-Waals-Kräfte.

1 *Verzweigungsgrad und Berührungsfläche*

2 *Schmelz- und Siedetemperaturen von n-Alkanen*

Temperatur in °C
Siedetemperatur
Schmelztemperatur
Anzahl der Kohlenstoff-Atome

	Siedetemperatur in °C
n-Pentan	36
2-Methylbutan	28
2,2-Dimethylpropan	10
n-Hexan	69
2-Methylpentan	60
3-Methylpentan	63
2,2-Dimethylbutan	50
2,3-Dimethylbutan	58

3 *Siedetemperaturen isomerer Pentane und Hexane*

Kohlenstoff-Atome und Wasserstoff-Atome haben eine ähnliche Elektronegativität. Alkan-Moleküle sind daher nahezu unpolar. Trotzdem wirken zwischen den Molekülen Anziehungskräfte, denn viele Alkane sind bei Raumtemperatur flüssig oder sogar fest. Die Stärke dieser *zwischenmolekularen Kräfte* hängt von der Größe und auch von der Form der Moleküle ab.

Van-der-Waals-Kräfte. Die Wechselwirkungen zwischen unpolaren und schwach polaren Molekülen werden nach dem niederländischen Physiker Johannes Diderik VAN DER WAALS als *Van-der-Waals-Kräfte* bezeichnet. Verglichen mit Atombindungen sind Van-der-Waals-Kräfte viel schwächer, doch summieren sie sich bei größeren Molekülen und können dann sogar stärker sein als eine Atombindung. Van-der-Waals-Kräfte kommen durch sich zufällig einstellende, ungleichmäßige Elektronenverteilungen in den einzelnen Molekülen zustande. Kurzfristig treten dadurch elektrische Teilladungen auf, sodass sich die Moleküle anziehen.

Siedetemperaturen. Größere Moleküle haben untereinander größere Berührungsflächen als kleine Moleküle, die Van-der-Waals-Kräfte sind daher bei ihnen besonders fest. Das erklärt, warum die Siedetemperatur mit der Kettenlänge der Alkan-Moleküle ansteigt: Alkane mit bis zu vier C-Atomen sind bei Raumtemperatur gasförmig, Alkane mit 5 bis 17 C-Atomen sind flüssig, Alkane mit 18 und mehr C-Atomen sind fest (Abb. 2).

Bei isomeren Alkanen hat meistens der Stoff die niedrigere Siedetemperatur, dessen Moleküle stärker verzweigt sind. Auch hier spielt die Berührungsfläche eine Rolle: Je mehr sich die Gestalt der Moleküle der Kugelform nähert, desto kleiner ist ihre Berührungsfläche und desto schwächer sind die Van-der-Waals-Kräfte (Abb. 1).

Löslichkeit. Untereinander sind Alkane in jedem Verhältnis mischbar. Auch Stoffe mit unpolaren oder schwach polaren Molekülen wie Iod oder Fett lösen sich gut in Alkanen. Solche Stoffe bezeichnet man daher als *lipophil* (fettliebend). Bei lipophilen Stoffen bilden sich zwischen den Molekülen Van-der-Waals-Kräfte aus. Dagegen sind Alkane mit Wasser nicht mischbar, Alkane sind *hydrophob* (wasserabstoßend).

Hydrophile Stoffe wie Zucker und Ionenverbindungen wie Kochsalz sind in Alkanen unlöslich, denn Van-der-Waals-Kräfte sind zu schwach, um den Kristallverband aufzulösen. Zucker und Kochsalz lösen sich dagegen leicht in Wasser. Es gilt die Regel: *Ein Stoff löst sich besonders gut, wenn seine Teilchen eine ähnliche Polarität aufweisen wie die Moleküle des Lösemittels.*

> Zwischen Alkan-Molekülen liegen Van-der-Waals-Kräfte vor. Die Schmelz- und Siedetemperaturen der Alkane steigen mit zunehmender Kettenlänge.

1 Erkläre das Entstehen von Van-der-Waals-Kräften und vergleiche sie mit der Atombindung.

2 Beschreibe und erkläre den in Abb. 2 dargestellten Verlauf der Siedetemperaturen der *n*-Alkane.

3 a) Zeichne die Strukturformeln von 2-Methylpentan und 2,2-Dimethylbutan.
b) Begründe die unterschiedlichen Siedetemperaturen.

4 Erläutere, warum sich Brom gut in Heptan löst, Kaliumbromid dagegen nicht.

5 Vergleiche am Beispiel des *n*-Heptans die intramolekularen und die zwischenmolekularen Bindungen.

Versuch 1:
Molekülmodelle von *n*-Pentan und 2,2-Dimethylpropan

Materialien: Modellbaukästen (Kugel-Stab-Modell, Kalottenmodell), Kleber;
Material für ein Molekülmodell: 12 weiße Kugeln (H-Atome) und 5 schwarze Kugeln (C-Atome) aus Styropor oder Schaumstoff, 16 Holzstäbchen (Zahnstocher, Länge: Durchmesser der Kugeln).

Durchführung:
Hinweise: Die Holzstäbchen bilden die C–C- und C–H-Bindungen; sie werden mit etwas Kleber in die Kugeln gesteckt. Beachte dabei die Bindungswinkel von etwa 109°. Verwende die Modelle für Versuch 2.

1. CH₃-Gruppen: Stecke in zwei schwarze Kugeln jeweils vier Holzstäbchen in tetraedrischer Anordnung. Stecke jeweils drei weiße Kugeln auf.
2. CH₂-Gruppen: Stecke in zwei schwarze Kugeln jeweils drei Holzstäbchen und in eine schwarze Kugel zwei Holzstäbchen (109°). Stecke jeweils zwei weiße Kugeln auf.
3. Verbinde die Bauteile nach dem Aushärten des Klebstoffs zum Modell eines Pentan-Moleküls.
4. Baue entsprechend ein Modell eines 2,2-Dimethylpropan-Moleküls.
5. Fertige von beiden Molekülen jeweils ein Kugel-Stab-Modell und ein Kalottenmodell an und vergleiche mit den selbstgebauten Modellen.

Versuch 2:
Berührungsflächen bei Isomeren

Materialien: Modelle aus Versuch 1; Abtönfarbe.

Durchführung:
Hinweis: Führt den Versuch zu zweit durch.

1. Haltet zwei *n*-Pentanmodelle so aneinander, dass sich möglichst viele H-Atome berühren.
2. Markiert alle H-Atome, die sich berühren, mit einem Filzschreiber.
3. Malt an beiden Modellen die markierten H-Atome mit Abtönfarbe an.
4. Wiederholt den Versuch mit zwei Modellen des 2,2-Dimethylpropan-Moleküls.

Aufgaben:
a) Zählt die H-Atome an den Modellen der beiden Isomeren und vergleicht die Ergebnisse.

b) Stellt einen Zusammenhang her zwischen der Anzahl der sich jeweils berührenden H-Atome mit der Festigkeit der Van-der-Waals-Kräfte zwischen den Molekülen und den Siedetemperaturen der beiden isomeren Pentane.
c) Vergleicht die Ergebnisse mit denen der anderen Gruppen.

Versuch 3:
Untersuchung flüssiger Alkane

 2 7 8 9

Materialien: Tropfpipetten, Stopfen, Stoppuhr, 2 Bechergläser (50 ml), 2 Messpipetten (10 ml) mit Pipettierhilfe;
Heptan (2, 7, 8, 9, B3), Dodecan (8, B3),
Proben: Speisefett, Kerzenwachs, Natriumchlorid, Iod (7, 8, 9), Methylenblau (7).

Durchführung:
Alkane als Lösemittel
1. Gib in sechs Reagenzgläser jeweils eine Spatelspitze der Proben der zu lösenden Stoffe und füge 2 ml Heptan zu.
2. Verschließe die Reagenzgläser und schüttle gut.
3. Gib zu den gefärbten Lösungen etwa gleich viel Wasser und schüttle erneut.

Viskositätsvergleich flüssiger Alkane
4. Ziehe Heptan mit der Pipettierhilfe bis zur Nullmarke der Pipette auf.
5. Starte den Auslauf, indem du die Pipettierhilfe abziehst. Miss die Zeit, bis der Auslauf beendet ist.
6. Wiederhole den Versuch mit Dodecan.

Aufgaben:
a) Nenne die Stoffe, die sich in Heptan lösen.
b) Erläutere, warum sich Natriumchlorid und Iod so stark in ihrer Löslichkeit in Heptan und Wasser unterscheiden.
c) Begründe die unterschiedlichen Auslaufzeiten.

1 *Gasexplosion – ein schwerer Schadensfall*

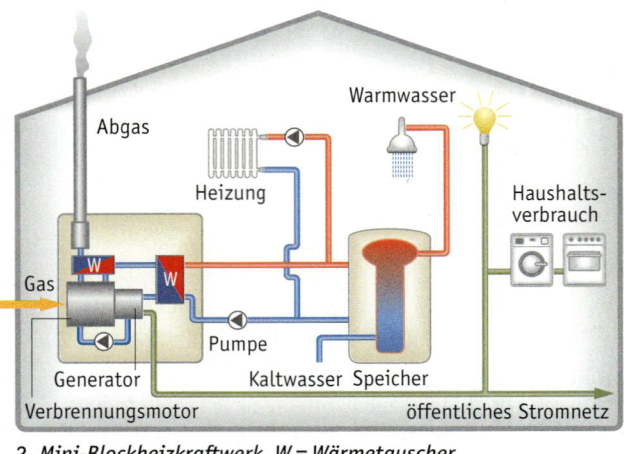

2 *Mini-Blockheizkraftwerk. W = Wärmetauscher*

Gesättigte Kohlenwasserstoffe sind reaktionsträge. Früher bezeichnete man die Alkane deshalb als *Paraffine* (lat. *parum affinis*: wenig zugeneigt). So wird das sehr reaktive Metall Natrium zum Schutz vor Reaktionen an der Luft in Paraffinöl, einem Gemisch flüssiger Alkane, aufbewahrt. Auch andere reaktionsfähige Stoffe wie Salzsäure, Schwefelsäure, Natronlauge oder Kaliumpermanganat reagieren nicht mit Alkanen.

Verbrennung von Alkanen. Andererseits können Alkane jedoch auch äußerst heftig reagieren: Öltanker geraten in Brand, Häuser werden durch Erdgasexplosionen zerstört (Abb. 1) und in Kohlebergwerken lösen Methan-Sauerstoff-Gemische immer wieder Schlagwetterexplosionen aus. Bei solchen **Verbrennungen** reagieren Alkane mit Sauerstoff. Als Verbrennungsprodukte entstehen *Kohlenstoffdioxid* und *Wasserdampf*. Für Heptan ergibt sich als Reaktionsgleichung:

$$C_7H_{16}\,(l) + 11\,O_2\,(g) \rightarrow 7\,CO_2\,(g) + 8\,H_2O\,(g);\ \text{exotherm}$$

Wie bei einer Kerze muss auch bei anderen Verbrennungen zunächst die nötige *Aktivierungsenergie* aufgebracht werden, damit die Reaktion in Gang kommt. Ist die Verbrennungsreaktion einmal gestartet, liefert sie so viel Energie, dass sie von alleine weiterläuft. Bei Methan ist eine *Zündtemperatur* von etwa 600 °C erforderlich. Die Zündtemperatur von Benzin hängt von der Oktanzahl ab; im Mittel liegt sie bei 300 °C, die Zündtemperatur von Diesel liegt bei 250 °C.

Alkan-Luft-Gemische können so heftig reagieren, dass es zu Explosionen kommt. Allerdings sind Alkan-Luft-Gemische nur innerhalb bestimmter *Zündgrenzen* brennbar oder explosiv. Bei Methan muss der Volumenanteil 5 % überschreiten, damit sich ein zündfähiges Gemisch ergibt. Andererseits darf aber der Volumenanteil 16 % nicht übersteigen, weil sonst zu wenig Sauerstoff für die Verbrennung vorliegt.

Die Verbrennung von Alkanen liefert mit Kohlenstoffdioxid und Wasser Produkte, die für die chemische Industrie ohne Wert sind. Allerdings ist die *Verbrennungsenergie* sehr groß: Für 1 mol Hexadecan beträgt die Verbrennungsenergie etwa 10 000 kJ. Ungesättigte Kohlenwasserstoffe haben ebenfalls eine hohe Verbrennungsenergie. Aus diesem Grund nutzt man die Verbrennung von Kohlenwasserstoffen zum Heizen, zum Antrieb von Motoren und zur Stromerzeugung.

Lokale *Blockheizkraftwerke*, die mit Gas betrieben werden, sind besonders effizient. Der elektrische Strom wird direkt vor Ort erzeugt, die anfallende Abwärme wird zum Heizen und für die Warmwasserversorgung genutzt. Diese *Kraft-Wärme-Kopplung* macht solche Anlagen besonders sparsam und umweltschonend (Abb. 2). Nicht gebrauchter elektrischer Strom wird gegen Vergütung ins öffentliche Stromnetz eingespeist.

Unvollständige Verbrennung von Alkanen. Lässt man einen Automotor in einem geschlossenen Raum laufen, so nimmt der Sauerstoffgehalt ab und die Verbrennung ist nicht mehr vollständig. Neben Kohlenstoffdioxid entsteht dann auch das giftige *Kohlenstoffmonoxid* (CO).

Kohlenstoffmonoxid ist ein wertvoller Grundstoff für Synthesen und wird vielseitig eingesetzt. In Gegenwart eines speziellen Katalysators reagiert Methan mit Sauerstoff zu Kohlenstoffmonoxid:

$$2\,CH_4\,(g) + 3\,O_2\,(g) \xrightarrow{\text{Kat.}} 2\,CO\,(g) + 4\,H_2O\,(g);\ \text{exotherm}$$

Verringert man den Sauerstoffanteil bei der Verbrennung von Methan weiter, so entsteht nahezu reiner Kohlenstoff in Form von *Ruß*:

$$CH_4\,(g) + O_2\,(g) \rightarrow C\,(s) + 2\,H_2O\,(g);\ \text{exotherm}$$

Was bei einer Kerze unerwünscht ist, bringt in der chemischen Industrie Gewinn: Ruß ist ein wesentlicher Bestandteil von Autoreifen.

3 *Reaktion von Heptan mit Brom*

Reaktion mit Halogenen. Auch die ansonsten sehr reaktionsfähigen Halogene Chlor und Brom reagieren nicht spontan mit Alkanen: Ein Gemisch von Brom und Heptan entfärbt sich erst, wenn man es belichtet (Abb. 3). Dabei entsteht ein farbloses Gas, das mit feuchter Luft Nebel bildet. Feuchtes Universalindikatorpapier färbt sich rot, die wässrige Lösung des Gases reagiert also sauer. Mit Silbernitratlösung erhält man eine hellgelbe Fällung von Silberbromid. Bei dem gasförmigen Reaktionsprodukt handelt es sich also um Bromwasserstoff. Außerdem entsteht Bromheptan:

$$C_7H_{16}\,(l) + Br_2\,(g) \xrightarrow{\text{Licht}} C_7H_{15}Br\,(l) + HBr\,(g); \quad \text{exotherm}$$

Bei dieser Reaktion wird ein Wasserstoff-Atom des Heptan-Moleküls durch ein Brom-Atom ersetzt. Eine solche Reaktion wird daher als **Substitutionsreaktion** bezeichnet (lat. *substituere*: ersetzen). Die Reaktion verläuft über reaktionsfähige Teilchen mit ungepaarten Elektronen; solche Teilchen bezeichnet man als *Radikale*.

Chlor reagiert mit Alkanen ähnlich wie Brom. Die Produkte bezeichnet man allgemein als **Halogenalkane**. Bei der Reaktion von Alkanen mit Halogenen entstehen verschiedene Substitutionsprodukte, denn die Wasserstoff-Atome können in unterschiedlicher Stellung und in unterschiedlicher Anzahl durch Halogen-Atome ersetzt werden.

Halogenverbindungen lassen sich durch die *Beilstein-Probe* nachweisen: Gibt man eine Halogenverbindung auf ein Kupferblech und hält es in die Brennerflamme, so färbt sich die Flamme grün.

Bei der **Benennung der Halogenalkane** werden die Nummern der C-Atome, an die Halogen-Atome gebunden sind, und die Halogen-Atome selbst dem Stammnamen vorangestellt.

Beispiele: 3-Bromheptan; 1,2-Dichlorethan

1 Erläutere den Begriff *Paraffin*.

2 Formuliere für folgende Reaktionen von Pentan die Reaktionsgleichungen mit Strukturformeln:
a) Verbrennung,
b) Disubstitution mit Chlor.

3 Bei der Bromierung von *n*-Heptan entstehen verschiedene Substitutionsprodukte. Gib die Strukturformeln und die Namen von zwei Monobromheptanen und zwei Dibromheptanen an.

4 Gib jeweils ein Beispiel für Dibromheptan, Tribromheptan, Tetrabromheptan und Pentabromheptan mit Strukturformel und vollständigem Namen an.

5 Ein Liter Heptan wird verbrannt. Berechne das erforderliche Luftvolumen bei 20 °C.
(ϱ (Heptan) $= 0{,}68\,\frac{g}{ml}$; $\quad V_m = 24\,\frac{l}{mol}$).

6 Erdgas ist geruchlos. Recherchiere, welcher Stoff dem Erdgas zugesetzt wird, damit man vor ausströmendem Gas gewarnt wird.

7 **Expertenaufgabe:** Als Autokraftstoffe stehen Diesel und Benzin in Konkurrenz zueinander. Der Kraftstoffverbrauch ist ein wichtiges Kriterium beim Kauf eines Autos. Er hängt unter anderem von der Verbrennungsenergie des Kraftstoffs ab. Da man Kraftstoffe in Litern kauft, die Verbrennungsenergie in der Chemie aber pro Mol angegeben wird, müssen die Werte auf Liter umgerechnet werden. Bei dieser Aufgabe wird Benzin durch Heptan und Diesel durch Hexadecan repräsentiert.

	Heptan	Hexadecan
Verbrennungsenergie	$4500\,\frac{kJ}{mol}$	$10\,000\,\frac{kJ}{mol}$
Dichte	$0{,}68\,\frac{g}{ml}$	$0{,}77\,\frac{g}{ml}$

a) Stelle die Reaktionsgleichungen für die Verbrennung von Heptan und Hexadecan auf.
b) Berechne mithilfe der molaren Massen und der Dichten die Verbrennungsenergien in den Einheiten $\frac{kJ}{kg}$ und $\frac{kJ}{l}$.
c) Ermittle die derzeitigen Kraftstoffpreise für Benzin und Dieselkraftstoff.
d) Nimm Stellung zu der Frage, ob die derzeitigen Preisunterschiede für Benzin und Diesel angemessen sind.

Keine Stoffklasse der organischen Chemie ist in den letzten Jahrzehnten so in Verruf geraten wie die Halogenkohlenwasserstoffe. Lange galten sie als ungefährlich. Doch seit 1970 wurde erkannt, dass viele organische Halogenverbindungen neben nützlichen Eigenschaften ein hohes Gefahrenpotential besitzen.

Eigenschaften und Verwendung. Je nach Anordnung der Atome sind Halogenkohlenwasserstoff-Moleküle schwach polar. Halogenkohlenwasserstoffe haben deshalb höhere Schmelz- und Siedetemperaturen als Kohlenwasserstoffe. So siedet Methan bei −162 °C, *Chlormethan* bei −24 °C. Aufgrund ihrer Eigenschaften ergeben sich für die Halogenkohlenwasserstoffe viele Einsatzmöglichkeiten in Haushalt, Technik und Industrie: Halogenkohlenwasserstoffe sind hervorragende Lösemittel für lipophile Stoffe. Besondere Bedeutung hat  *Tetrachlorethen* (Per). Es wird als Lösemittel in chemischen Reinigungen genutzt. *Chlorethan* dient in der Sportmedizin als Kältespray bei Prellungen. *Bromfluorkohlenwasserstoffe* werden in der Luftfahrt als Feuerlöschmittel verwendet. *Halothan* (2-Brom-2-chlor-1,1,1-trifluorethan) wurde lange Zeit als Narkosemittel eingesetzt. Wegen möglicher Nebenwirkungen wird es nur noch in der Tiermedizin verwendet.

Fensterrahmen und Fußbodenbeläge werden aus dem Kunststoff *Polyvinylchlorid* (PVC) hergestellt. Ausgangsstoff ist Chlorethen. Die Verarbeitung erfolgt unter besonderen Vorsichtsmaßnahmen, denn Chlorethen ist krebserregend. Pfannen und Töpfe sind mit *Polytetra-*

fluorethen (Teflon®) beschichtet. Die Antihafteigenschaft und seine Widerstandsfähigkeit gegen aggressive Chemikalien machen diesen Kunststoff sehr wertvoll.

Giftwirkungen. Einige Halogenalkane sind krebserregend oder stehen im Verdacht, Krebs auszulösen. Viele eigentlich reaktionsträge Halogenkohlenwasserstoffe wirken akut nicht toxisch, führen aber oft zu chronischen Vergiftungen. Sie können als Nervengifte wirken und schwere Organschäden an Leber und Niere verursachen. Die Anwendung von Halogenkohlenwasserstoffen als Lösemittel wurde daher stark eingeschränkt.

Unter den Pflanzenschutzmitteln ist DDT (Dichlordiphenyltrichlorethan) besonders bekannt. DDT war seit 1942 lange Zeit das am meisten verwendete Insektizid weltweit. Zunächst wurde DDT mit großem Erfolg gegen Schädlinge in der Landwirtschaft und als Mittel gegen Läuse eingesetzt. In den 1950er Jahren wurden dann erste schädigende Wirkungen auf Vögel bekannt. Inzwischen ist DDT vor allem wegen seiner hormonähnlichen Wirkung umstritten. Zudem besteht der Verdacht, dass DDT Krebs auslösen kann. In den meisten westlichen Industrieländern ist der Einsatz von DDT daher seit den 1970er Jahren verboten.

Die Wirkung von DDT auf Tier und Mensch wurde offensichtlich, als man feststellte, dass der Weißkopfseeadler – das amerikanische Wappentier – vom Aussterben bedroht war. In Fettproben der Adler wurden größere Konzentrationen an DDT festgestellt. Die Schalen der Adlereier wurden zu dünn, die Embryonen missgebildet, die Weibchen unfruchtbar. Die Verbreitung des Schadstoffs ist relativ leicht nachvollziehbar: Mit dem Regen kommt DDT über die Flüsse ins Meer und wird von Fischen aufgenommen. Aufgrund seiner chemischen Stabilität und der guten Fettlöslichkeit reichert sich DDT im Fettgewebe der Fische an. Am Ende der Nahrungskette stehen der Mensch und Tiere, die mit DDT belastete Fische verzehren. Die Hauptmenge des aufgenommenen DDTs wird wiederum im Fettgewebe abgelagert. Trotz der Anwendungsverbote lässt sich DDT inzwischen selbst im Körper von Eskimos nachweisen, obwohl DDT in der Arktis nie eingesetzt wurde.

Auch gegen Stechmücken war DDT lange Zeit das Mittel der Wahl; teilweise wird es heute noch eingesetzt. In Indien sank die Zahl der mit Malaria infizierten Menschen durch die Anwendung von DDT ab 1952 innerhalb von zehn Jahren von 100 Millionen auf 50 000. Jährlich sterben aber weltweit immer noch mehr als eine Million Menschen an Malaria, davon etwa 90 % allein in Afrika und zwar überwiegend Kinder. Malaria wird durch Parasiten verursacht, die durch die Stiche infizierter Anophelesmücken übertragen werden.

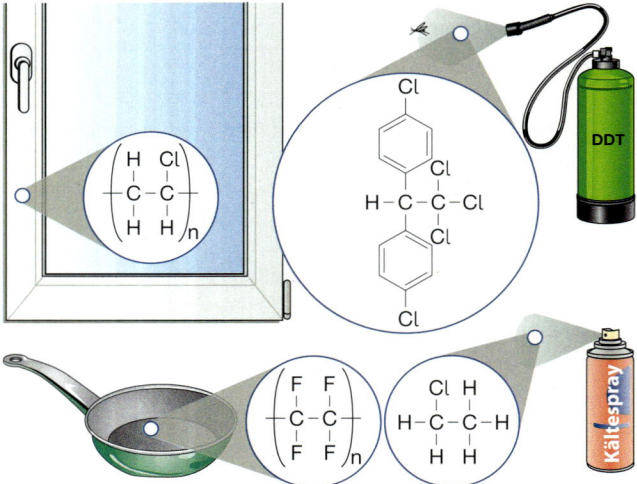

1 *Halogenkohlenwasserstoffe werden vielseitig verwendet*

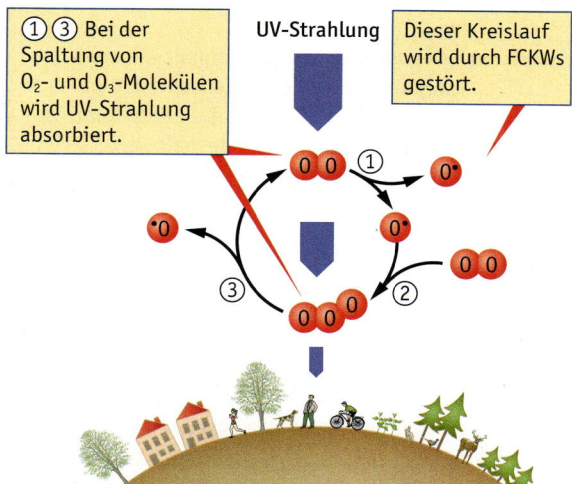

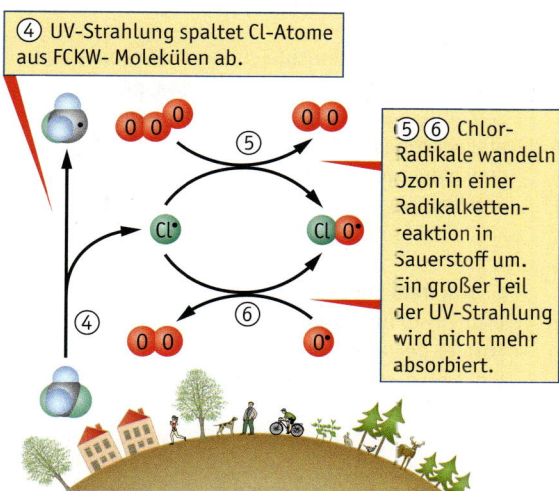

Bei der Spaltung von O_2- und O_3-Molekülen wird UV-Strahlung absorbiert. ① ③

UV-Strahlung

Dieser Kreislauf wird durch FCKWs gestört.

④ UV-Strahlung spaltet Cl-Atome aus FCKW- Molekülen ab.

⑤ ⑥ Chlor-Radikale wandeln Ozon in einer Radikalketten-reaktion in Sauerstoff um. Ein großer Teil der UV-Strahlung wird nicht mehr absorbiert.

2 *Natürlicher Ozonkreislauf*

3 *Abbau von Ozon durch FCKWs*

Schädigung der Ozonschicht. In der Stratosphäre kommt in 20 bis 30 Kilometer Höhe eine besondere Form des Sauerstoffs vor, das Gas **Ozon (O_3)**. Diesen Bereich der Stratosphäre nennt man deshalb auch *Ozonschicht*. O_3-Moleküle entstehen durch Einwirkung energiereicher UV-Strahlung der Sonne auf O_2-Moleküle. In Abb. 2 sind die Vorgänge in der Ozonschicht dargestellt: Im ersten Schritt werden Sauerstoff-Moleküle durch UV-Strahlung in Sauerstoff-Atome gespalten ①. O-Atome haben zwei ungepaarte Elektronen – Teilchen mit ungepaarten Elektronen sind sehr reaktionsfähig, es sind *Radikale*. Mit O_2-Molekülen reagieren die Sauerstoff-Radikale zu Ozon ②. Ozon-Moleküle werden ebenfalls durch UV-Strahlung gespalten ③. Sowohl bei der Spaltung der O_2-Moleküle als auch bei der Spaltung der O_3-Moleküle wird UV-Strahlung absorbiert. Dadurch schützt uns die Ozonschicht vor der gefährlichen UV-Strahlung. Eine Zerstörung der Ozonschicht verursacht Augenerkrankungen und eine erhöhte Hautkrebsrate.

In den letzten Jahrzehnten wurde die Ozonschicht durch Eingriffe des Menschen stark geschädigt. Ursache sind Halogenkohlenwasserstoffe, die unter dem Kurznamen FCKW *(Fluorchlorkohlenwasserstoffe)* bekannt sind. FCKWs wurden seit den 1950er Jahren verstärkt als Kältemittel und Treibgase verwendet. FCKWs sind chemisch sehr reaktionsträge und ungiftig. Gerade weil sie so stabil sind, wurden sie zum Ozonkiller: Einmal freigesetzt gelangen sie im Laufe von Jahren bis in 30 Kilometer Höhe und greifen dort in den Kreislauf der Bildung und Spaltung von Ozon-Molekülen ein. Durch UV-Strahlung werden zunächst Chlor-Atome abgespalten (Abb. 3, *Beispiel:* Dichlordifluormethan ④). Chlor-Atome haben ein ungepaartes Elektron; jedes dieser Cl-Radikale kann dann in einer Kettenreaktion mit O_3-Molekülen

reagieren und bis zu 10 000 Moleküle abbauen ⑤, ⑥. Dadurch entsteht in der Ozonschicht ein Bereich mit verminderter Konzentration. Dies bezeichnet man auch als *Ozonloch*.

Schon 1974 warnten amerikanische Chemiker vor einem möglichen Abbau von Ozon durch FCKWs. Jahrelang wurden jedoch die Warnungen in Zweifel gezogen. Erst 1987 beschlossen Politiker im *Montrealer Protokoll* weltweit Beschränkungen bei der Produktion von FCKWs. Doch auch das hilft erst langfristig: Es dauert bis zu 20 Jahre, bis FCKW-Moleküle vom Boden bis in die Stratosphäre gelangen und dort Ozon-Moleküle abbauen. Inzwischen trägt das FCKW-Verbot erste Früchte: Das Ozonloch über der Antarktis ist bereits kleiner geworden.

> Einige Halogenkohlenwasserstoffe werden im Haushalt und in der Technik verwendet. Andere Halogenkohlenwasserstoffe gefährden Mensch und Umwelt – durch Verbote und Schutzmaßnahmen wurden die Gefahren gemindert.

1 Zeichne die Strukturformeln für das Chlorethan-Molekül und das Tetrachlorethen-Molekül. Begründe die unterschiedliche Polarität der beiden Moleküle.

2 a) Überlege dir, auf welchem Wege DDT in die Körper der Eskimos gelangen konnte.
b) DDT wird in besonderen Fällen immer noch eingesetzt. Erkläre.

3 a) Benenne die Verbindung CF_2Cl_2 nach IUPAC.
b) Die Bezeichnung FCKW hat sich eingebürgert, ist aber nach IUPAC falsch. Erkläre.

Hinter den Reaktionsgleichungen für Reaktionen in der organischen Chemie verbirgt sich oftmals ein komplizierter Reaktionsablauf. Die modellhafte Darstellung einer Reaktion in verschiedenen Teilschritten bezeichnet man als **Reaktionsmechanismus.** Bei der Substitutionsreaktion von Alkanen mit Halogenen treten als Zwischenstufen *Radikale* auf, reaktive Teilchen mit ungepaarten Elektronen. Man spricht deshalb vom *Mechanismus der radikalischen Substitution*. Dabei kann man zwischen folgenden Teilschritten unterscheiden: *Startreaktion, Kettenreaktionen und Abbruchreaktionen.*

1. Startreaktion: Chlor-Moleküle werden durch Licht in Chlor-Atome gespalten. Der Punkt in der Formel der Chlor-Atome steht für das ungepaarte Elektron dieser Radikale.

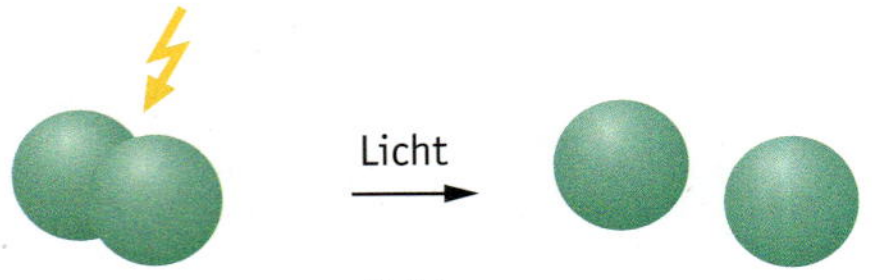

$$I\overline{C}l - \overline{C}lI \xrightarrow{\text{Licht}} I\overline{C}l\cdot \;+\; \cdot\overline{C}lI$$

Chlor — Chlor-Radikale

2. Kettenreaktionen: Chlor-Radikale entreißen Methan-Molekülen Wasserstoff-Atome. Es entstehen Chlorwasserstoff-Moleküle und reaktionsfähige Methyl-Radikale.

$$CH_4 \;+\; \cdot\overline{C}lI \longrightarrow \cdot CH_3 \;+\; H-\overline{C}lI$$

Methan — Chlor-Radikal — Methyl-Radikal — Chlorwasserstoff

Die Methyl-Radikale reagieren mit Chlor-Molekülen unter Bildung von Monochlormethan-Molekülen. Gleichzeitig werden neue reaktionsfähige Chlor-Radikale gebildet.

Solche Reaktionsfolgen werden als *Radikalkettenreaktionen* bezeichnet, weil bei jedem Teilschritt ein Radikal reagiert und ein neues Radikal entsteht, das dann die Reaktionskette fortsetzt.

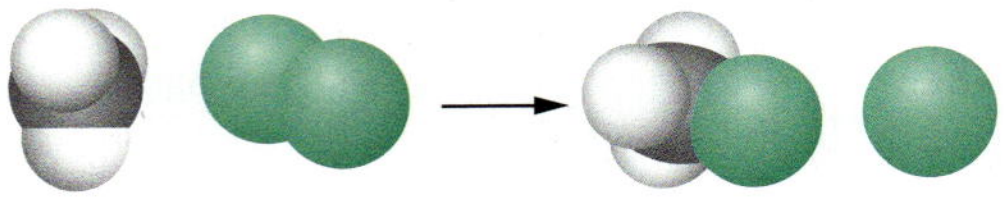

$$\cdot CH_3 \;+\; I\overline{C}l-\overline{C}lI \longrightarrow I\overline{C}l-CH_3 \;+\; \cdot\overline{C}lI$$

Methyl-Radikal — Chlor — Monochlormethan — Chlor-Radikal

3. Abbruchreaktionen: Stoßen zwei Radikale zusammen, so können die beiden ungepaarten Elektronen eine Atombindung bilden. Es entsteht ein Molekül, das nicht mehr weiterreagiert. Die Radikalkettenreaktion wird abgebrochen.

$$I\overline{C}l\cdot \;+\; \cdot\overline{C}lI \longrightarrow I\overline{C}l-\overline{C}lI \quad \text{Chlor}$$

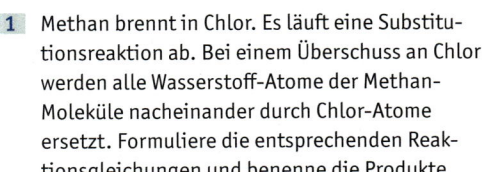

$$I\overline{C}l\cdot \;+\; \cdot CH_3 \longrightarrow I\overline{C}l-CH_3 \quad \begin{array}{c}\text{Monochlor-}\\\text{methan}\end{array}$$

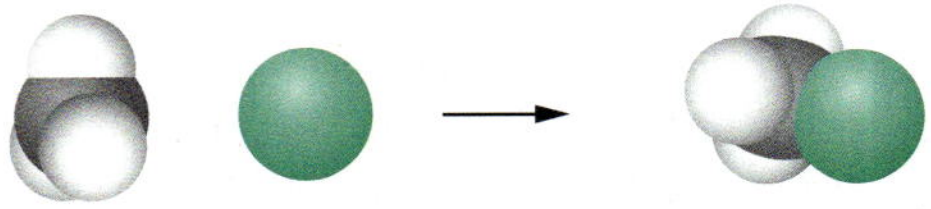

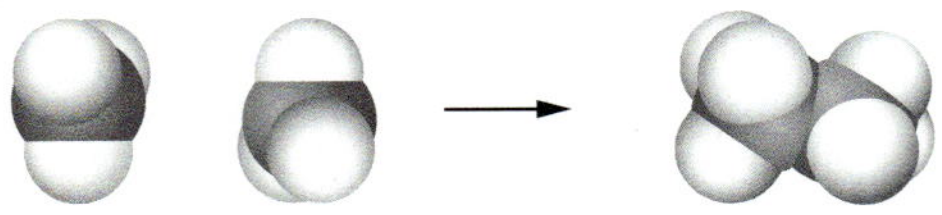

$$H_3C\cdot \;+\; \cdot CH_3 \longrightarrow CH_3-CH_3 \quad \text{Ethan}$$

---

1 Methan brennt in Chlor. Es läuft eine Substitutionsreaktion ab. Bei einem Überschuss an Chlor werden alle Wasserstoff-Atome der Methan-Moleküle nacheinander durch Chlor-Atome ersetzt. Formuliere die entsprechenden Reaktionsgleichungen und benenne die Produkte.

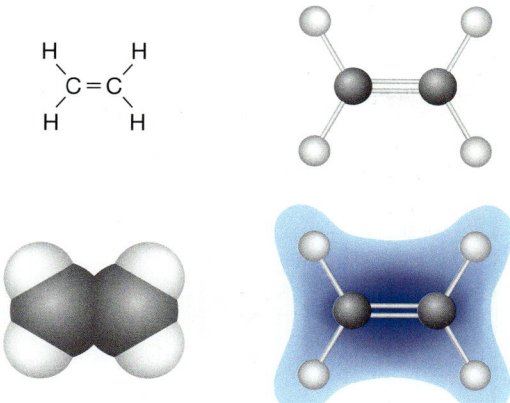

1 *Das Ethen-Molekül – Struktur und Elektronendichte*

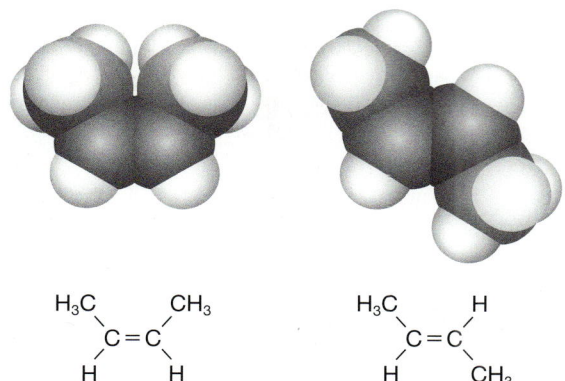

2 *cis-But-2-en und trans-But-2-en*

Erhitzt man langkettige Alkane in Gegenwart eines Katalysators, so entsteht ein Produktgemisch, aus dünnflüssigen und gasförmigen Kohlenwasserstoffen. Der Hauptbestandteil des Gasgemisches ist **Ethen**, ein farbloses Gas.

Struktur des Ethen-Moleküls. Die Bestimmung der Molekülformel von Ethen ergibt C_2H_4. An jedes Kohlenstoff-Atom sind zwei Wasserstoff-Atome gebunden. Da Kohlenstoff-Atome immer vier Bindungen eingehen, liegt im Ethen-Molekül eine **C=C-Doppelbindung** vor (Abb. 1). Ethen ist also ein *ungesättigter Kohlenwasserstoff*. Die Moleküle ungesättigter Kohlenwasserstoffe enthalten mindestens eine C/C-Mehrfachbindung. Die beiden C-Atome sind durch zwei gemeinsame Elektronenpaare verbunden. Zwischen den beiden C-Atomen ist deshalb ein Bereich erhöhter Elektronendichte, wie man an der Elektronendichteverteilung erkennen kann. C=C-Doppelbindungen sind fester als C–C-Einfachbindungen. Der Abstand der beiden Kohlenstoff-Atome ist daher in der C=C-Doppelbindung kleiner als in der C–C-Einfachbindung. Sämtliche Atome des Moleküls liegen in einer Ebene, alle Bindungswinkel betragen 120°.

Alkene. Ethen ist das erste Glied der *homologen Reihe der Alkene*. Die Moleküle haben je eine C=C-Doppelbindung; die allgemeine Formel lautet C_nH_{2n}. Die Namen der Alkene werden gebildet, indem die Endung **-an** des entsprechenden Alkans durch **-en** ersetzt wird.

Alkene unterscheiden sich in ihren physikalischen Eigenschaften kaum von den Alkanen, denn Alken-Moleküle sind wie Alkan-Moleküle unpolar. Zwischen den Molekülen wirken Van-der-Waals-Kräfte. Die Löslichkeiten sind ähnlich. Bei gleicher Kettenlänge unterscheiden sich die Siedetemperaturen der Alkene und Alkane nur wenig.

Von Buten an gibt es isomere Moleküle, sie unterscheiden sich in der Lage der C=C-Doppelbindung. Die Stellung der C=C-Doppelbindung wird durch eine Ziffer vor der Silbe -en angegeben. Verbindungen mit zwei C=C-Doppelbindungen bezeichnet man als Diene.

$$CH_2=CH-CH_2-CH_3 \qquad CH_3-CH=CH-CH_3$$
$$\text{But-1-en} \qquad\qquad\qquad \text{But-2-en}$$

cis-trans-Isomerie. Im Gegensatz zur C–C-Einfachbindung können die Molekülteile um die C=C-Doppelbindung nicht gegeneinander gedreht werden. Dadurch ergibt sich eine weitere Art der Isomerie, die *cis-trans-Isomerie*: Beim *cis*-But-2-en liegen die beiden Methyl-Gruppen auf der gleichen Seite der C=C-Doppelbindung, beim *trans*-But-2-en stehen sie einander gegenüber. *Cis-trans*-Isomere unterscheiden sich aufgrund ihrer Polarität geringfügig in ihren Siedetemperaturen (Abb. 2).

> Alkene sind ungesättigte Kohlenwasserstoffe mit einer C=C-Doppelbindung und der allgemeinen Formel C_nH_{2n}. Die Molekülteile sind nicht frei um die C=C Doppelbindung drehbar. Dadurch kommt es zur cis-trans-Isomerie.

---

1 Zeichne die Strukturformeln folgender Moleküle: Propen, Buta-1,3-dien, Cyclohexen.

2 Zeichne die Strukturformeln der isomeren Pentene und benenne die Verbindungen.

3 Zeige am Beispiel des Ethen-Moleküls, dass die Oktettregel für beide Kohlenstoff-Atome erfüllt ist.

4 Grüne Bananen werden mit Ethen begast. Recherchiere den Nutzen dieser Behandlung.

5 Erstelle für Ethen einen Steckbrief.

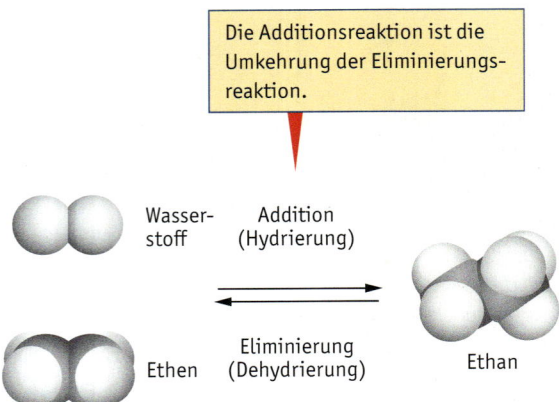

Die Additionsreaktion ist die Umkehrung der Eliminierungsreaktion.

Wasserstoff — Addition (Hydrierung)

Ethen — Eliminierung (Dehydrierung) — Ethan

1 *Addition und Eliminierung*

2 *Reaktion von Ethen mit Brom*

Alkene sind wesentlich reaktionsfähiger als Alkane. Dies zeigt sich besonders deutlich bei der *Reaktion mit Brom:* Ein Standzylinder wird mit Ethen gefüllt und mit einer Glasscheibe abgedeckt. Dann setzt man einen mit Bromdampf gefüllten Standzylinder umgekehrt darauf. Sobald man die Glasscheiben entfernt, mischen sich die beiden Gase. Das Gemisch entfärbt sich rasch und an der Glaswand bilden sich farblose Tropfen von 1,2-Dibromethan (Abb. 2).

Addition. Bei der Reaktion wird jedes Kohlenstoff-Atom der C=C-Doppelbindung mit einem Brom-Atom verknüpft. Gleichzeitig bildet sich eine C–C-Einfachbindung aus. Man sagt, Brom wird an die C=C-Doppelbindung addiert. Solche Reaktionen, bei denen sich zwei Moleküle zu *einem* vereinigen, heißen *Additionsreaktionen*.

$$CH_2=CH_2(g) + Br_2(g) \rightarrow CH_2Br–CH_2Br(l); \quad exotherm$$
Ethen   Brom   1,2-Dibromethan

Die rasche Entfärbung bei der Reaktion mit Brom dient als *Nachweisreaktion für Alkene*.

Additionsreaktionen bilden die Grundlage für viele Synthesen in der technischen Chemie. Durch die Addition von Wasser an Alkene lassen sich Alkohole herstellen. So reagiert Ethen mit Wasser zu Ethanol:

$$CH_2=CH_2(g) + H_2O(g) \xrightarrow{Katalysator} CH_3–CH_2OH(l);$$
Ethen   Wasser   Ethanol   exotherm

Wird Wasserstoff an Ethen addiert, so bildet sich Ethan. Bei dieser als **Hydrierung** bezeichneten Reaktion entsteht also aus einem ungesättigten Kohlenwasserstoff ein gesättigter Kohlenwasserstoff:

$$CH_2=CH_2(g) + H_2(g) \xrightarrow{Katalysator} CH_3–CH_3(g); \quad exotherm$$
Ethen   Ethan

Eliminierung. Additionsreaktionen sind *umkehrbar* (Abb. 1). Bei hohen Temperaturen lassen sich aus den Molekülen von gesättigten Kohlenwasserstoffverbindungen kleine Moleküle abspalten. Solche Reaktionen bezeichnet man als *Eliminierungsreaktionen*. Besonders wichtig ist die Abspaltung von Wasserstoff-Molekülen aus Alkan-Molekülen. Dabei entstehen ungesättigte Verbindungen, die zu Kunststoffen verarbeitet werden können. Eine Eliminierung von Wasserstoff nennt man auch **Dehydrierung**:

$$CH_3–CH_3(g) \rightarrow CH_2=CH_2(g) + H_2(g); \quad endotherm$$
Ethan   Ethen   Wasserstoff

Aus Halogenalkan-Molekülen lassen sich Halogenwasserstoff-Moleküle eliminieren. Auch hier ist das Reaktionsprodukt ein Alken.

$$CH_3–CH_2Br(l) \rightarrow CH_2=CH_2(g) + HBr(g); \quad endotherm$$
Bromethan   Ethen   Bromwasserstoff

> Bei einer Additionsreaktion wird ein Molekül an eine C=C-Doppelbindung eines ungesättigten Kohlenwasserstoff-Moleküls addiert. Die Umkehrung der Addition bezeichnet man als Eliminierung.

1 Folgende Stoffe werden an Propen addiert: Chlor, Chlorwasserstoff. Formuliere jeweils die Reaktionsgleichungen und gib die Namen der Produkte an.

2 Formuliere die Reaktionsgleichung für die Dehydrierung von Butan an. Gib an, wie viele verschiedene Produkte möglich sind.

3 Der Gehalt an ungesättigten Verbindungen im Benzin wird durch die Reaktion mit Brom bestimmt. Erläutere diese Nachweismethode.

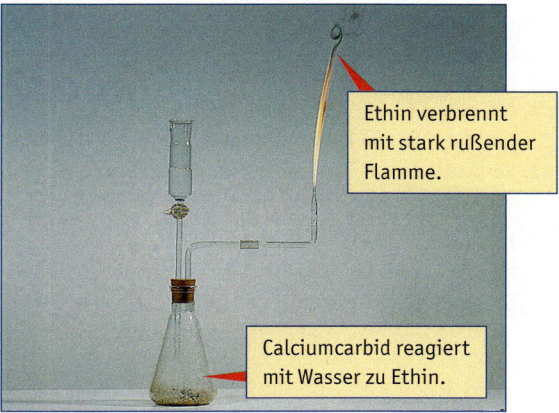

Ethin verbrennt mit stark rußender Flamme.

Calciumcarbid reagiert mit Wasser zu Ethin.

1 *Calciumcarbid reagiert mit Wasser*

 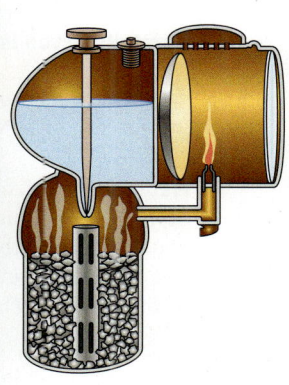

3 *Carbidlampe*

Tropft man Wasser auf festes Calciumcarbid, so entsteht ein farbloses Gas, das mit rußender Flamme verbrennt. Es handelt sich um Ethin (Abb. 1).

$$CaC_2 (s) + 2 H_2O (l) \rightarrow C_2H_2 (g) + Ca(OH)_2 (s); \text{ exotherm}$$
Calciumcarbid   Wasser   Ethin   Calciumhydroxid

Struktur des Ethin-Moleküls. Die starke Rußentwicklung bei der Verbrennung deutet auf einen geringen Wasserstoffanteil im Molekül hin. Die Bestimmung der molaren Masse ergibt 26 $\frac{g}{mol}$. Daraus leitet sich die Molekülformel C_2H_2 ab. Wegen der Vierbindigkeit des Kohlenstoff-Atoms muss zwischen den beiden Kohlenstoff-Atomen eine *C≡C-Dreifachbindung* vorliegen. Die beiden Kohlenstoff-Atome sind also durch drei gemeinsame Elektronenpaare miteinander verbunden. Die Bindungslänge der C≡C-Dreifachbindung ist mit 120 pm noch geringer als bei der C=C-Doppelbindung mit 134 pm. Da die Kohlenstoff-Atome im Ethin-Molekül jeweils nur ein Wasserstoff-Atom als Bindungspartner haben, liegen sämtliche Atome des Moleküls auf einer Geraden. Das Ethin-Molekül ist linear gebaut, der H–C–C-Bindungswinkel beträgt 180° (Abb. 2). Ethin ist der einfachste Vertreter der homologen Reihe der **Alkine**. Darunter versteht man ungesättigte Kohlenwasserstoffe mit einer C≡C-Dreifachbindung im Molekül und der allgemeinen Formel C_nH_{2n-2}. Die Namen der Alkine werden gebildet, indem die Endung **-an** des entsprechenden Alkans durch **-in** ersetzt wird.

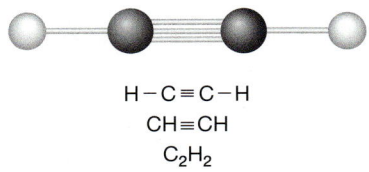

H–C≡C–H
CH≡CH
C_2H_2

2 *Stuktur des Ethin-Moleküls*

Eigenschaften und Verwendung. Ethin wird auch als *Acetylen* bezeichnet. Ethin-Luft-Gemische können sehr heftig explodieren. Die Zündgrenzen liegen bei Volumenanteilen von 1,5 und 82 % Ethin. In der Technik wird Acetylen als Druckgas zum Schweißen und Schneiden von Stahl verwendet. Dabei wird das Gas im Schweißbrenner mit reinem Sauerstoff verbrannt:

$$2 C_2H_2 (g) + 5 O_2 (g) \rightarrow 4 CO_2 (g) + 2 H_2O (g); \text{ exotherm}$$

Diese Reaktion ist stark exotherm, es werden Temperaturen von über 3000 °C erreicht, sodass Eisen und Stahl schmelzen.

Die Addition von Wasserstoff an Alkine führt zu Alkenen und zu Alkanen. Auch Halogene und Halogenwasserstoffe können addiert werden.

> Alkine sind ungesättigte Kohlenwasserstoffe mit einer C≡C–Dreifachbindung im Molekül und der allgemeinen Summenformel C_nH_{2n-2}. Alkine gehen sehr leicht Additionsreaktionen ein.

1 Gib die Strukturformeln von Propin und von Butin an.
2 Formuliere die Reaktionsgleichungen für a) die Addition von Brom an Ethin, b) die Reaktion von Ethin zu Ethen und dann zu Ethan, c) die Herstellung von Chlorethen aus Ethin.
3 In Museen kann man noch die großen Scheinwerfer von alten Fahrrädern und Autos bewundern. Es handelt sich dabei um Carbidlampen, die mit Calciumcarbid und Wasser betrieben wurden. Erkläre unter Einbeziehung der Abb. 3 die Funktionsweise einer Carbidlampe.

Versuch 1:
Darstellung von Isobuten

Materialien: Heizplatte, Erlenmeyerkolben (400 ml), Stopfen mit Bohrung, Glasrohr (30 cm, ein Ende abgewinkelt), Kolbenprober (100 ml), Messzylinder (50 ml), Tropfpipette, Siedesteinchen; *tert*-Butanol (**2**, **7**), Schwefelsäure (konz., **5**).

Durchführung:
1. Gib 20 ml *tert*-Butanol, 0,5 ml konzentrierte Schwefelsäure und zwei Siedesteinchen in den Erlenmeyerkolben und setze den Stopfen mit Glasrohr auf.
2. Erhitze das Reaktionsgemisch auf der Heizplatte für ungefähr 2 min zum schwachen Sieden, sodass die siedende Flüssigkeit im oberen Teil des Erlenmeyerkolbens oder spätestens im Glasrohr kondensiert.
3. Schließe den Kolbenprober am freien Ende des Glasrohres an und entnimm bei leichtem Sieden eine Probe des entstehenden Gases (**2**).
   Hinweis: Verwende das gebildete Gas für Versuch 2.

Aufgaben:
a) Notiere deine Beobachtungen.
b) Erkläre, wie nachgewiesen werden kann, dass eine Reaktion stattgefunden hat.
c) Stelle eine Reaktionsgleichung auf.

Versuch 2:
Nachweis von Alkenen mit Brom

Materialien: Tropfpipetten, Stopfen, Einwegspritze (20 ml), Kanüle, Glasrohr mit ausgezogener Spitze; Kolbenprober mit Isobuten aus Versuch 1 (**2**), Oct-1-en (**2**, **7**, **8**, **9**), Bromwasser (gesättigte Lösung, zuvor auf das vierfache Volumen verdünnt).

Durchführung:
1. Gib 2 ml Bromwasser in ein kleines Reagenzglas und leite langsam in kleinen Blasen Isobuten ein.
2. Gib einen Tropfen Oct-1-en in ein Reagenzglas und füge einige Tropfen Bromwasser hinzu.
3. Verschließe das Reagenzglas mit dem Stopfen und schüttle kräftig.

Aufgaben:
a) Notiere und erkläre deine Beobachtungen.
b) Stelle Reaktionsgleichungen auf.

Versuch 3:
Reifung von Bananen

Materialien: Kanüle, 3 Gefrierbeutel (1 l) mit Verschlüssen, Klebeband;
4 Bananen (möglichst grün), 1 reife Banane, Einwegspritze, von der Lehrkraft mit 40 ml Ethen gefüllt (**2**, **7**).

Durchführung:
1. Gib in jeden der drei Gefrierbeutel eine unreife Banane und lagere die vierte offen.
2. Gib in einen der drei Beutel die reife Banane hinzu.
3. Verschließe die Gefrierbeutel gasdicht mit den Verschlüssen.
4. Spritze 40 ml Ethen in einen Gefrierbeutel, der nur eine unreife Banane enthält. Verschließe die Einstichstelle schnell mit dem Klebeband. Markiere diesen Beutel.
5. Lagere die drei Gefrierbeutel und die lose Banane unter gleichen Bedingungen bis ein deutlicher Unterschied im Reifungsgrad bemerkbar ist (etwa drei Tage).

Aufgaben:
a) Notiere deine Beobachtungen.
b) Erkläre mithilfe deiner Beobachtungen, dass reife Bananen Ethen abgeben.
c) Bananen werden grün geerntet und gekühlt transportiert. Erst im Hafen lässt man die Bananen in einem Gemisch aus Stickstoff und Ethen reifen. Erläutere, warum man nicht reife Bananen erntet und verkauft.

Neben Alkenen und Alkinen gehören als weitere Stoffklasse die **Aromaten** zu den ungesättigten Kohlenwasserstoffen. Die Bezeichnung *aromatisch* geht auf den süßlich-aromatischen Geruch vieler Naturstoffe zurück, die zu den aromatischen Kohlenwasserstoffen gehören.

Benzol. Der einfachste und wichtigste Aromat ist Benzol (C_6H_6). Daneben findet man den Benzol-Rest (C_6H_5-) in vielen weiteren aromatischen Verbindungen. Die Molekülformel C_6H_6 lässt vermuten, dass im Benzol-Molekül C/C-Mehrfachbindungen vorliegen. Der deutsche Chemiker August KEKULÉ schlug daher 1866 eine Sechseckformel mit abwechselnden C–C-Einfachbindungen und C=C-Doppelbindungen vor. Überraschenderweise reagiert allerdings Benzol im Gegensatz zu Alkenen und Alkinen nur langsam mit Brom.

Strukturuntersuchungen haben ergeben, dass die sechs Kohlenstoff-Atome des Benzol-Moleküls einen ebenen Ring bilden. Alle C/C-Bindungen im Ring sind gleich lang, die Kekulé-Formel kann also nicht zutreffend sein.

Jedes Kohlenstoff-Atom ist durch zwei Einfachbindungen mit den benachbarten Kohlenstoff-Atomen und durch eine Einfachbindung mit einem Wasserstoff-Atom verbunden. An jedem C-Atom ist damit noch ein Außenelektron übrig. Diese sechs Elektronen bilden ein *ringförmiges Elektronensystem*, das die Bindungen zwischen den Kohlenstoff-Atomen verstärkt. Als Strukturformel zeichnet man deshalb oft ein regelmäßiges Sechseck mit Innenkreis. Das Benzol-Molekül ist infolge der besonderen Bindungsverhältnisse so stabil, dass Brom-Moleküle nicht addiert werden.

Aromat	Formel	Verwendung
Toluol	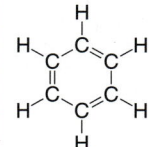	Lösemittel, Ausgangsstoff für Farben und Sprengstoffe (TNT)
Xylol	H_3C—〈 〉—CH_3	Lösemittel für Lacke und Kunstharze, Ausgangsstoff für Kunststoffe (PET)
Styrol	〈 〉—$CH=CH_2$	Ausgangsstoff für Polystyrol und Gießharze

Steckbrief Benzol

H 225   H 315, H 319   H 340, H 350, H 372, H 304

Strukturformel:

    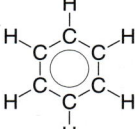   

Eigenschaften:
- farblose Flüssigkeit, aromatische Geruch,
- Dichte: $0{,}87 \frac{g}{ml}$,
- Schmelztemperatur: 5,5 °C,
- Siedetemperatur: 80 °C.

Verwendung: Ausgangsstoff für die Herstellung von Textilfasern, Kunststoffen, Farbstoffen, Arzneimitteln, Aromastoffen, Pflanzenschutzmitteln und Sprengstoffen.

Gefahren: Benzol ist brennbar, giftig und Krebs erzeugend. Benzol schädigt Leber, Nieren und Knochenmark; es kann über die Haut aufgenommen werden. Benzoldämpfe verursachen Schwindelgefühl und Übelkeit. Verschlucken von Benzol kann tödlich sein.

1   Beschreibe die Struktur von aromatischen Verbindungen. Beziehe in deine Beschreibung die Strukturformel von Benzol ein und erkläre daran die im Gegensatz zu Alkenen und Alkinen stark verlangsamte Reaktion mit Brom.

2   Erkläre die Herkunft der Bezeichnung *Aromat*.

3   Setzt man einem Gemisch aus Benzol und Brom einen Katalysator wie Aluminiumbromid ($AlBr_3$) zu, bilden sich Brombenzol und Bromwasserstoff.
a) Formuliere für diese Umsetzung die Reaktionsgleichung mit Strukturformeln.
b) Nenne und erläutere die hier vorliegende Reaktionsart.

4   Benzol wird dem Benzin als Antiklopfmittel beigemischt. Recherchiere die Aufgabe von Antiklopfmitteln.

  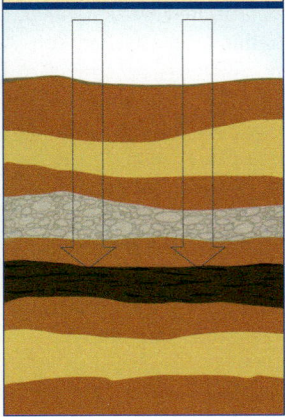 

Das feuchte und warme Klima förderte das starke Wachstum von Baumfarnen.

Unter Luftabschluss zersetzte sich das Pflanzenmaterial zu Torf.

Der Torf wurde von Sand bedeckt und sank in die Tiefe. Dabei stiegen Druck und Temperatur.

Heute findet man unter Gesteinsschichten Braunkohleflöze aus dem Tertiär.

1 *Vom Braunkohlewald der Tertiärzeit zur Förderung der Kohle*

Kohle, Erdöl und Erdgas sind Produkte einer chemischen Umwandlung abgestorbener Lebewesen. Man bezeichnet sie als *fossile Energieträger*.

Die Bezeichnung *fossil* ist von dem lateinischen Wort *fossa* für *Graben* abgeleitet, da man versteinerte Abdrücke und Teile von Pflanzen und Tieren aus Urzeiten häufig tief unter der Erdoberfläche findet.

Braunkohle. Im Tertiärzeitalter bedeckten tropische Sumpfwälder mit Baumfarnen und Mammutbäumen große Landstriche unserer Erde. Abgestorbene Bäume versanken in dem sumpfigen Untergrund. Durch Wasser und weitere Schichten abgestorbener Bäume vor Luftzutritt geschützt, konnten Mikroorganismen das Pflanzenmaterial nicht zu Kohlenstoffdioxid abbauen. So entstand aus den Pflanzenresten zunächst *Torf*.

Erdbewegungen verlagerten die Torfschichten immer weiter in die Tiefe. Wasser und Wind schichteten in größeren Zeiträumen Sand und Ton darüber und erhöhten so den Druck (Abb. 1).

Die Umwandlung in Braunkohle erfolgte im Laufe mehrerer Millionen Jahre unter hohem Druck und bei hoher Temperatur. Gleichzeitig entwichen flüchtige Bestandteile. Dadurch stieg der Kohlenstoffanteil auf etwa 70 %. Diesen natürlichen Prozess bezeichnet man als *Inkohlung*.

33,7 % der deutschen Braunkohle werden im Lausitzer Revier gefördert. Der Abbau erfolgt dabei im Tagebau mit riesigen Baggern.

Steinkohle. Das Karbonzeitalter vor über 300 Millionen Jahren ist die Zeit der Entstehung der Steinkohle. Der Inkohlungsprozess dauerte länger als bei der Braunkohle und somit ist auch der Kohlenstoffgehalt mit bis zu 85 % höher. Die Steinkohle wird heute meist bergmännisch im Untertagebetrieb in über 1000 m Tiefe abgebaut.

Im Erzgebirge begann der Abbau der Steinkohle im Jahre 1856. Die Förderung wurde aber im Frühjahr 1971 eingestellt, da die Steinkohlereserven zur Neige gingen.

Erdöl und Erdgas. Lange bevor Kohle entstand, bildeten sich Erdöl und Erdgas. Ihre Entstehung stellt die Geologen noch immer vor Rätsel. Grundsätzlich klar ist aber, dass der Prozess mit einer ganzen Reihe unterschiedlicher chemischer Reaktionen verbunden ist und sehr große Zeiträume umfasst.

Vor mehr als 500 Millionen Jahren gab es tropische Meere mit riesigen Mengen an tierischem und pflanzlichem Plankton. Wenn diese Kleinstlebewesen abstarben, sanken sie zusammen mit mineralischen Schwebstoffen auf den Meeresgrund. Dort bildete sich im Laufe der Zeit unter Luftabschluss Faulschlamm mit einem hohen Anteil an Kohlenstoff-Wasserstoff-Verbindungen. Über dem Faulschlamm lagerten sich Sand- und Tonschichten ab (Abb. 2).

Man nimmt heute an, dass bei der Bildung von *Erdöl* die Reste der Lebewesen zunächst durch Bakterien abgebaut wurden. Die weitere Umwandlung bei niedrigen Temperaturen wurde vermutlich durch Tonmineralien als Katalysator begünstigt. Durch Bewegungen der Erdkruste gelangte Faulschlamm in tiefere Schichten, wo bei gro-

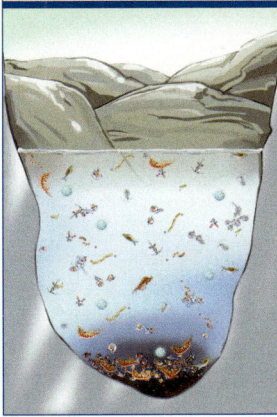 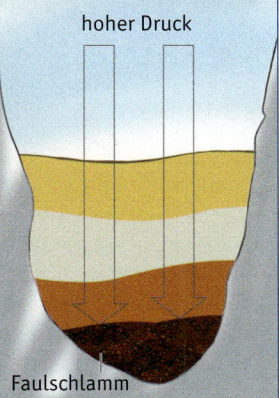 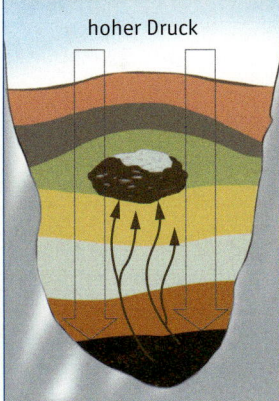 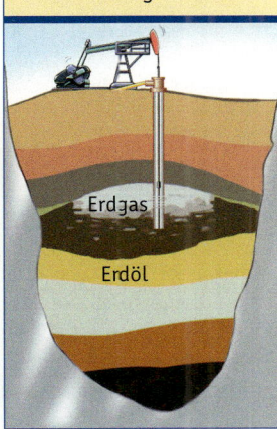

| Am Meeresboden bildete sich eine Schicht aus abgestorbenen Kleinstlebewesen. | Unter Luftabschluss zersetzten Bakterien das organische Material. Sedimente lagerten sich darüber ab. | Unter Druck und Hitze bildeten sich kurzkettige Kohlenwasserstoffe, die als Erdöl und Erdgas aufstiegen. | Heute bildet Erdgas eine Blase auf dem Erdöl. Beide sammeln sich unter einer undurchlässigen Schicht. |

2 *Vom Sediment tropischer Meere zu Erdöl- und Erdgaslagerstätten*

ßem Druck und hoher Temperatur eine thermische Zersetzung stattfand. Schließlich sammelte sich flüssiges Erdöl in den Poren der Sedimentgesteine und wanderte nach oben, bis es auf undurchlässige Schichten traf. Dort bildeten sich *Erdöllagerstätten*.

So vielfältig die Entstehung des Erdöls ist, so unterschiedlich ist auch seine Zusammensetzung. Neben den verschiedensten Kohlenwasserstoffen als Hauptbestandteile enthält es auch Harze sowie organische Schwefel- und Stickstoffverbindungen.

Die Zersetzung von organischem Material abgestorbener Kleinstlebewesen unter Luftabschluss führte gleichzeitig zur Bildung von *Erdgas*: Neben flüssigen Kohlenwasserstoffen bildeten sich auch gasförmige Verbindungen, vor allem Methan, Ethan und weitere kurzkettige Kohlenwasserstoffe. Daneben wurden Kohlenstoffdioxid, Stickstoff und Schwefelwasserstoff aus dem Faulschlamm freigesetzt.

All diese Gase findet man heute in *Erdgaslagerstätten*, meist in porösen Gesteinsschichten, oft aber auch in großen Gasblasen oberhalb von Erdöllagern.

Schiefergas. Schiefergas unterscheidet sich in seiner Bildung und in der Zusammensetzung nicht vom Erdgas. Jedoch ist es nicht wie Erdgas in gut zugänglichen porösen Gesteinen oder Gasblasen gespeichert, sondern in Tongestein. Die Förderung ist deshalb technisch anspruchsvoller und teurer.

In den USA und in Kanada wird zurzeit Schiefergas durch das *Fracking-Verfahren* (engl. *to fracture*: aufbrechen)

gefördert: Durch Einpressen eines Gemischs aus Wasser und Chemikalien werden in dem Speichergestein Risse erzeugt. Das Schiefergas kann dadurch entweichen und gelangt an die Oberfläche. Die Fracking-Methode ist umwelttechnisch umstritten, da ein Teil der eingepressten Flüssigkeiten im Boden verbleiben.

> Kohle, Erdöl und Erdgas entstanden im Laufe von Jahrmillionen unter Luftabschluss und hohem Druck aus abgestorbenen Lebewesen. Man bezeichnet sie als fossile Energieträger.

1 Entwickle ein Schema zur Entstehung von Erdöllagerstätten. Verwende dabei die Begriffe *Ton, Hitze, Absterben, Sand, Plankton, Sediment, Druck, Aufsteigen, undurchlässig, Gesteinsporen* und *Erdöl*.

2 Begründe den steigenden Anteil an Kohlenstoff bei der Bildung von Kohle aus Holz und Torf.

3 Nenne fünf Alternativen zu fossilen Energieträgern.

4 Recherchiere die erdölreichsten Länder und die größten Erdgasvorkommen.

5 Skizziere ein Bild des Kohlenstoffkreislaufs an den Beispielen von Erdöl und von Rapsöl. Vergleiche die Zeiträume, die zwischen der Aufnahme und der Freisetzung von Kohlenstoffdioxid vergehen.

6 a) Recherchiere, ob es in Deutschland auch Schiefergasvorkommen gibt.
b) Gib die Zusammensetzung der Fracking-Flüssigkeit an und erkläre die bestehenden Gefahren für die Umwelt.

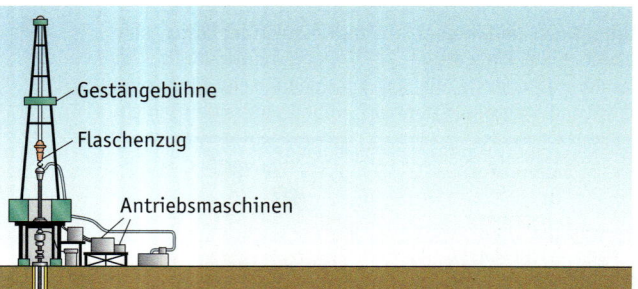

1 *Förderung von Erdöl*

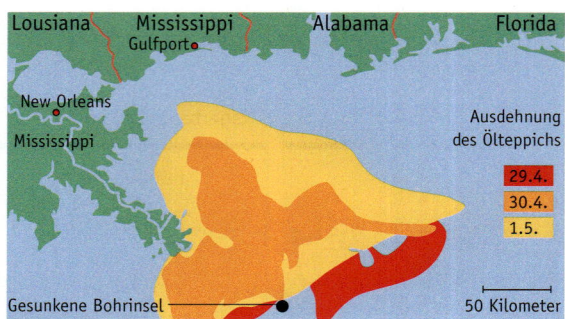

2 *Ölteppich um die untergegangene Deepwater Horizon*

Die Lagerstätten von Erdgas und Erdöl sind weit über die Erde verteilt. Um gas- oder ölführende Schichten in einer Tiefe von mehreren Kilometern aufzuspüren, werden seismografische Untersuchungen durchgeführt. Hierzu bohrt man Löcher von etwa 10 m Tiefe und löst dort Sprengungen aus. Die Erschütterungswellen, die vom Explosionsherd ausgehen, pflanzen sich durch das Gestein fort und werden an Schichtgrenzen reflektiert. Sie kommen mit unterschiedlicher Verzögerung an die Oberfläche zurück. Die Auswertung der Signale liefert ein Bild vom Aufbau des Untergrunds. Fachleute lesen in diesen Bildern wie in einem Buch und sagen voraus, wo Erdöl oder Erdgas zu erwarten ist.

Förderung von Erdöl. In ein vermutetes Erdöllager werden zunächst Probebohrungen durchgeführt. Wenn dann schließlich Öl aus einem der Bohrkerne tropft, besteht Hoffnung auf eine ergiebige Lagerstätte. Mit einem einzigen Bohrloch kann man aber kein Erdölfeld erschließen. Darum wächst bald ein ganzer Wald von Bohrtürmen. Wenn endlich Erdöl an die Oberfläche sprudelt, werden die Bohrtürme abgebaut und durch Pumpen ersetzt, die das *flüssige Gold* Tag und Nacht an die Oberfläche fördern (Abb. 1).

Da das geförderte Öl auch Beimengungen von Sand, Salz und Wasser enthält, wird es zunächst gereinigt. Als *Rohöl* gelangt es dann über Pipelines zu Aufbereitungsanlagen oder zu Häfen, von wo es in Tankern über die Meere transportiert wird.

Umweltprobleme. Erdöl ist neben Erdgas nach wie vor unser wichtigster Energieträger. Trotz steigender Kosten für die Erschließung und Förderung von Erdöl werden weniger ergiebige Ölquellen genutzt. Manche Reserven liegen tief unter dem Meeresboden oder in Naturschutzgebieten.

Bei der Förderung und beim Transport kommt es immer wieder zu *Umweltproblemen*. Tritt Öl unkontrolliert in

Gewässer aus, so werden die darin lebenden Organismen geschädigt. Man spricht von einer *Ölpest*. Oft werden dann aggressive Chemikalien eingesetzt, um das Öl zu binden. Die ökologischen Schäden der Ölpest und ihrer Bekämpfung wirken stets lange nach. Hinzu kommt meist eine erhebliche Luftverschmutzung durch Brände. Auch die wirtschaftlichen Folgen für Fischerei und Tourismus sind beträchtlich. Die bisher größte Ölpest wurde im April 2010 durch das Unglück auf der Ölbohrplattform Deepwater Horizon im Golf von Mexiko verursacht (Abb. 2). Nach Schätzungen traten dabei rund 800 Millionen Liter Erdöl aus.

Aufbereitung von Rohöl. Erdöl enthält je nach Herkunft sehr unterschiedliche Kohlenwasserstoffe. Um Produkte wie Kraftstoffe oder Schmiermittel zu gewinnen, muss das Rohöl in einer **Raffinerie** destilliert werden. Dabei fallen Gemische von Kohlenwasserstoffen mit ähnlichen Siedetemperaturen als *Fraktionen* an. Dieses Trennverfahren nennt man daher *fraktionierte Destillation*. Die Siedetemperaturen der Kohlenwasserstoffe hängen von der Struktur der Moleküle ab: Sie steigen mit zunehmender Molekülgröße.

Rohöl wird zunächst auf 400 °C erhitzt, sodass ein großer Teil des Öls verdampft. Die Dämpfe strömen in eine Destillationskolonne mit etwa 40 Etagen, den sogenannten *Böden*. Der heiße Dampf strömt durch kurze Verbindungsrohre durch die Böden nach oben und kühlt sich dabei nach und nach ab. In der Destillationskolonne kondensieren daher auf den unteren Böden zunächst höher siedende Kohlenwasserstoffe, weiter oben diejenigen mit niedrigeren Siedetemperaturen.

Die Kondensate mehrerer Böden werden zu Fraktionen vereinigt und man erhält *Benzine, Kerosin* und *Gasöle* (Abb. 3). Dabei sieden die Benzine mit fünf bis zwölf Kohlenstoff-Atomen im Molekül unter Normaldruck zwischen 30 °C und 150 °C, Kerosin (10 bis 16 C-Atome) bei 150 °C bis 250 °C und die Gasöle (15 bis 22 C-Atome) im Bereich von 250 °C bis 350 °C.

Bei der Destillation von Rohöl bleibt eine schwarze, zähe Flüssigkeit zurück. Sie besteht überwiegend aus besonders großen Kohlenwasserstoff-Molekülen. Eine Destillation bei höherer Temperatur ist nicht möglich, weil die Moleküle dabei gespalten werden. Man arbeitet deshalb bei Unterdruck, sodass ein großer Teil unzersetzt verdampft. Man erhält dabei mehrere Schwerölfraktionen, die teilweise zu Schmierölen verarbeitet werden. Nach dieser *Vakuumdestillation* bleibt *Bitumen* übrig, das zur Dachabdichtung und beim Bau asphaltierter Straßen verwendet wird.

Vor ihrer weiteren Verwendung müssen alle Erdölprodukte gereinigt werden. Dabei werden störende Bestandteile wie Schwefel- und Stickstoffverbindungen oder unerwünschte Kohlenwasserstoffe entfernt.

Förderung und Aufbereitung von Erdgas. Erdgas steigt im Gegensatz zu Erdöl ohne Hilfe aus den Erdgasfeldern auf und kann dann über Pipelines zu den Aufbereitungsanlagen transportiert werden. Hier wird es zunächst von Feuchtigkeit und Staub gereinigt.

Ähnlich wie Erdöl unterscheidet sich Erdgas je nach Herkunft. Manche Gase bestehen fast nur aus **Methan**, manche dagegen enthalten neben Methan auch Ethan, Propan und Butan. Dementsprechend unterscheidet sich auch die Aufbereitung. Ein Problem ist Erdgas, in dem noch *Schwefelwasserstoff* enthalten ist. Da bei der Verbrennung Schwefeldioxid gebildet wird, muss dieses Erdgas entschwefelt werden.

Etwa 33 % des in Deutschland verbrauchten Erdgases stammen aus Russland, 29 % aus Norwegen, 22 % aus den Niederlanden und 6 % aus dem übrigen Ausland. Der Rest wird in Deutschland selbst gefördert. In der Nordsee wurden in den letzten Jahrzehnten riesige Erdgasfelder erschlossen. Mächtige Plattformen stehen mit bis zu 300 m hohen Stelzen auf dem Meeresgrund.

Erdgas wird über das ganze Jahr kontinuierlich gefördert. Um den vermehrten Bedarf in den Wintermonaten decken zu können, wird im Sommer ein Teil des gereinigten Erdgases gespeichert. In Norddeutschland werden die Erdgasvorräte dazu unter einem Druck von bis zu 8 MPa (80 bar) in Salzstöcken gelagert, nachdem dort das Salz als Sole herausgelöst wurde.

> Erdöl- und Erdgaslager werden durch Bohrungen erschlossen. Rohöl wird durch Destillation in Fraktionen mit unterschiedlichen Siedebereichen aufgetrennt, die jeweils aus Kohlenwasserstoffen ähnlicher Molekülgröße bestehen.

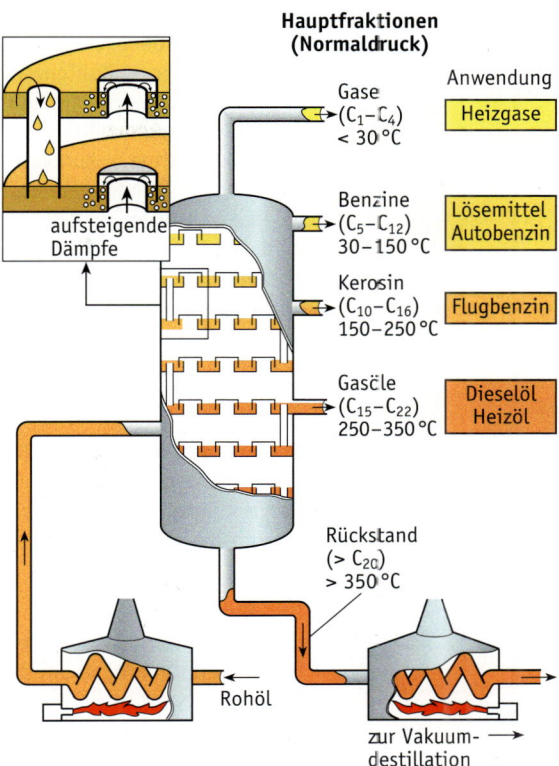

Hauptfraktionen (Normaldruck)

Anwendung

Gase (C_1–C_4) < 30 °C → Heizgase

Benzine (C_5–C_{12}) 30–150 °C → Lösemittel Autobenzin

Kerosin (C_{10}–C_{16}) 150–250 °C → Flugbenzin

Gasöle (C_{15}–C_{22}) 250–350 °C → Dieselöl Heizöl

aufsteigende Dämpfe

Rückstand (> C_{20}) > 350 °C

Rohöl

zur Vakuumdestillation →

3 *Schema einer Destillationskolonne für Erdöl*

1 Beschreibe, wie Erdöl- und Erdgasvorkommen aufgespürt werden.

2 Erläutere die folgenden Begriffe:
 a) *fraktionierte Destillation,*
 b) *Vakuumdestillation.*

3 Schwefelwasserstoffhaltiges Erdgas wird verbrannt. Formuliere Reaktionsgleichungen für die dabei ablaufenden Reaktionen.

4 Recherchiere, was man im Zusammenhang mit Erdgas unter nassen, trockenen und sauren Gasen versteht.

5 Informiere dich über die Ursachen, den Verlauf und die Folgen der Ölpest im Golf von Mexiko im April 2010.

6 Zeichne Strukturformeln für sechs verzweigte Kohlenwasserstoffe, die in der Benzinfraktion vorkommen. Benenne die von dir vorgeschlagenen Moleküle nach den IUPAC-Regeln.

7 Erläutere den Zusammenhang zwischen der Siedetemperatur von Kohlenwasserstoffen und der Kettenlänge ihrer Moleküle. Beziehe verzweigte Moleküle in den Vergleich mit ein.

8 Beim Hausbau streicht man Bitumenmasse an die äußeren Kellerwände. Erkläre.

tatsächlich | gewünscht

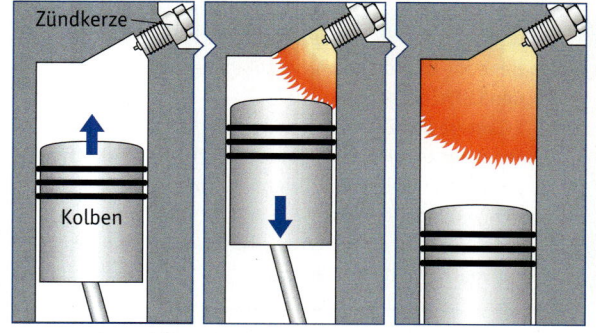

3 % | 5 %
16 % | 35 %
33 % |
48 % | 45 %
| 15 %

Bestandteile des Erdöls

Gase	für Benzin geeignet
für Dieselöl und Kerosin geeignet	Bitumen (Rückstand)

1 *Zusammensetzung des Rohöls*

Rohöl ist ein Gemisch aus unterschiedlichen Kohlenwasserstoffen. Je nach Herkunft enthält es mehr oder weniger langkettige, kurzkettige und ringförmige Moleküle. Der größte Teil des Rohöls wird verwendet, um Benzin und Dieselkraftstoff herzustellen. Weitere wichtige Produkte des Rohöls sind leichtes Heizöl (Heizöl EL), schweres Heizöl (Heizöl S) und Kerosin.

Chemie der Kraftstoffe. Die Eigenschaften der Kraftstoffe hängen von ihrer Zusammensetzung an Kohlenwasserstoffen ab:

Der **Dieselkraftstoff** muss so dünnflüssig sein, dass er direkt in den Verbrennungsraum des Motors eingespritzt werden kann. Dort wird er zusammen mit Luft so stark komprimiert, dass er sich von selbst entzündet. Der Kraftstoff soll möglichst vollständig und ohne Rußentwicklung verbrennen. Diese Anforderungen erfüllt ein Gemisch aus Kohlenwasserstoffen mit 10 bis 20 Kohlenstoff-Atomen pro Molekül. Das Flugbenzin **Kerosin** hat ähnliche Eigenschaften wie Dieselkraftstoff.

Ottomotoren benötigen **Benzin.** Darunter versteht man ein Gemisch aus Kohlenwasserstoffen mit sechs bis zwölf Kohlenstoff-Atomen im Molekül. Im Motor wird das Kraftstoff-Luft-Gemisch mit Zündkerzen gezündet; es muss dann möglichst schnell und vollständig, aber auch gleichmäßig und rückstandsfrei verbrennen. Entzündet sich das Gemisch zu früh, sagt man, der Motor klopft. Dieses *Klopfen* wird durch Frühzündungen verursacht; die Kolben schlagen dabei gegen die Zylinderwand. Als Maß für die **Klopffestigkeit** eines Kraftstoffes gilt die **Oktanzahl:** Reines Isooctan (2,2,4-Trimethylpentan) besitzt eine hohe Klopffestigkeit. Ihm ordnet man die Oktanzahl 100 zu. Mit reinem *n*-Heptan klopft der Motor dagegen besonders leicht. Es erhält die Oktanzahl 0. Superbenzin hat in der Regel die Oktanzahl 95, das heißt, es verhält sich hinsichtlich seiner Klopffestigkeit wie ein Gemisch aus 95 % Isooctan und 5 % *n*-Heptan. Die hohe Klopffestigkeit ist für die heute bevorzugten Benzinmotoren erforderlich, denn das Kraftstoff-Luft-Gemisch wird stark verdichtet, um die Leistung zu steigern.

Um die erforderliche Klopffestigkeit des Benzins sicherzustellen, werden *Antiklopfmittel* beigemischt. Bis zur Einführung der Auto-Abgaskatalysatoren benutzte man dazu Bleiverbindungen, heute verwendet man Ethyl-*tert*-butylether (ETBE).

Rohöl enthält rund 16 % Kohlenwasserstoffe, die nach der fraktionierten Destillation direkt zu Benzin verarbeitet werden können. Die Nachfrage nach Benzin auf dem Weltmarkt ist jedoch so groß, dass man etwa 35 % des Rohöls zu Benzin verarbeiten muss (Abb. 1). Das ist möglich, wenn man auch aus längerkettigen Molekülen Benzin gewinnt. Dazu können zwei chemische Verfahren angewandt werden: das **Cracken** und das **Reforming.**

Kraftstoffe durch Cracken. Lässt man Schweröl auf eine heiße Eisenplatte tropfen, so entstehen Dämpfe von niedrigsiedenden Kohlenwasserstoffen. Plötzliches Erhitzen lässt also langkettige Alkan-Moleküle in kürzere Moleküle zerbrechen. Diese Reaktion nutzt man beim *Crackprozess* (engl. *to crack*: spalten). Dabei leitet man 500 °C heiße Schweröldämpfe in einen Reaktor mit umherwirbelnden Katalysatorperlen (Abb. 3). An deren Oberfläche erfolgt die Spaltung der Moleküle. Gleichzeitig scheidet sich Ruß ab.

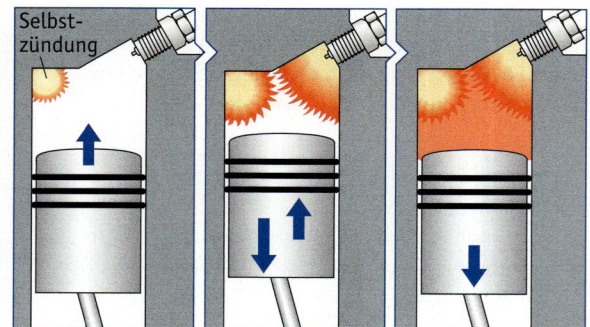

2 *Normale und klopfende Verbrennung im Vergleich*

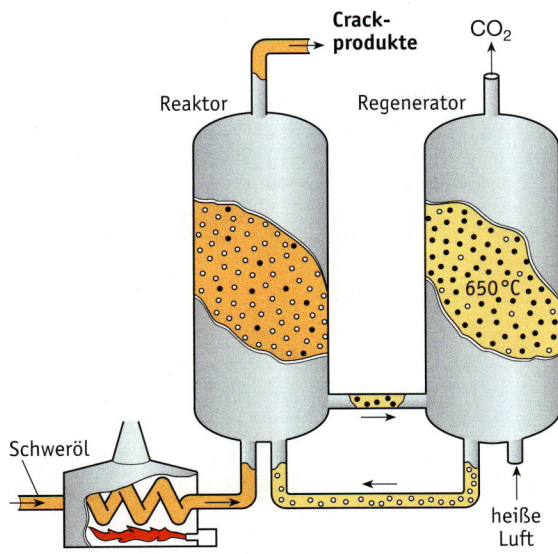

3 *Schema einer Crackanlage*

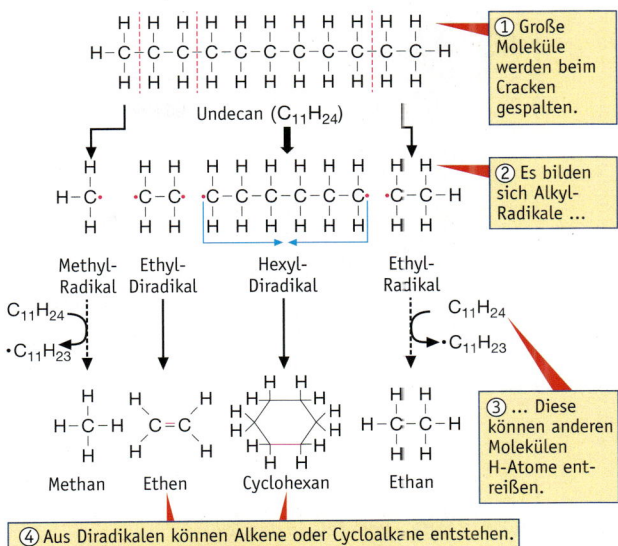

① Große Moleküle werden beim Cracken gespalten.

② Es bilden sich Alkyl-Radikale ...

③ ... Diese können anderen Molekülen H-Atome entreißen.

Undecan ($C_{11}H_{24}$)

Methyl-Radikal Ethyl-Diradikal Hexyl-Diradikal Ethyl-Radikal

$C_{11}H_{24}$ · $C_{11}H_{23}$ $C_{11}H_{24}$ · $C_{11}H_{23}$

Methan Ethen Cyclohexan Ethan

④ Aus Diradikalen können Alkene oder Cycloalkane entstehen.

4 *Cracken – molekular betrachtet*

Um die Funktionsfähigkeit des Katalysators zu erhalten, bläst man ständig einen Teil der Perlen in einen Regenerator, in dem der Ruß verbrannt wird.

Bei der Spaltung von Kohlenwasserstoff-Molekülen entstehen sehr reaktive **Alkyl-Radikale** mit jeweils einem ungepaarten Elektron (Abb. 4, ①, ②). Die Radikale entreißen anderen Molekülen Wasserstoff-Atome ③, sodass wieder vollständige, aber kürzere Kohlenwasserstoff-Moleküle entstehen. Verliert ein Molekül auf diese Weise sämtliche Wasserstoff-Atome, so bleibt elementarer Kohlenstoff in Form von *Ruß* zurück.

Zerbricht ein Molekül an *zwei* Stellen, so entsteht ein **Diradikal.** Die offenen Enden des Bruchstückes können sich miteinander verbinden und bilden dann ringförmige Moleküle: Dabei entstehen *Cycloalkane*. Befinden sich die beiden ungepaarten Elektronen an benachbarten Kohlenstoff-Atomen, so kann sich eine *C=C-Doppelbindung* ausbilden. Dabei entstehen also *ungesättigte Kohlenwasserstoffe* ④.

Kraftstoffe durch Reforming. Während in Dieselmotoren ein Gemisch aus Kohlenwasserstoffen verbrannt wird, deren Moleküle überwiegend unverzweigt sind, benötigen Benzinmotoren vor allem Kohlenwasserstoffe mit verzweigten und ringförmigen Molekülen. Die Gewinnung solcher Produkte aus unverzweigten Molekülen wird als *Reforming* bezeichnet.

Beim Reformingverfahren werden Fraktionen im Siedebereich von 75 °C bis 160 °C bei einer Temperatur von etwa 500 °C nacheinander über Katalysatoren geleitet.

Die langen kettenförmigen Kohlenwasserstoff-Moleküle brechen auseinander. Aus den Bruchstücken bilden sich verzweigte und ringförmige Moleküle.

Neben den Fraktionen, die für Verbrennungsmotoren geeignet sind, enthält Erdöl große Anteile an langkettigen Alkanen. Durch Cracken gewinnt man daraus kurzkettige Kohlenwasserstoffe; beim Reforming bilden sich verzweigte und ringförmige Kohlenwasserstoffe.

1 Recherchiere die Funktionsweise eines Viertaktmotors und beschreibe das Klopfen des Motors mithilfe von Abb. 2.

2 Die Oktanzahl eines Kraftstoffs wird mit 103 angegeben. Erkläre die Bedeutung dieser Angabe.

3 Vergleiche mithilfe von Abb. 1 die tatsächliche Zusammensetzung des Erdöls mit der Nachfrage.

4 a) Beschreibe den technischen Ablauf des Crackprozesses unter Berücksichtigung der Regeneration der Katalysatorperlen.
b) Stelle den Crackprozess am Beispiel eines Decan-Moleküls im Modell dar. Notiere die Alkane, die du dabei erhalten kannst.
c) Beim Hydrocracken fügt man den Ausgangsstoffen Wasserstoff hinzu. Begründe diese Maßnahme.

5 Erstelle eine Reaktionsgleichung für den Reformingprozess. Gehe dabei von Heptan aus.

6 Gib die Strukturformel von ETBE an. Informiere dich über Rolle des Additivs als nachwachsender Rohstoff.

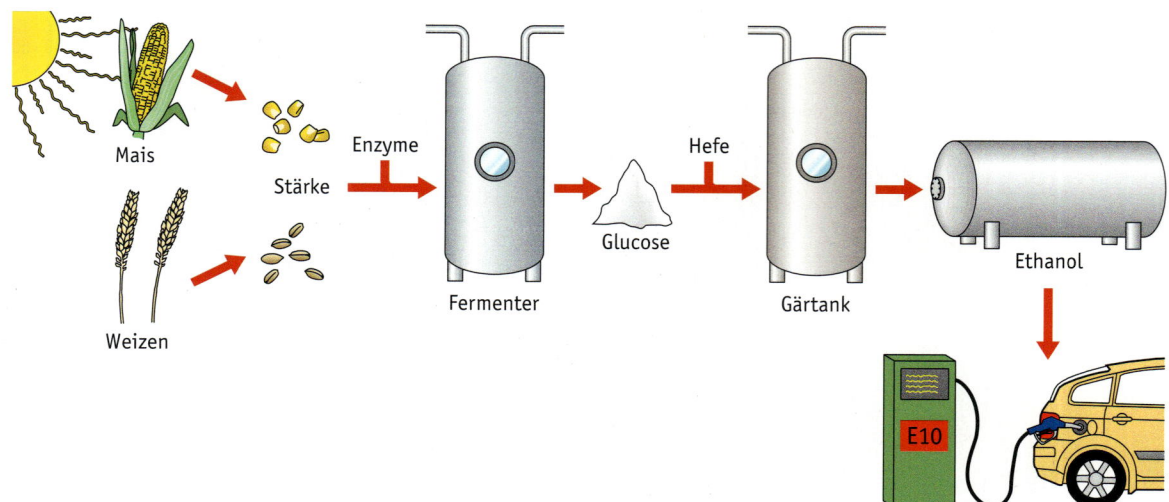

1 *Biokraftstoffe – vom Feld in den Tank*

Über Jahrmillionen wurden fossile Energieträger in einem sehr langsamen Prozess in der Erde gespeichert. Bei der Verbrennung dieser Energieträger gelangt Kohlenstoffdioxid von außerhalb des aktuellen Kohlenstoffkreislaufs in die Atmosphäre und verstärkt dort den Treibhauseffekt. Dieses Problem tritt bei der Verwendung *regenerativer Energieträger* nicht auf: Sie werden aus schnell wachsenden Pflanzen hergestellt, die bei der Photosynthese ebenso viel Kohlenstoffdioxid aufnehmen wie später bei der Verbrennung wieder freigesetzt wird. Als regenerative Kraftstoffe eignen sich für Benzinmotoren *Bioethanol*, für Dieselmotoren *Biodiesel*. Ein weiterer regenerativer Energieträger ist *Biogas*.

Bioethanol. Ethanol ist der Alkohol, der auch in alkoholischen Getränken enthalten ist. Er entsteht durch die Vergärung von Kohlenhydraten mithilfe von Hefe. Die Bildung von Bioethanol lässt sich vereinfacht durch folgende Reaktionsgleichung beschreiben:

$$C_6H_{12}O_6 \, (aq) \xrightarrow{\text{Hefe}} 2 \, C_2H_5OH \, (aq) + 2 \, CO_2 \, (g)$$

In Deutschland kann Benzin heute bis zu 10 % Bioethanol zugemischt werden. Dieser Kraftstoff wird als E 10 bezeichnet.

In Brasilien tanken viele Autos E 85, ein Gemisch aus 85 % Ethanol und 15 % Benzin. Auf diese Weise ist das Land relativ unabhängig von teuren Erdölimporten.

Als Rohstoff für die Herstellung von Bioethanol kommen Pflanzen mit einem hohen Gehalt an Zucker oder Stärke in Frage: In Südamerika wird dazu Zuckerrohr angebaut, in Nordamerika Mais und in Europa Weizen und Zuckerrüben (Abb. 1).

Biodiesel. Seit 2009 kann Dieselkraftstoff in der Europäischen Union mit bis zu 7 % Biodiesel versetzt werden. Als Ausgangsstoff zur Herstellung von Biodiesel nutzt man pflanzliche Öle. Die Öle selbst sind jedoch zu zähflüssig und können daher nicht in Motoren als Kraftstoff verwendet werden. In Europa setzt man zur Herstellung von Biodiesel Raps- oder Sonnenblumenöl ein. Durch eine Reaktion von Rapsöl mit Methanol (Methylalkohol) bildet sich Rapsölmethylester mit ähnlichen Eigenschaften wie Dieselöl:

Rapsöl + Methanol → Glycerin + Rapsölmethylester

Biogas. Beim Betrieb von Biogasanlagen geht es vor allem darum, unter Ausschluss von Luftsauerstoff möglichst viel Methan – den eigentlichen Energieträger von Biogas – zu erhalten. Man nutzt dabei gezielt die Vorgänge, die beim Abbau organischer Stoffe durch Mikro-

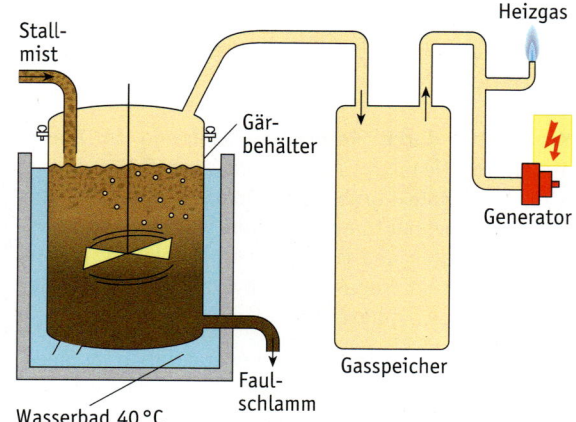

2 *Funktionsweise einer Biogasanlage*

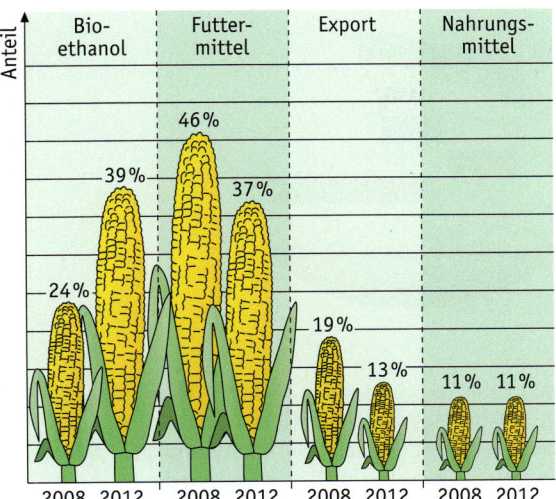

3 Maisnutzung in den USA

4 Agrarprodukte – nur für Kraftstoffe?

organismen in der Natur ablaufen (Abb. 2): Beim Abbau gebildete Zwischenprodukte werden durch bestimmte Bakterien zu Methan zerlegt. Solche Methanbakterien erzeugen das Gas auch in Sümpfen, im Schlamm von Reisfeldern oder Kläranlagen und im Magen von Wiederkäuern. Die wichtigsten Rohstoffe für die Gewinnung von Biogas sind Mist und Gülle und zusätzlich angebauter Mais. Die Maispflanzen werden nach der Ernte zerkleinert und in einem Silo vergoren. Das Rohbiogas enthält neben Methan (70 %) vor allem Kohlenstoffdioxid und Wasserdampf. Das Gasgemisch wird gespeichert und dann vor Ort in einem kleinen Blockheizkraftwerk verbrannt. Die dabei erzeugte und ins öffentliche Stromnetz eingespeiste elektrische Energie wird nach dem Erneuerbare-Energien-Gesetz (EEG) besonders gut bezahlt. Die gleichzeitig anfallende Wärme kann für die Heizung und die Warmwasserbereitung in nahegelegenen Wohngebäuden und Betrieben genutzt werden.

Biomasse als Energieträger. Die Nutzung von Biomasse als regenerativer Energieträger ist ein zweischneidiges Schwert, denn neben Vorteilen gibt es auch Nachteile. Zu den Vorteilen zählt die günstige Kohlenstoffdioxidbilanz beim Verbrennen von Biomasse: Dabei gelangen genau die Kohlenstoff-Atome in die Atmosphäre, die beim Wachstum der Planzen gespeichert wurden. Im Gegensatz zur Verbrennung fossiler Brennstoffe wird also kein zusätzliches Kohlenstoffdioxid erzeugt. Weiterhin macht heimische Biomasse unabhängig von Erdöl- und Erdgasimporten, die teilweise aus politisch unsicheren Krisenländern kommen.

Zu den Nachteilen zählt, dass organische Abfälle als Rohstoffe nur eine kleine Rolle spielen: Die Biogasproduk-

tion erfordert große Flächen für den Anbau von Mais (Abb. 3). Bei Bioethanol geht es um Zuckerrüben und Weizen, bei Biodiesel um spezielle Rapssorten. Die Felder werden meist stark gedüngt; außerdem werden Pflanzenschutzmittel gegen Schädlinge und Unkräuter eingesetzt. So gehen nicht nur Flächen für den Anbau von Nahrungspflanzen verloren, sie werden dazu auch noch stark belastet.

In den USA sind die Weizenvorräte für die Nahrungsmittelversorgung durch den Anstieg der Produktion von Bioethanol bei gleichzeitigen Missernten stark geschrumpft. In Brasilien werden Regenwälder gerodet, um zusätzliche Anbauflächen für Zuckerrohr für die Bioethanolproduktion zu schaffen. Damit gehen Flächen verloren, auf denen bisher Kohlenstoffdioxid gespeichert wurde. Zusätzlich werden durch die Brandrodung große Mengen Kohlenstoffdioxid freigesetzt.

> Regenerative Energiequellen werden aus nachwachsenden Rohstoffen gewonnen: Bioethanol aus Kohlenhydraten und Biodiesel aus Pflanzenölen. Ihr wachsender Einsatz ist umstritten.

1 Erläutere die Bezeichnungen E 10 und E 100.
2 Recherchiere die Gesamtenergiebilanz der Bioethanolproduktion.
3 Nimm kritisch Stellung zu dem Comic in Abb. 4.
4 Stelle Ausgangsstoffe, Reaktionen und Produkte der Biokraftstoffe tabellarisch zusammen.

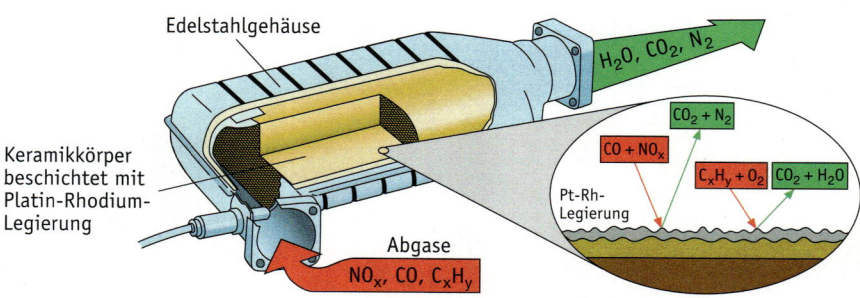

Edelstahlgehäuse

H_2O, CO_2, N_2

Keramikkörper
beschichtet mit
Platin-Rhodium-
Legierung

$CO + NO_x$

$CO_2 + N_2$

$C_xH_y + O_2$ $CO_2 + H_2O$

Pt-Rh-
Legierung

Abgase
NO_x, CO, C_xH_y

1 *Dreiwegekatalysator*

Bei einer Geschwindigkeit von 130 $\frac{km}{h}$ benötigt ein 1,8-Liter-Motor in jeder Minute fast zwei Kubikmeter gasförmiges Benzin-Luft-Gemisch. In dieser Zeit erzeugt der Motor etwa dieselbe Menge an Abgas, das zu 98 % aus Stickstoff, Wasserdampf und Kohlenstoffdioxid besteht. Die restlichen 2 % sind umweltschädliche Stoffe wie *Kohlenstoffmonoxid*, *Stickstoffoxide* und unverbrannte *Kohlenwasserstoffe*. Bei Dieselmotoren kommt noch die Emission von *Rußpartikeln* hinzu.

Dreiwegekatalysator. Um die umweltschädlichen Stoffe im Abgas zu entfernen, ist in die Auspuffanlage ein Abgaskatalysator integriert. Dieser *Kat* befindet sich bei einem Pkw im mittleren Abschnitt des Auspuffrohres. Sein Gehäuse enthält einen länglichen Keramikkörper, der von zahlreichen Kanälen durchzogen ist. Die Oberfläche in den Kanälen wird durch eine Schicht aus porösem Aluminiumoxid auf das 6000-fache vergrößert. Als chemisch wirksamer Katalysator dient eine Platin-Rhodium-Legierung. Etwa zwei Gramm davon sind sehr fein auf dem Aluminiumoxid verteilt. An der Oberfläche des Edelmetalls laufen die chemischen Reaktionen ab (Abb. 1).

Die heute in Autos eingesetzten Katalysatoren bezeichnet man meist als *Dreiwegekatalysatoren*: *Kohlenstoffmonoxid* und *Stickstoffmonoxid* reagieren in einer Redoxreaktion zu Kohlenstoffdioxid und Stickstoff; sie vernichten sich also gegenseitig. Gleichzeitig werden *Kohlenwasserstoffe* zu Kohlenstoffdioxid und Wasser oxidiert.

Da die Abgase den Katalysator sehr schnell durchströmen, müssen die chemischen Prozesse innerhalb eines Zeitraumes von nur 0,03 Sekunden ablaufen. Doch nur unter bestimmten Betriebsbedingungen kann der Katalysator das Abgas optimal reinigen: Um 50 % der Schadstoffe umzusetzen,

muss die Temperatur im Katalysator mindestens 280 °C betragen. Seine optimale Betriebstemperatur von 500 °C erreicht ein Katalysator allerdings erst einige Minuten nach dem Starten des Motors.

Bei den heute üblichen geregelten Katalysatoren misst die *λ-Sonde* (Lambdasonde) die Konzentration des Restsauerstoffs im Abgas, bevor es den Katalysator erreicht. Ein elektronisches Regelsystem wertet die Informationen der Sonde aus und stellt den Sauerstoffgehalt des Kraftstoff-Luft-Gemisches dann so ein, dass ein optimales Gemisch im Motor verbrennt. Unter diesen Betriebsbedingungen, werden die Schadstoffe in den Abgasen um 90 % vermindert.

Inzwischen wurden auch Abgaskatalysatoren für Dieselfahrzeuge entwickelt. Oxidationskatalysatoren senken hier die Konzentration an Kohlenwasserstoffen und an Kohlenstoffmonoxid. Neuere Dieselfahrzeuge werden auch zusätzlich mit effektiven *Rußpartikelfiltern* ausgerüstet.

---

1 Beschreibe das Funktionsprinzip eines Dreiwegekatalysators.

2 Recherchiere den Zusammenhang zwischen bleihaltigem Benzin und dem Abgaskatalysator.

3 Der Sauerstoffgehalt des Kraftstoff-Luft-Gemisches muss sehr genau geregelt werden. Erläutere die Auswirkungen eines zu hohen und eines zu niedrigen Sauerstoffgehaltes.

4 Recherchiere die Funktionsweise eines Rußpartikelfilters bei Dieselmotoren.

5 Ein Zeitungsartikel trägt die Überschrift *Das Platin liegt auf der Straße*. Entwickle jeweils eine begründete Hypothese, für die Ablagerung von Platin auf der Straße und dafür, dass sein Anteil in den letzten Jahrzehnten zugenommen hat.

1. Einteilung und Merkmale

Strukturformel	$\begin{array}{c} H\ \ H \\ | \ \ \ | \\ H-C-C-H \\ | \ \ \ | \\ H\ \ H \end{array}$	$\begin{array}{c} H \ \ \ \ \ \ \ H \\ \diagdown \ \ \diagup \\ C=C \\ \diagup \ \ \diagdown \\ H \ \ \ \ \ \ \ H \end{array}$	$H-C\equiv C-H$
	Ethan	Ethen	Ethin
homologe Reihe	Alkane	Alkene	Alkine
allgemeine Summenformel	C_nH_{2n+2}	C_nH_{2n}	C_nH_{2n-2}
gesättigt/ungesättigt	gesättigt	ungesättigt	ungesättigt
Bindung	C–C-Einfachbindung	C=C-Doppelbindung	C≡C-Dreifachbindung
typische Reaktionen	Substitution, Eliminierung	Addition, Eliminierung	Addition

2. Isomerie und Nomenklatur

Isomere Verbindungen haben die gleiche Molekülformel, besitzen aber unterschiedliche Strukturen.
Die Benennung organischer Verbindungen erfolgt nach internationalen Nomenklaturregeln.

C_4H_{10}	C_4H_8		C_6H_{12}
$CH_3-CH_2-CH_2-CH_3$	$CH_2=CH-CH_2-CH_3$	$\begin{array}{c} CH_3 \ \ \ \ \ \ CH_3 \\ \diagdown \ \ \diagup \\ C=C \\ \diagup \ \ \diagdown \\ H \ \ \ \ \ \ \ H \end{array}$	$CH_2=CH-CH_2-CH_2-CH_2-CH_3$
Butan	But-1-en	*cis*-But-2-en	Hex-1-en
$\begin{array}{c} CH_3-CH-CH_3 \\ | \\ CH_3 \end{array}$	$CH_3-CH=CH-CH_3$	$\begin{array}{c} CH_3 \ \ \ \ \ \ H \\ \diagdown \ \ \diagup \\ C=C \\ \diagup \ \ \diagdown \\ H \ \ \ \ \ \ \ CH_3 \end{array}$	(Cyclohexan Ring)
2-Methylpropan	But-2-en	*trans*-But-2-en	Cyclohexan
unterschiedliche Verzweigung	unterschiedliche Lage der C=C-Doppelbindung	unterschiedliche Stellung der CH_3-Gruppen	Kette oder Ring

3. Eigenschaften

a) Schmelz- und Siedetemperaturen. Zwischen den unpolaren Molekülen der Kohlenwasserstoffe wirken schwache Anziehungskräfte, die Van-der-Waals-Kräfte. Kohlenwasserstoffe schmelzen und sieden bei niedrigen Temperaturen. Mit steigender Molekülgröße nehmen die Schmelz- und Siedetemperaturen wegen der stärker werdenden Van-der-Waals-Kräfte zu.

b) Löslichkeit. Stoffe ähnlicher Polarität sind ineinander löslich. Kohlenwasserstoffe mischen sich mit lipophilen Stoffen, lösen sich aber nicht in hydrophilen Lösemitteln wie Wasser. Kohlenwasserstoffe sind hydrophob.

4. Reaktionen

a) Substitution. In einem Molekül wird ein Atom oder eine Atomgruppe durch ein anderes Atom oder eine Atomgruppe ersetzt.

b) Addition. Ein Molekül wird an eine C/C-Mehrfachbindung eines ungesättigten Kohlenwasserstoffs addiert.

c) Eliminierung: Aus einem Molekül wird unter Ausbildung einer C/C-Mehrfachbindung ein Molekül abgespalten.

5. Energieträger

Kohlenwasserstoffe sind Hauptbestandteile der fossilen Energieträger Erdöl und Erdgas. Bei der Aufarbeitung von gereinigtem Rohöl wird das Gemisch durch fraktionierte Destillation getrennt. Das Trennprinzip beruht auf der unterschiedlichen Siedetemperatur der einzelnen Bestandteile. Man erhält so Erdöl-Fraktionen aus Kohlenwasserstoffen unterschiedlicher Molekülgröße.

Teste dich

A1 Erläutere die Begriffe *gesättigte Kohlenwasserstoffe* und *ungesättigte Kohlenwasserstoffe*.

A2 a) Gib den Hauptbestandteil von Ruß an.
b) Die Flammen von Ethan, Ethen und Ethin rußen unterschiedlich stark. Erkläre diese Beobachtung.

  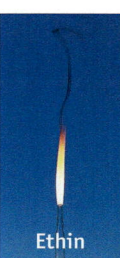

| Ethan | Ethen | Ethin |

A3 Zeichne das Octan-Isomer mit der kürzesten Hauptkette und den meisten Methyl-Gruppen als Seitenketten.

A4 Brom kann mit Propan, mit Propen und mit Propin reagieren. Formuliere jeweils die Reaktionsgleichung. Benenne die Reaktionsprodukte und den jeweiligen Reaktionstyp.

A5 a) Chlor lässt sich in der Verbindung Trichlormethan nicht mithilfe von Silbernitratlösung nachweisen. Erkläre diese Beobachtung.
b) Schlage eine geeignete Nachweisreaktion vor. Beschreibe kurz den Versuch.

A6 Formuliere für die Hydrierung von Propen und für die Dehydrierung von Propan Reaktionsgleichungen. Benenne den jeweiligen Reaktionstyp.

A7 Bei der Addition von Chlorwasserstoff an Propen können verschiedene Isomere entstehen. Formuliere die möglichen Reaktionsgleichungen und benenne die Produkte.

A8 Nenne die Unterschiede zwischen Braunkohle und Steinkohle.

A9 Erdölfraktionen, die erst ab 350 °C sieden, werden unter Vakuum destilliert. Erkläre.

A10 Bei der Verbrennung von fossilen Energieträgern sowie von Bioethanol oder Biodiesel wird Kohlenstoffdioxid frei. Erläutere, warum sich die Verbrennung von fossilen Energieträgern dennoch stärker auf den Kohlenstoffdioxidgehalt der Atmosphäre auswirkt.

Lösungen stehen im Anhang.

Die wichtigsten Begriffe

- organische Chemie
- Kohlenwasserstoffe
- Alkane, Alkene, Alkine
- homologe Reihe
- Isomerie, Nomenklatur
- Substitution, Addition, Eliminierung
- Halogenkohlenwasserstoffe
- fossile Energieträger: Kohle, Erdöl, Erdgas
- Erdöldestillation

B1 a) Erkläre die obenstehenden Begriffe.
b) Verknüpfe die Begriffe zu einer Conceptmap.
c) Übertrage die Begriffe und deine Erklärungen in digitale Karteikarten.

B2 a) Erkläre das Vorkommen von Methan im Sumpfgas, im Faulgas, im Grubengas und im Methanhydrat.
b) Erläutere den Begriff *Schlagende Wetter*.
c) Erkläre das Auftreten von Irrlichtern im Moor.

B3 Bei starkem Frost können Dieselkraftstoff und Heizöl ausflocken. Erkläre diesen Vorgang. Erläutere, welche unangenehmen Folgen das Ausflocken bei Dieselfahrzeugen hat.

B4 Bei Dienen unterscheidet man kumulierte (benachbarte), konjugierte (durch nur eine Einfachbindung getrennte) und isolierte (durch mehr als eine Einfachbindung getrennte) C=C-Doppelbindungen.
Gib als Beispiel jeweils ein Pentadien-Isomer mit Strukturformel und Namen an.

B5 *cis*-1,2-Dichlorethen siedet bei 60 °C, während *trans*-1,2-Dichlorethen bereits bei 48 °C siedet.
a) Zeichne die Strukturformeln der beiden Isomere.
b) Gib an, welches der beiden Moleküle polar ist. Begründe deine Aussage.
c) Erkläre die unterschiedlichen Siedetemperaturen.

B6 a) Nenne Schadstoffe, die beim Betrieb eines Autos mit Ottomotor entstehen.
b) Formuliere Reaktionsgleichungen für die Umsetzung der Schadstoffe am Auto-Abgaskatalysator.
c) Der Auto-Abgaskatalysator arbeitet direkt nach dem Starten des Motors nicht optimal. Begründe.

B7 Aus Erdöl werden sehr viele Produkte des Alltags hergestellt. Liste alle Gegenstände aus deinem Zimmer auf, die es ohne Erdöl nicht gäbe.

C1 Forscher in Not

1 *Extreme Kälte erfordert eine spezielle Ausrüstung*

Die Forscher MATEO und REMY befinden sich auf einer mehrtägigen Tour durch die Antarktis. Sie sind am ersten Tag früh aufgebrochen und viele Stunden bei –8 °C gelaufen. Am Nachmittag möchten sie sich ausruhen, aufwärmen und eine warme Mahlzeit zubereiten. MATEO hat einen Gaskocher und eine Gaslampe eingepackt, REMY hat die gleichen Ausrüstungsgegenstände, aber in einer benzinbetriebenen Ausführung mitgenommen. Ein neues Gasfeuerzeug hatte MATEO ebenfalls im Rucksack verstaut. Als MATEO seinen Gaskocher anzünden will, gelingt es ihm nicht, das neue Gasfeuerzeug zu zünden. Bei einem Test im Geschäft funktionierte das Feuerzeug noch einwandfrei.

a) MATEOS neues Gasfeuerzeug ist mit Butangas gefüllt. Erkläre, warum es nicht funktioniert, obwohl es nicht beschädigt ist.
b) Beschreibe, wie MATEO sein Feuerzeug doch noch in Betrieb setzen kann.
c) Nenne Alternativen, mit denen sich bei tiefen Temperaturen besser Feuer machen lässt.
d) In den Polargebieten können die Temperaturen nachts bei einem Schneesturm auch unter –45 °C fallen. Erläutere die Folgen für den Gaskocher und die Gaslampe, wenn beide mit Propangas betrieben werden.
e) Begründe die Entscheidung, eine Benzinlampe und einen Benzinkocher zu kaufen, obwohl diese Geräte teurer sind als die entsprechenden gasbetriebenen Geräte.
f) Als REMY aus einer Vorratsflasche die Benzinlampe neu befüllen will, läuft ihm versehentlich etwas Benzin über die Finger. Nach kurzer Zeit schreit er laut auf. Erkläre die starken Schmerzen.

C2 Kohlenwasserstoffe als Kältemittel

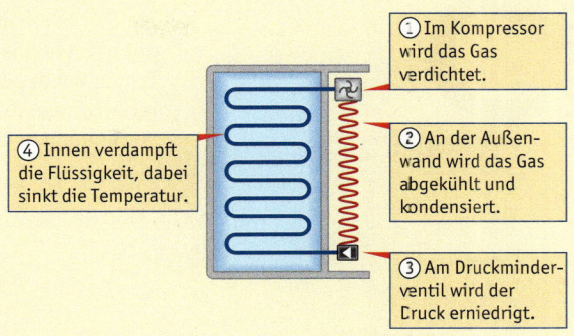

1 Im Kompressor wird das Gas verdichtet.

4 Innen verdampft die Flüssigkeit, dabei sinkt die Temperatur.

2 An der Außenwand wird das Gas abgekühlt und kondensiert.

3 Am Druckminderventil wird der Druck erniedrigt.

2 *Kältekreislauf eines Kompressor-Kühlschranks*

Im Kühlaggregat eines Kühlschranks wird ein Kältemittel in einem geschlossenen Kreislauf geführt. Dabei erfährt es mehrere Änderungen seines Aggregatzustands: Beim Übergang vom inneren in den äußeren Bereich des Kühlaggregats wird das gasförmige Kältemittel zunächst in einem Kompressor verdichtet. Dadurch erwärmt sich das Kältemittel, bleibt aber gasförmig ①. Danach strömt das Gas durch Leitungsschlangen auf der rückwärtigen Außenwand des Kühlschranks und wird dort durch die Umgebungsluft abgekühlt. Dadurch wird das Kältemittel wieder flüssig ②. Die Flüssigkeit strömt dann durch ein Druckminderventil in die Leitungsschlangen im inneren Bereich des Kühlschranks. Aufgrund des Druckabfalls verdunstet das Kältemittel hier wieder ③. Die notwendige Verdampfungswärme entnimmt die verdampfende Flüssigkeit aus dem Innenraum des Kühlschranks, der sich dadurch abkühlt ④. Danach beginnt der Vorgang wieder von vorne.

Als Kühlmittel wurden lange Zeit eine Vielzahl von halogenierten Kohlenwasserstoffen genutzt. Inzwischen verwendet man zunehmend Propan-Butan-Gemische.

a) Das Kältemittel in den Leitungen innerhalb des Kühlschrank verdampft, aber außerhalb kondensiert es. Erkläre.
b) Vergleiche den Vorgang im Kompressor mit dem Aufpumpen eines Fahrradschlauchs.
c) Erläutere die Vorteile der Halogenkohlenwasserstoffe als Kältemittel gegenüber den Kohlenwasserstoffen.
d) Inzwischen ist die Verwendung halogenierter Kohlenwasserstoffe weitgehend verboten. Begründe diese gesetzliche Maßnahme ausführlich.
e) Schlage Maßnahmen vor, mit denen man Schadwirkungen durch Kältemittel verringern kann.

Alkohole

Frisch gepresste Fruchtsäfte wie Traubensaft oder Apfelsaft verändern nach einigen Tagen ihren Geruch und ihren Geschmack, weil sich Alkohol gebildet hat. Chemiker bezeichnen den Alkohol in alkoholischen Getränken als Ethylalkohol oder Ethanol. Neben Ethylalkohol gibt es eine Vielzahl weiterer Alkohole, die allerdings alle giftig oder ungenießbar sind. Viele dieser Verbindungen werden im Alltag und in der Technik verwendet.

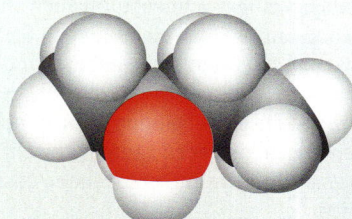

Winzer kontrollieren in der Reifungsphase der Weintrauben den Gehalt an Traubenzucker mit einem Refraktometer. Dazu tropfen sie etwas Traubensaft in das
Messgerät und lesen dann das Mostgewicht ab. Das Mostgewicht ist ein Maß für die Dichte von Traubensaft. Die Dichte
nimmt mit steigendem Zuckergehalt der Trauben zu.

Bei der Vergärung des Traubensaftes entsteht aus Zucker
Alkohol (Weingeist). Deshalb hängt der Alkoholgehalt des
Weines vom Zuckergehalt der Trauben ab. Außerdem werden die Blume (das Aroma) und der Geschmack des Weines
durch einen hohen Zuckergehalt günstig beeinflusst.

Die Elbe ist die Mutter des Weinanbaus in Sachsen und eines
der nördlichsten Anbaugebiet Deutschlands. Urkundlich wurde
der Weinanbau in Sachsen im Jahre 1161 erstmals erwähnt.
Begünstigt durch das besondere Klima und einer Sonnenschein-
dauer von bis zu 1570 Stunden im Jahr gedeihen hier insbesondere Weißweine wie Burgunder und Traminer. Der Widerschein
der Elbe und die Wärmerückstrahlung der Bruchsteinmauern
tragen zum Gedeihen der guten Weine bei. Besonders markant
für dieses Anbaugebiet sind die typischen terrassenartig ange-
legten Steilhänge, Weinbergkirchen und alten Winzerhäuser.

Die Verwendung von Ethanol beschränkt sich nicht nur auf
seinen Bestandteil in alkoholischen Getränken, sondern
umfasst auch Einsatzgebiete in der Industrie und Technik,
der Pharmazie und Kosmetikindustrie. Weiterhin wird es Benzin zugemischt und zum Beispiel als Kraftstoff mit der Bezeichnung E 10 an Tankstellen verkauft. Um den ständig wachsenden
Bedarf an Ethanol decken zu können, reicht die Produktion
durch alkoholische Gärung bei Weitem nicht aus. Deshalb
wird Ethanol zusätzlich in Bioethanol-Anlagen und in der
chemischen Industrie als technischer Alkohol hergestellt.

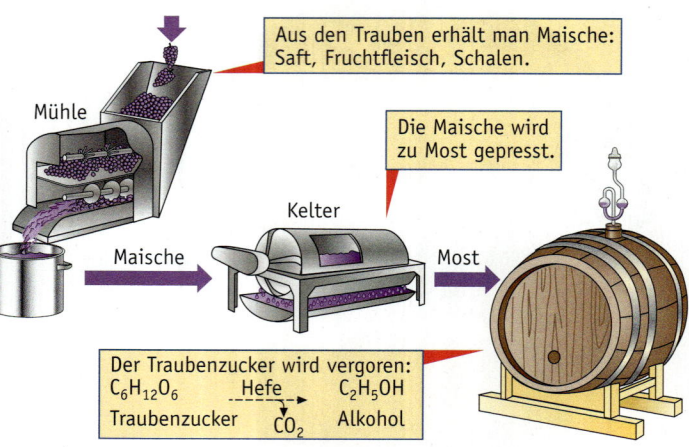

1 *Herstellung von Wein durch alkoholische Gärung*

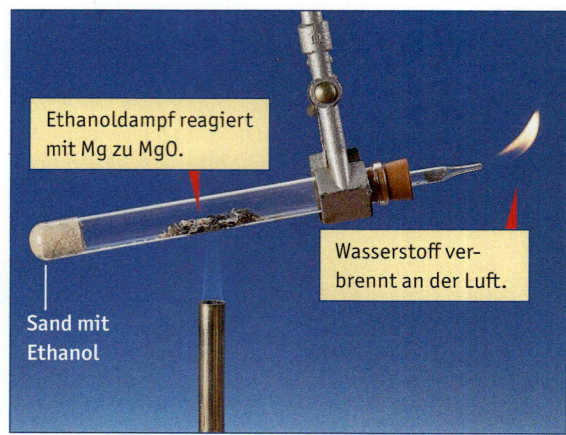

2 *Ethanoldampf reagiert mit Magnesium*

Lässt man frisch gepressten Traubensaft stehen, so steigen nach einigen Tagen Gasbläschen auf. Ursache dafür ist die Vergärung des im Traubensaft enthaltenen Traubenzuckers (Glucose). Enzyme von Hefepilzen, deren Sporen sich überall auf Obst befinden, katalysieren bei dieser **alkoholischen Gärung** die Reaktion von Glucose zu Alkohol und Kohlenstoffdioxid. Der entstehende Alkohol wird chemisch als **Ethanol** oder *Ethylalkohol* bezeichnet, gelegentlich wird auch noch der althergebrachte Name *Weingeist* verwendet.

$$C_6H_{12}O_6 \text{ (aq)} \xrightarrow{\text{Hefe}} 2\ C_2H_6O \text{ (aq)} + 2\ CO_2 \text{ (g)}$$
Glucose   Ethanol   Kohlenstoffdioxid

Winzer können mithilfe von Reinzuchthefen unter optimalen Bedingungen Wein mit einem Volumenanteil von 17 % Ethanol herstellen (Abb. 1). Bei höherem Alkoholgehalt sterben die Hefen ab.

Die Struktur des Ethanol-Moleküls. Ethanol ist mit Wasser in jedem Verhältnis mischbar. Die Flüssigkeit brennt mit bläulicher Flamme. Als Verbrennungsprodukte bilden sich Wasserdampf und Kohlenstoffdioxid. Ethanol-Moleküle enthalten also Wasserstoff-Atome und Kohlenstoff-Atome. Mit Magnesium reagiert Ethanol zu Magnesiumoxid und Wasserstoff (Abb. 2). Im Ethanol-Molekül muss demnach mindestens ein Sauerstoff-Atom gebunden sein. Atome anderer Elemente sind nicht nachweisbar. Eine quantitative Analyse ergibt für Ethanol die *Verhältnisformel* C_2H_6O. Bei der Bestimmung der molaren Masse erhält man den Wert $46 \frac{g}{mol}$. Die **Molekülformel** von Ethanol ist also ebenfalls C_2H_6O. Für diese Molekülformel sind zwei isomere Strukturen möglich:

A)
H   H
 | |
H–C–O–C–H
 | |
H   H

B)
H H
 | |
H–C–C–O–H
 | |
H H

Mithilfe eines einfachen Experiments lässt sich entscheiden, welche der beiden Strukturformeln zutrifft: In ein Reagenzglas gibt man zu einigen Millilitern Ethanol ein Stückchen Natrium. Ähnlich wie bei der Reaktion mit Wasser bildet sich Wasserstoff und ein salzartiger Stoff, der in Ethanol in geringem Maße löslich ist. Allerdings reagiert Natrium mit Ethanol wesentlich langsamer als mit Wasser. Aus dieser Reaktion folgt, dass die Struktur A nicht richtig sein kann, denn vom Aufbewahren in Paraffinöl wissen wir, dass Natrium nicht mit Wasserstoff-Atomen in C–H-Bindungen reagiert. Die Struktur B weist hingegen ähnlich wie ein Wasser-Molekül ein an ein Sauerstoff-Atom gebundenes Wasserstoff-Atom auf. Aus der Reaktion von Ethanol mit Natrium kann man daher schließen, dass Ethanol-Moleküle eine **OH-Gruppe** enthalten, die an einen Ethyl-Rest gebunden ist. Die OH-Gruppe wird auch als **Hydroxyl-Gruppe** bezeichnet. Ethanol hat also die Strukturformel $CH_3–CH_2–OH$.

Ethanol – ein Dipol-Molekül. Aufgrund der hohen Elektronegativität des Sauerstoff-Atoms sind die O–H-Bindung und die C–O-Bindung im Ethanol-Molekül polar. Das O-Atom hat deshalb eine negative Teilladung (δ^-). Das H-Atom der OH-Gruppe und das C-Atom, das die OH-Gruppe trägt, besitzen beide eine positive Teilladung (δ^+). Die Elektronendichteverteilung (Abb. 3) bestätigt die Polarität der Bindungen. Ethanol-Moleküle sind deshalb **Dipol-Moleküle**.

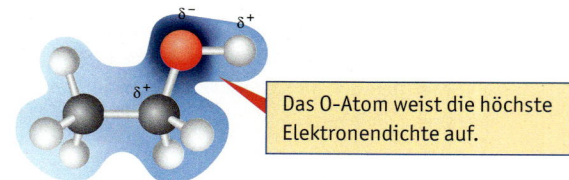

Das O-Atom weist die höchste Elektronendichte auf.

3 *Elektronendichteverteilung, Dipol-Molekül Ethanol*

Herstellung und Verwendung von Ethanol. Die Gewinnung von Alkohol aus Fruchtsäften ist schon seit dem Altertum bekannt. Heute werden pro Jahr weltweit über 25 Milliarden Liter Wein durch alkoholische Gärung produziert, etwa zwei Drittel davon in Europa. Durch Destillation von Wein erhält man *Branntwein* und höher konzentrierte Produkte. Maximal erreicht man auf diese Weise Ethanol mit einem Volumenanteil von 96 %. Die restlichen 4 % Wasser können mit wasserbindenden Mitteln wie Calciumoxid entfernt werden.

Die Weltproduktion an reinem Ethanol beträgt etwa 75 Milliarden Liter jährlich. Mehr als 80 % davon entfallen auf Brasilien und die USA. In Brasilien wird Ethanol aus Zuckerrohr gewonnen, in den USA überwiegend aus Mais. Die Produktionsmengen sind in Brasilien und den USA so hoch, weil Ethanol dort in großen Mengen als Kraftstoffzusatz eingesetzt wird. Großtechnisch kann Ethanol auch durch Addition von Wasser an Ethen hergestellt werden. Der Anteil an der Weltproduktion liegt aber unter 15 %:

$$C_2H_4\,(g) + H_2O\,(g) \xrightarrow{\text{Katalysator}} C_2H_5OH\,(g)$$
Ethen　　　Wasser　　　　　　　Ethanol

Im allgemeinen Sprachgebrauch ist mit *Alkohol* immer Ethanol gemeint. Ethanol ist ein weit verbreitetes Genussmittel und unterliegt der *Alkoholsteuer*. Diese Steuer entfällt jedoch bei der Nutzung von Ethanol als Energieträger, als Lösemittel oder bei Synthesen in der chemischen Industrie. Durch Zusatz von *Vergällungsmitteln* wird Ethanol ungenießbar gemacht. Der im Haushalt verwendete vergällte Alkohol ist als *Brennspiritus* im Handel. Der unangenehme Geruch verhindert, dass Brennspiritus als Getränk missbraucht wird.

Brennspiritus dient als Reinigungsmittel bei fetthaltigen Verschmutzungen und als Brennstoff für Tischkocher zum Warmhalten von Speisen. Viele Arzneimittel und Parfums sind in reinem Ethanol gelöst. In der Medizin ist Ethanol als Desinfektionsmittel unentbehrlich.

Als Zusatzstoff im Benzin wird **Bioethanol** kontrovers diskutiert. Um mehr Energie aus nachwachsenden Rohstoffen zu gewinnen, wurde die Produktion von Ethanol aus Weizen und Zuckerrüben von der Europäischen Union und der Bundesregierung stark gefördert. An Tankstellen kann E10 getankt werden, ein Benzin, das einen Volumenanteil von bis zu 10 % Ethanol enthält. Wissenschaftler weisen aber darauf hin, dass in Deutschland die Erzeugung von Bioethanol nur aus organischen Abfällen sinnvoll ist: Die Produktion von Bioethanol aus Pflanzen steht in Konkurrenz zum Anbau von Nahrungsmitteln. Auch aus ökologischer Sicht hat Bioethanol daher mehr Nachteile als Vorteile.

Steckbrief: Ethanol (C$_2$H$_5$OH)

 H 225　　 H 319

Eigenschaften

- farblose Flüssigkeit mit stechendem Geruch,
- in jedem Verhältnis mit Wasser mischbar,
- mischbar mit organischen Lösemitteln,
- brennt mit bläulicher Flamme,
- Schmelztemperatur: −114 °C,
- Siedetemperatur: 78 °C,
- Dichte: 0,79 $\frac{g}{cm^3}$,
- Molekülformel: C$_2$H$_5$OH,
- molare Masse: M (Ethanol) = 46 $\frac{g}{mol}$.

Ethanol entsteht bei der alkoholischen Gärung. Das Ethanol-Molekül ist aus einem Ethyl-Rest und einer Hydroxyl-Gruppe aufgebaut.

---

1 a) Beschreibe den Ablauf der Herstellung von Wein.
b) Abgekochte Fruchtsäfte sind länger haltbar als frische Säfte. Begründe diese Erfahrung.

2 Vor dem Backen eines Brotes lässt man den Teig aufgehen. Dabei wird die alkoholische Gärung genutzt.
a) Erkläre die Zunahme des Teigvolumens.
b) Im gebackenen Brot lässt sich kein Ethanol nachweisen. Begründe diese Tatsache.

3 a) Beschreibe die Reaktion von Ethanol mit Magnesium (Abb. 2) und formuliere die Reaktionsgleichung.
b) Aus dem Experiment lässt sich ableiten, dass ein Ethanol-Molekül mindestens ein gebundenes Sauerstoff-Atom enthält. Begründe diese Folgerung.

4 Vergleiche die Molekülstrukturen des Wasser-Moleküls und des Ethanol-Moleküls und begründe, warum Ethanol und Wasser in jedem Verhältnis miteinander mischbar sind.

5 Der Gefahrenhinweis H 225 für Ethanol gilt auch für Brennspiritus. Schlage den Gefahrenhinweis und den Sicherheitshinweis P 210 im Anhang des Lehrbuchs nach und leite eine Gebrauchsanweisung für die sichere Verwendung von Brennspiritus im Haushalt ab.

6 Recherchiere, wie die Alkoholsteuer in Deutschland geregelt ist.

7 **Expertenaufgabe:** Formuliere für die Reaktion von Natrium mit Ethanol die Reaktionsgleichung. Das Anion des gebildeten salzartigen Produktes ist das Ethylat-Ion (C$_2$H$_5$O$^-$).

Alkanol	Formel	Sdt. °C
Methanol	CH_3-OH	65
Ethanol	CH_3-CH_2-OH	78
Propan-1-ol	$CH_3-CH_2-CH_2-OH$	97
Butan-1-ol	$CH_3-CH_2-CH_2-CH_2-OH$	120
Pentan-1-ol	$CH_3-CH_2-CH_2-CH_2-CH_2-OH$	138
Hexan-1-ol	$CH_3\text{-}(CH_2)_5OH$	157
Heptan-1-ol	$CH_3\text{-}(CH_2)_6OH$	176
Octan-1-ol	$CH_3\text{-}(CH_2)_7OH$	195
Nonan-1-ol	$CH_3\text{-}(CH_2)_8OH$	215
Decan-1-ol	$CH_3\text{-}(CH_2)_9OH$	228

1 Homologe Reihe der Alkanole

Das Reaktionsprodukt von Methanol und Borsäure verbrennt mit grüner Flamme.

Ethanol reagiert erst nach Zugabe von Schwefelsäure.

2 Unterscheidung von Methanol und Ethanol

In der organischen Chemie werden alle Verbindungen, deren Moleküle eine oder mehrere Hydroxyl-Gruppen enthalten, zur Stoffklasse der **Alkohole** zusammengefasst. Die *OH-Gruppe* prägt die Eigenschaften der Alkohole, sie ist die **funktionelle Gruppe** der Alkohole.

Alkohole, die sich von den Alkanen ableiten, bezeichnet man als **Alkanole**. Der *Name* eines Alkanols wird gebildet, indem man die Endung **-ol** an den Namen des entsprechenden Alkans anhängt. Die ersten Glieder der homologen Reihe der Alkanole (Abb. 1) sind Methanol, Ethanol, Propanol, Butanol und Pentanol. Die allgemeine Formel lautet $C_nH_{2n+1}OH$. Alkohole können auch über ihre Alkyl-Gruppe und die Endung *-alkohol* benannt werden.

Methanol. Neben Ethanol ist *Methanol* oder *Methylalkohol* (CH_3OH) der am meisten verwendete Alkohol. Methanol ist sehr giftig. Schon kleine Mengen führen zu Erblindung und anderen Dauerschäden; bereits 25 g können tödlich wirken.

Früher wurde Methanol durch Erhitzen von Holz gewonnen. Dabei musste unter Ausschluss von Sauerstoff gearbeitet werden. Der Trivialname *Holzgeist* weist noch auf dieses Herstellungsverfahren hin. Heute werden Kohlenstoffmonooxid und Wasserstoff an einem Katalysator zu Methanol umgesetzt:

$$CO\,(g) + 2\,H_2\,(g) \xrightarrow{\text{Kat}} CH_3OH\,(g)$$

Viele Synthesen in der organischen Chemie gehen von Methanol aus; Beispiele sind die Herstellung von Formaldehyd, Essigsäure und Biodiesel. In Brennstoffzellen kann Methanol entweder direkt oder nach Umwandlung in Wasserstoff mit Luftsauerstoff reagieren und dann elektrischen Strom erzeugen.

Die *Unterscheidung von Methanol und Ethanol* ist durch einen einfachen Versuch möglich: Methanol reagiert mit Borsäure zu einer flüchtigen Verbindung, die beim Verbrennen die Flamme grün färbt. Ethanol reagiert erst nach Zugabe von Schwefelsäure (Abb. 2).

Propanol, Butanol und Pentanol. Die Alkohole Propanol, Butanol und Pentanol eignen sich als Lösemittel für Lacke, Öle und Harze. Bei Synthesen sind sie Ausgangssubstanzen für Aromastoffe. Im Alltag begegnet uns Propanol als Frostschutzmittel und Reinigungsmittel in Scheibenwaschanlagen. In der Medizin wird Propanol als Desinfektionsmittel eingesetzt.

Fettalkohole. Alkanole mit 10 bis 20 C-Atomen im Alkyl-Rest bezeichnet man auch als *Fettalkohole*, weil sie aus Fetten gewonnen werden. Verwendet werden Fettalkohole als Grundlage für Hautcremes; sie wirken als Rückfetter und machen die Haut geschmeidig. Bei der Produktion von Waschmitteln werden Fettalkohole zu waschaktiven Substanzen umgesetzt.

April 2012 (SV)

Tod durch schwarzgebrannten Alkohol.
Zwei Wochen nach einem tödlichen Trinkgelage dreier junger deutscher Touristen ist in der Türkei erneut ein Mann an einer Methanolvergiftung gestorben. Immer wieder wird Wodka oder schwarzgebrannter Alkohol aus Profitgier mit Methylalkohol verlängert. Ein gefährliches Verfahren: Bereits der Genuss von 25 g Methylalkohol kann zum Tode führen.

① **Primäres C-Atom:**
Das C-Atom mit der OH-Gruppe ist nur mit einem weiteren C-Atom (blau markiert) verbunden.

② **Auch hier liegt ein primäres C-Atom** und somit ein primäres Alkanol-Molekül vor.

③ **Sekundäres C-Atom:**
Das C-Atom mit der OH-Gruppe ist mit zwei weiteren C-Atomen verbunden.

④ **Tertiäres C-Atom:**
Das C-Atom mit der OH-Gruppe ist mit drei weiteren C-Atomen verbunden.

Butan-1-ol
(primäres Alkanol)

2-Methylpropan-1-ol
(primäres Alkanol)

Butan-2-ol
(sekundäres Alkanol)

2-Methylpropan-2-ol
(*tert*-Butanol)
(tertiäres Alkanol)

3 *Isomere Butanole*

Isomere Alkanole. Beim Propanol und den höheren Alkanolen tritt Isomerie auf: Die OH-Gruppen können an unterschiedliche C-Atome gebunden sein. Es gibt zwei isomere Propanole: *n*-Propanol (normal Propanol) und Isopropanol. Beim *n*-Propanol ist die OH-Gruppe an ein *endständiges* C-Atom gebunden, beim Isopropanol an das *mittlere* C-Atom. Zur systematischen Benennung werden die C-Atome des Alkyl-Rests so nummeriert, dass das C-Atom mit der OH-Gruppe eine möglichst kleine Zahl erhält. Die Nummer des C-Atoms, das die OH-Gruppe trägt, steht zwischen dem Stammnamen des Alkans und der Endung **-ol**:

Propan-1-ol; *n*-Propanol

Propan-2-ol; Isopropanol

Alkyl-Reste mit vier und mehr Kohlenstoff-Atomen können verzweigt sein. Dies hat weitere Isomere zur Folge.

Primäre, sekundäre und tertiäre Alkanole. Beim *Butan-1-ol* ist das C-Atom, das die OH-Gruppe trägt, mit *einem* weiteren C-Atom verbunden. Man spricht in einem solchen Fall von einem **primären Alkanol**. *Butan-2-ol* ist ein Beispiel für ein **sekundäres Alkanol**: Das C-Atom, das die OH-Gruppe trägt, ist mit *zwei* weiteren C-Atomen verbunden. *2-Methylpropan-2-ol* ist ein **tertiäres Alkanol**: Hier ist das C-Atom mit der OH-Gruppe mit *drei* weiteren C-Atomen verknüpft (Abb. 3).

> Die funktionelle Gruppe der Alkohole ist die OH-Gruppe (Hydroxyl-Gruppe). Alkanole bilden eine homologe Reihe mit der allgemeinen Formel $C_nH_{2n+1}OH$. Man unterscheidet primäre, sekundäre und tertiäre Alkanole.

1 3-Methylpentan-2-ol ist ein sekundärer Alkohol. Zeichne die Strukturformel und erstelle Regeln zur Benennung dieses Alkanols.

2 Benenne folgende Alkohole:

3 Baue ein Molekülmodell von 2-Methylhexan-3-ol zu einem tertiären Alkanol um und benenne es.

4 a) Zeichne die Strukturformeln der acht isomeren Pentanole.
b) Kennzeichne primäre, sekundäre und tertiäre Alkanole und markiere die primären, sekundären und tertiären C-Atome.

5 Wähle geeignete Ausgangsstoffe, die mit Wasser zu den folgenden Alkoholen reagieren können: Ethanol, Propan-2-ol und *tert*-Butanol. Formuliere jeweils die Reaktionsgleichung und gib den Reaktionstyp an.

6 **Expertenaufgabe:** In der Direktmethanol-Brennstoffzelle wird Methanol mit Sauerstoff oxidiert, ohne verbrannt zu werden. Erläutere das Schema der Methanol-Brennstoffzelle:

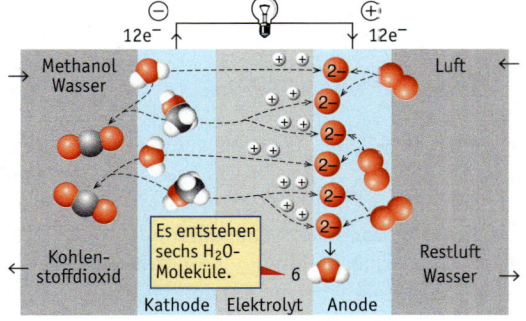

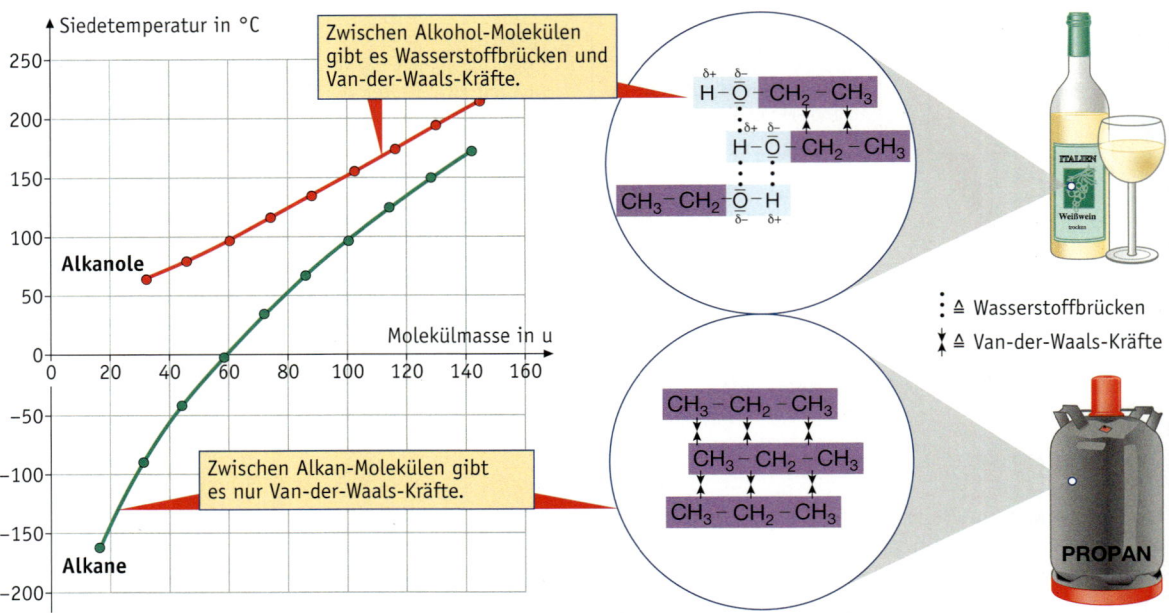

1 *Siedetemperaturen von Alkanen und Alkanolen*

Im Gegensatz zu den Alkanen gibt es keine gasförmigen Alkanole. Auch die kurzkettigen Alkohole wie Methanol und Ethanol sind bei Raumtemperatur flüssig. Mit zunehmender Kettenlänge nehmen auch bei den Alkanolen die Siedetemperaturen zu.

Siedetemperatur. Um die Siedetemperatur von Alkanolen mit der von Alkanen vergleichen zu können, muss man Moleküle mit einer ähnlichen Größe und damit einer ähnlichen molaren Masse auswählen (Abb. 1). Ethanol hat eine molare Masse von $46 \frac{g}{mol}$; die Siedetemperatur liegt bei 78 °C. Bei Raumtemperatur ist der Alkohol also flüssig. Propan mit der molaren Masse von $44 \frac{g}{mol}$ hat eine Siedetemperatur von −42 °C. Das Alkan ist bei Raumtemperatur also gasförmig. Die Ursache für den unterschiedlichen Aggregatzustand liegt in den Bindungsverhältnissen in den Molekülen:

Propan   Ethanol

In beiden Molekülen liegen Atombindungen vor. Hinsichtlich ihrer C–C-Bindungen und C–H-Bindungen unterscheiden sich die Moleküle also nicht. Auch die zwischen den unpolaren Molekülen oder Molekülteilen (Alkyl-Rest) beider Verbindungen auftretenden Van-der-Waals-Kräfte liefern keine Erklärung. Die Ursache für die relativ hohe Siedetemperatur des Alkohols kann dem-nach nur mit der Struktur und der daraus resultierenden Wirkung der funktionellen Gruppe, der Hydroxyl-Gruppe, erklärt werden.

Wasserstoffbrücken. Aufgrund der hohen Elektronegativität des Sauerstoff-Atoms gegenüber dem Wasserstoff-Atom ist die Hydroxyl-Gruppe des Ethanol-Moleküls polar, Ethanol ist ein Dipol-Molekül. Dadurch kommt es zu starken Wechselwirkungen mit den OH-Gruppen benachbarter Alkohol-Moleküle. Dabei wirken Anziehungskräfte zwischen dem mit einer negativen Teilladung behafteten Sauerstoff-Atom der OH-Gruppe des einen Ethanol-Moleküls und dem mit einer positiven Teilladung behafteten Wasserstoff-Atom eines benachbarten Moleküls. Man spricht in einem solchen Fall von *Wasserstoffbrücken* oder *Wasserstoffbrückenbindungen* (Abb. 1). Beim Sieden müssen also neben den zwischen den unpolaren Alkyl-Resten auftretenden Van-der-Waals-Kräften auch die zwischenmolekularen Anziehungskräfte der Wasserstoffbrücken überwunden werden. Die dafür nötige zusätzliche Energie ist die Ursache für die relativ hohe Siedetemperatur der Alkanole. Sie sieden daher erst bei deutlich höheren Temperaturen als Alkane mit vergleichbarer Größe.

Löslichkeit. Die ersten Alkanole der homologen Reihe – Methanol, Ethanol und Propanol – mischen sich in jedem Verhältnis mit Wasser. Bei den darauf folgenden Alkanolen nimmt die Löslichkeit mit steigender Anzahl der Kohlenstoff-Atome stark ab. Schon Hexanol ist in

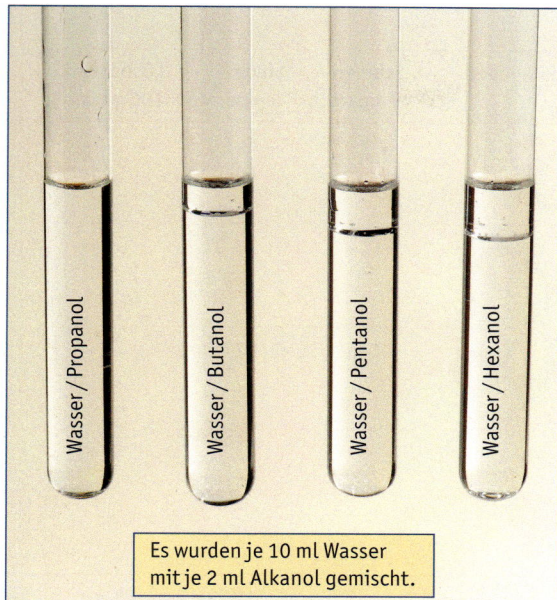

2 *Löslichkeit von Alkanolen in Wasser*

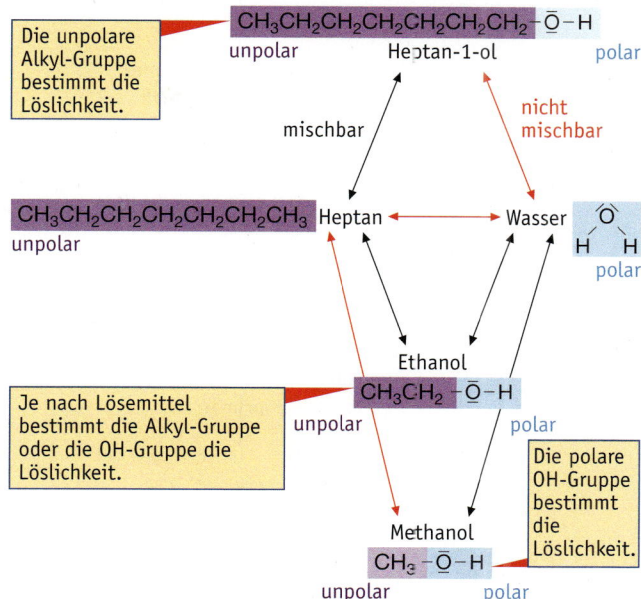

3 *Die Molekülstruktur beeinflusst die Löslichkeit*

Wasser nahezu unlöslich (Abb. 2). Die polare Hydroxyl-Gruppe bewirkt die Löslichkeit der kurzkettigen Alkanole in Wasser: Die O–H-Bindung in der Hydroxyl-Gruppe eines Alkohol-Moleküls ist ähnlich polar wie die O–H-Bindungen in einem Wasser-Molekül. Zwischen den OH-Gruppen der Alkohol-Moleküle und den Wasser-Molekülen können sich daher Wasserstoffbrücken bilden. Kurzkettige Alkanole sind deshalb *hydrophil* (wasserfreundlich). Die unpolaren Alkyl-Reste der Alkanol-Moleküle begründen die Löslichkeit der Alkanole in Alkanen und anderen lipophilen Lösemitteln: Zwischen den Alkanol-Molekülen und den Alkan-Molekülen bilden sich Van-der-Waals-Kräfte aus (Abb. 3). Höhere Alkanole sind deshalb *lipophil* (fettfreundlich) und *hydrophob* (wasserfeindlich).

Bei Methanol ist der Einfluss der CH₃-Gruppe so gering, dass die Wasserstoffbrücken zwischen den Methanol-Molekülen bei Zugabe von Heptan nicht getrennt werden können. Methanol ist daher als einziges Alkanol in Heptan nur geringfügig löslich. Methanol ist *hydrophil* (wasserliebend) und *lipophob* (fettfeindlich).

> Alkanol-Moleküle besitzen eine unpolare Alkyl-Gruppe und eine polare OH-Gruppe. Zwischen den Alkohol-Molekülen wirken Wasserstoffbrücken. Die Siedetemperaturen sind daher höher als die von vergleichbaren Alkanen. Kurzkettige Alkanole sind hydrophil und lösen sich in Wasser. Ethanol und die höheren Alkanole lösen sich in Alkanen.

1 In der Erklärung wird die Siedetemperatur von Ethanol mit der Siedetemperatur von Propan verglichen und nicht mit der Siedetemperatur von Ethan. Begründe.

2 Entwickle ein Experiment, das den Einfluss des Alkyl-Restes von Alkanolen auf die Löslichkeit in Wasser zeigt.

3 a) Erläutere die Begriffe *hydrophil, hydrophob, lipophil* und *lipophob*.
b) Interpretiere Abb. 3.

4 a) Skizziere die Bindungen zwischen Propanol-Molekülen und zwischen Butan-Molekülen.
b) Vergleiche die Siedetemperaturen von Methan/Methanol und Nonan/Nonanol (Abb. 1). Begründe, warum sich die Siedetemperaturen unterscheiden.

5 In Tabellenwerken werden keine Siedetemperaturen für höhere Alkanole angegeben. Begründe.

6 Bei der Lösung von 100 ml Ethanol in 100 ml Wasser ist das Gesamtvolumen der Mischung deutlich kleiner als 200 ml. Erkläre diese Beobachtung.

7 Beurteile den hydrophilen Charakter der Verbindung mit der Molekülformel C₄H₉–SH. Nenne Vergleichssubstanzen aus den Stoffklassen der Alkane und Alkanole.

8 Zwischen Heptan-1-ol -Molekülen und Wasser-Molekülen liegen Wasserstoffbrücken vor. Begründe, warum die beiden Flüssigkeiten trotzdem nicht miteinander mischbar sind.

Alkanol	Isomere	Strukturformel	Molekülmodell	Schmelz-temperatur	Siede-temperatur	Löslichkeit in 100 g Wasser
Methanol CH_3OH	–	$\overset{1}{C}H_3-OH$ primär		–97 °C	65 °C	∞
Ethanol C_2H_5OH	–	$\overset{2}{C}H_3-\overset{1}{C}H_2-OH$ primär		–114 °C	78 °C	∞
Propanole C_3H_7OH	Propan-1-ol	$\overset{3}{C}H_3-\overset{2}{C}H_2-\overset{1}{C}H_2-OH$ primär		–126 °C	97 °C	∞
	Propan-2-ol	$\overset{1}{C}H_3-\overset{2}{C}-\overset{3}{C}H_3$ mit H und OH sekundär		–89 °C	82 °C	∞
Butanole C_4H_9OH	Butan-1-ol	$\overset{4}{C}H_3-\overset{3}{C}H_2-\overset{2}{C}H_2-\overset{1}{C}H_2-OH$ primär		–89 °C	118 °C	8,3 g
	Butan-2-ol	$\overset{4}{C}H_3-\overset{3}{C}H_2-\overset{2}{C}H-\overset{1}{C}H_3$ mit OH sekundär		–115 °C	100 °C	12,5 g
	2-Methyl-propan-1-ol	$\overset{3}{C}H_3-\overset{2}{C}-\overset{1}{C}H_2-OH$ mit CH_3 und H primär		–108 °C	108 °C	9 g
	2-Methyl-propan-2-ol (tert-Butanol)	$\overset{1}{C}H_3-\overset{2}{C}-\overset{3}{C}H_3$ mit CH_3 und OH tertiär		26 °C	83 °C	∞

1 Wähle zwei der abgebildeten Molekülmodelle aus und baue sie mit dem Molekülbaukasten nach. Beschreibe die Molekülstruktur und erläutere die Eigenschaften der Alkanole.

2 Erläutere am Beispiel von tert-Butanol die Benennung von Alkanolen nach den Regeln von IUPAC.

3 Zerschneide eine Kopie der Übersicht so, dass du einzelne Kärtchen mit Molekülmodellen, Siede- und Schmelztemperaturen und Löslichkeiten in Wasser erhältst. Schließe das Buch und ordne die Kärtchen einander zu. Überprüfe dein Ergebnis.

4 Begründe die unterschiedliche Löslichkeit der isomeren Butanole in Wasser.

5 Ordne die folgenden Stoffe nach steigender Löslichkeit in Heptan: Propan-2-ol, tert-Butanol, Methanol, Butan-1-ol. Begründe deine Anordnung.

6 Hexadecan-1-ol schmilzt bei 49 °C. Beschreibe, was beim Schmelzen geschieht.

7 **Expertenaufgabe:** Beschreibe modellhaft, was beim Mischen von Methanol mit Wasser und beim Mischen von Butan-1-ol mit Heptan geschieht.

Versuch 1:
Alkoholische Gärung

Materialien: Tuch zum Auspressen der Trauben, Handrefraktometer mit Anleitung, Becherglas (1 l), Gärbehälter (saubere 1-l-Flasche) mit Gäraufsatz, Waage, Papiertücher, Tropfpipette; Weintrauben, Obstsäfte, Reinzuchthefe.

Durchführung:
1. Presse Traubensaft in das Becherglas und bestimme mit dem Refraktometer das Mostgewicht.
2. Wiederhole den Versuch mit anderen Fruchtsäften.
3. Gib den restlichen, frisch gepressten Traubensaft in die Flasche, vermische mit etwa 0,2 g Hefe und setze den mit Wasser gefüllten Gäraufsatz auf.
4. Stelle das Gärgefäß an einen warmen Ort. Prüfe den Ansatz täglich zwei Wochen lang mit dem Refraktometer und notiere die Werte.

Aufgaben:
a) Beschreibe deine Beobachtungen.
b) Bestimme den Zuckergehalt im Verlauf der Gärung und stelle die Ergebnisse grafisch dar.
c) Berechne den zu erwartenden Alkoholgehalt.

Vom Mostgewicht zum Alkoholgehalt

Durch den Zuckergehalt hat Traubensaft eine höhere Dichte als Wasser. Das *Mostgewicht* eines Traubensaftes wird in der Einheit *Grad Oechsle* (°Oe) angegeben. Der Zahlenwert in °Oe entspricht den ersten drei Nachkommastellen des Zahlenwerts für die Dichte ϱ des Saftes:

Mostgewicht = $(\varrho - 1) \cdot 1000$ °Oe

Aus dem Mostgewicht erhält man Näherungswerte für die Massenkonzentration β der Glucose im Saft und die nach vollständiger Vergärung zu erwartende Massenkonzentration β des Alkohols im Wein.

1 °Oe entspricht etwa 2,6 Gramm Glucose pro Liter.

Beispiel: ϱ (Saft) = 1,080 $\frac{g}{ml}$
$\Rightarrow$ Mostgewicht = $(1,080 - 1) \cdot 1000$ °Oe = **80** °Oe
$\Rightarrow \beta$ (Glucose) = **80** $\cdot$ 2,6 $\frac{g}{l}$ = 208 $\frac{g}{l}$ $\left| \cdot \frac{2 \cdot 46}{180} \right.$
$\Rightarrow \beta$ (Alkohol) $\approx$ **106** $\frac{g}{l}$ $\approx$ **10,6** % $\left| \cdot \frac{1}{0,79} \right.$
$\Rightarrow$ Volumenanteil (Alkohol) $\approx$ **13** %

Expertenaufgabe: Aus einem Mol Glucose entstehen 2 mol Ethanol. Die Dichte von Ethanol ist 0,79 $\frac{g}{ml}$. Erläutere die Berechnung der beiden letzten Werte.

Versuch 2:
Nachweis der Hydroxyl-Gruppe

Materialien: Tropfpipetten, Messzylinder (50 ml); Cerammoniumreagenz (2 g Cer(IV)-ammoniumnitrat (**3**, **5**, **7**) in 10 ml Salpetersäure (1 $\frac{mo}{l}$; **5**, **7**) lösen, **B2**), *Proben:* Ethanol (**2**, **7**), Brennspiritus (**2**, **7**), Butan-1-ol (**2**, **5**, **7**), Glycerin, Glucose, Sorbit.

Durchführung:
1. Nummeriere 6 Reagenzgläser.
2. Verdünne das Cerammoniumreagenz mit 10 ml Wasser.
3. Gib in das erste Reagenzglas zu 3 ml der verdünnten Reagenzlösung 5 Tropfen Ethanol und stelle das Reagenzglas in den Reagenzglasständer.
4. Wiederhole den Versuch mit den anderen Proben. Löse Glucose und Sorbit vorher in Wasser.

Aufgaben:
a) Notiere deine Ergebnisse.
b) Erläutere, woran du erkennen kannst, dass Wasser mit Cerammoniumreagenz nicht reagiert.

Versuch 3:
Löslichkeit der Alkanole

Materialien: Tropfpipette; Methanol (**2**, **6**, **8**, **B3**), Ethanol (**2**, **7**), Butan-1-ol (**2**, **5**, **7**, **B3**), Hexadecan-1-ol (Cetylalkohol), Glycerin, Heptan (**2**, **7**, **8**, **9**, **B3**).

Durchführung:
1. Prüfe die Mischbarkeit der Alkohole mit Wasser, indem du einige Tropfen oder eine Spatelspitze in ein Reagenzglas zu 3 ml Wasser gibst.
2. Wiederhole die Versuche mit Heptan anstelle von Wasser.
3. Prüfe die Mischbarkeit von Butan-1-ol mit Ethanol.

Aufgabe:
Stelle deine Versuchsergebnisse in einer Tabelle zusammen und begründe die Unterschiede unter Berücksichtigung der Molekülstrukturen.

Wie soll ich das alles in den Griff kriegen?

Angst
Liebeskummer
Unsicherheit
Schulstress
Probleme

1 *Alkohol hilft nur scheinbar weiter.*

Schon vor etwa 10 000 Jahren wurde in Vorderasien Wein getrunken. Das älteste überlieferte Bierrezept kann auf einer 6000 Jahre alten sumerischen Tontafel nachgelesen werden. Auch bei den Germanen waren Bier und Honigwein (Met) sehr beliebt.

Wege in die Alkoholsucht. In unserem Kulturkreis ist Alkohol ein weit verbreitetes Genussmittel. Obwohl allgemein bekannt ist, dass Alkohol krank und süchtig machen kann, ist der Konsum alkoholischer Getränke gesellschaftlich akzeptiert. Ob bei einem Fest im Familienkreis oder einer Fete mit Freunden – Alkohol ist stets dabei. In kleiner Menge genossen, wirkt Alkohol entspannend und belebend. Viele Jugendliche und Erwachsene glauben, dass Alkohol notwendig ist, damit eine gute Stimmung überhaupt aufkommt. Bei Jugendlichen ist auch Gruppenzwang im Spiel: Wer nicht mittrinkt, wird leicht zum Außenseiter.

Wie Alkohol sich auswirkt, hängt von der konsumierten Menge sowie von der individuellen körperlichen und seelischen Verfassung ab. Die Übergänge zwischen gelegentlichem Alkoholkonsum und *Alkoholmissbrauch* sind fließend: Die Sucht kommt Glas für Glas. Erst probiert man nur, oft kostet es zunächst sogar Überwindung, ein alkoholhaltiges Getränk zu sich zu nehmen. Dann schmeckt es

	Bier	Wein	Cocktail	Wodka
Volumen (ml)	330	200	200	40
Volumenanteil des Alkohols (%)	4,8	11,5	13,6	38
Masse des Alkohols (g)	12,5	18,2	21,5	12,0

2 *Alkoholgehalt verschiedener Getränke*

und man fühlt sich lockerer. Das Selbstbewusstsein steigt, die Unsicherheit verschwindet und Probleme werden besser ertragen.

Bei regelmäßigem Alkoholkonsum kommt es dann zu einem Gewöhnungseffekt, der schließlich in die *psychische Abhängigkeit* führt: Man fühlt sich nur noch bei regelmäßiger Zufuhr von Alkohol wohl. Kommt es zu körperlichen Entzugserscheinungen wie Gereiztheit, innerer Unruhe und Angstgefühlen, ist man in *physische (körperliche) Abhängigkeit* geraten. Der Alltag kann nicht mehr gemeistert werden und der Kranke reagiert mit immer weiter steigendem Alkoholkonsum – das Stadium der *Alkoholsucht* ist erreicht. Der Körper wird schwer geschädigt, vor allem die Leber und das zentrale Nervensystem. Auch die persönlichen Beziehungen werden erheblich gestört. Die Familie leidet oft mehr als der Alkoholiker selbst. Das weitere Umfeld hat dagegen für Alkoholkranke meist wenig Verständnis.

Gesundheitsvorsorge. Jeder Mensch ist für seine Gesundheit selbst verantwortlich. Kenntnis über den Alkoholgehalt verschiedener Getränke (Abb. 2) ist deshalb eine wichtige Hilfe für eine wirksame Selbstkontrolle.

Auch der Staat ist seinen Bürgerinnen und Bürgern gegenüber in der Pflicht: Er muss besonders für die Gesundheit der Jugendlichen Vorsorge treffen. Das folgende Beispiel zeigt, wie der Staat seiner Verantwortung gerecht werden kann: Vor einigen Jahren war es in Deutschland unter Jugendlichen Mode, Alkopops zu trinken – Mischgetränke aus Alkohol und Limonaden. Durch die Süße der Limonade registriert man nicht, wieviel Alkohol man trinkt. Um das Problem zu bekämpfen, wurde die *Alkoholsteuer* auf solche Getränke stark erhöht. Alkopops wurden dadurch für Jugendliche zu teuer. In der Folgezeit sank der Konsum von Alkopops so stark, dass sie heute auf dem Alkoholmarkt fast verschwunden sind.

Alkohol im Straßenverkehr. Alkohol am Steuer oder auf dem Fahrrad ist gefährlich: Jährlich passieren in Deutschland unter Alkoholeinfluss etwa 16 000 Unfälle mit Personenschaden. Etwa 400 Menschen verunglücken dabei tödlich. Die Fahrsicherheit ist bereits bei geringem Blutalkoholgehalt gefährdet. Vermutet die Polizei bei einem Verkehrsteilnehmer Alkohol im Blut, gleichgültig ob Radfahrer oder Kraftfahrer, bestimmt sie den Alkoholgehalt in der Atemluft oder ordnet eine Blutprobe an.

> Schon der Konsum einer geringen Menge Alkohol führt zu eingeschränkter Fahrtüchtigkeit. Regelmäßiger Alkoholkonsum kann süchtig machen und im Extremfall zum Tode führen.

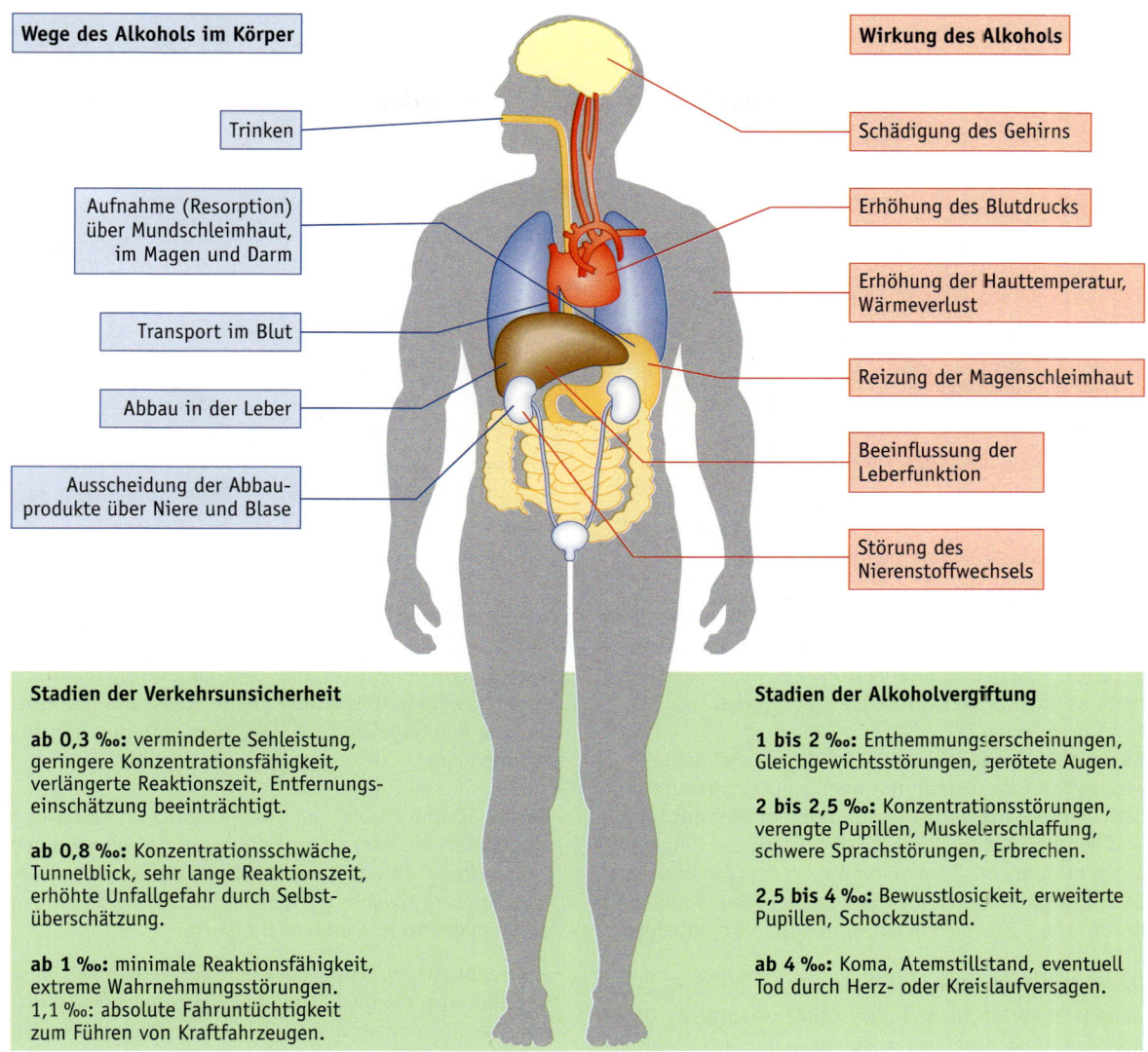

Wege des Alkohols im Körper

Trinken

Aufnahme (Resorption) über Mundschleimhaut, im Magen und Darm

Transport im Blut

Abbau in der Leber

Ausscheidung der Abbauprodukte über Niere und Blase

Wirkung des Alkohols

Schädigung des Gehirns

Erhöhung des Blutdrucks

Erhöhung der Hauttemperatur, Wärmeverlust

Reizung der Magenschleimhaut

Beeinflussung der Leberfunktion

Störung des Nierenstoffwechsels

Stadien der Verkehrsunsicherheit

ab 0,3 ‰: verminderte Sehleistung, geringere Konzentrationsfähigkeit, verlängerte Reaktionszeit, Entfernungseinschätzung beeinträchtigt.

ab 0,8 ‰: Konzentrationsschwäche, Tunnelblick, sehr lange Reaktionszeit, erhöhte Unfallgefahr durch Selbstüberschätzung.

ab 1 ‰: minimale Reaktionsfähigkeit, extreme Wahrnehmungsstörungen. 1,1 ‰: absolute Fahruntüchtigkeit zum Führen von Kraftfahrzeugen.

Stadien der Alkoholvergiftung

1 bis 2 ‰: Enthemmungserscheinungen, Gleichgewichtsstörungen, gerötete Augen.

2 bis 2,5 ‰: Konzentrationsstörungen, verengte Pupillen, Muskelerschlaffung, schwere Sprachstörungen, Erbrechen.

2,5 bis 4 ‰: Bewusstlosigkeit, erweiterte Pupillen, Schockzustand.

ab 4 ‰: Koma, Atemstillstand, eventuell Tod durch Herz- oder Kreislaufversagen.

3 *Wege und Wirkungen des Alkohols im menschlichen Körper*

---

1 a) Recherchiere, was die Promillegrenze von 0,5 ‰ im Straßenverkehr bedeutet.
b) Beim Verursacher eines Verkehrsunfalls wird ein Blutalkoholgehalt von 0,25 ‰ ermittelt.
Kläre, ob rechtliche Folgen zu erwarten sind.
c) Informiere dich, welche Folgen Alkohol am Steuer für Fahranfänger hat.
d) Ab einer Blutalkoholkonzentration von 1,1 ‰ spricht man von absoluter Fahruntüchtigkeit.
Informiere dich über die strafrechtlichen Folgen.

2 Alkoholhaltige Cocktails sind sehr beliebt. Konsumenten sind der Ansicht, dass die meist mit Eis gekühlten, fruchtigen Getränke nicht so viel Alkohol enthalten, wie die gleiche Menge Wein. Zeige anhand von Abb. 2, dass diese Ansicht nicht richtig ist und begründe, warum der Alkohol beim Trinken von Cocktails nicht so intensiv wahrgenommen wird.

3 **Expertenaufgabe:** Abb. 3 zeigt den Weg des Alkohols im menschlichen Körper. Recherchiere die chemischen Abbauvorgänge, die in der Leber stattfinden. Viele Menschen bekommen nach Alkoholgenuss rote Wangen und spüren ein Wärmegefühl. Trotzdem soll unterkühlten Verunglückten kein Alkohol zur Aufwärmung verabreicht werden. Recherchiere die Zusammenhänge.

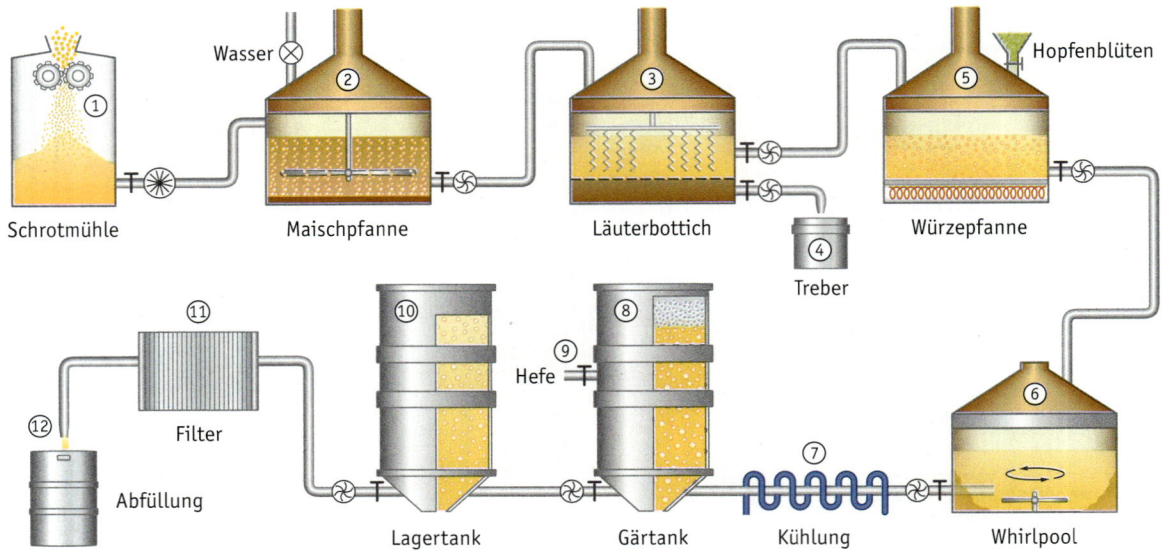

1 *Brauprozess*

Bier ist als kohlensäurehaltiges, alkoholisches Getränk auch unter der Bezeichnung *Gerstensaft* in Deutschland bekannt. Es wird durch Hefegärung aus Wasser und Gerstenmalz unter Zusatz von Hopfen gewonnen.

Geschichte des Bierbrauens. Der erste schriftliche Hinweis auf ein Brauverfahren stammt von den Sumerern vor 6000 Jahren. Die Germanen brauten ihr Bier aus Gerste und Weizen. Das im Jahre 1516 eingeführte Reinheitsgebot erlaubt zum Brauen nur Wasser, Hopfen und Gerste. Heute gehören auch die Hefen dazu. Der eigentliche Brauprozess lässt sich in einzelne Abschnitte gliedern.

Herstellung von Braumalz. Die Körner der Braugerste werden eingeweicht und zum Keimen gebracht. Dabei werden Enzyme freigesetzt, die die in der Gerste enthaltene Stärke später in Malzzucker spalten können. Das dabei entstehende Grün- oder Braumalz wird anschließend langsam erwärmt und bei Temperaturen bis etwa 80 °C getrocknet und geröstet.

Herstellung der Bierwürze. Die Malzkörner werden in der Brauerei in eine Mühle gegeben, zu grobem Schrot zermahlen ① und mit erhitztem Wasser zur Maische verrührt. Durch die Enzyme wird die in den Gerstenkörnern enthaltene Stärke zu Malzzucker abgebaut ②.

Nachdem die Maische zur Ruhe gekommen ist und die gröberen Bestandteile sich abgesetzt haben, beginnt das Abläutern durch den Schlitz- oder Siebboden im Läuterbottich ③. Der dabei gewonnene Treber ④ wird als Viehfutter verwendet. Das Filtrat wird mit weiblichen Hopfenblüten aufgekocht, dabei treten Bitter- und

Aromastoffe aus dem Hopfen aus und gehen in die Würze über ⑤. Noch enthaltene Enzyme und auch Mikroorganismen werden zerstört bzw. abgetötet. Im Whirlpool ⑥ werden anschließend alle Trübstoffe entfernt, und die nun abgekühlte Würze ⑦ wird in den Gärtank ⑧ gepumpt.

Gärung. Durch Zugabe von Hefe ⑨ wird nun die Gärung eingeleitet. Die Enzyme der Hefezellen wandeln nun den Malzzucker in Ethanol und in Kohlenstoffdioxid um. Je nach Art der verwendeten Hefe und der Gärbedingungen erhält man unterschiedliche Biersorten.

Die Hauptgärung dauert etwa eine Woche, danach muss das Bier noch einige Wochen in Lagertanks ⑩ nachgären. Das noch entstehende CO_2 wird im Bier gebunden, die Hefezellen setzen sich ab und werden anschließend im Bierfilter ⑪ entfernt. Nach der Qualitätskontrolle kann das fertige Bier nun abgefüllt werden ⑫.

Bestandteil	Funktion
Braugerste	Zuckerquelle für die Bildung des Ethanols
Hopfen	Geschmack, konservierende Wirkung
Hefe	sorgt für den gewünschten Ablauf der Gärung und bestimmt Alkoholgehalt und Art des Bieres
Brauwasser	Reaktionsraum und Lösungsmittel für die Inhaltsstoffe des Bieres

2 *Funktion der Bestandteile des Bieres*

Biersorten. Je nach Art der bei der Hauptgärung eingesetzten Hefen können *untergärige* und *obergärige* Biere hergestellt werden. Obergärige Hefe braucht höhere Gärtemperaturen und die Hefezellen befinden sich nach der Gärung auf dem Bier. Sie wird beispielsweise zum Brauen von *Weißbier* verwendet. Die in Deutschland mit Abstand beliebteste Biersorte ist *Pils*. Es ist ein untergäriges Bier, welches durch eine Nachgärung länger haltbar gemacht wird. Die Hefen benötigen niedrigere Gärtemperaturen und befinden sich nach Abschluss des Brauprozesses am Boden des Gärtankes. Aber auch *alkoholfreies Bier* wird immer beliebter. Um aus Vollbier alkoholfreies Bier mit maximal 0,5 % Alkohol herzustellen, kann man den Alkohol nicht einfach abdestillieren; der Geschmack würde durch die hohen Temperaturen stark leiden. Man destilliert deshalb unter Vakuum. So sinken die Siedetemperaturen und der typische Biergeschmack bleibt weitgehend erhalten. Eine weitere Methode alkoholfreies Bier herzustellen, ist das Dialyse-Verfahren.

> Bier ist ein alkoholisches Getränk, welches aus Wasser, Hopfen und Malz mithilfe der Hefegärung hergestellt wird.

1. Erläutere mithilfe der Abb. 1 die Herstellung von Bier in einer modernen Brauerei.
2. Beim Keimen von Gerste wird Stärke abgebaut. Gib die Wortgleichung an.
3. Die Würze muss erst abkühlen, bevor die Hefe dazugegeben werden kann. Begründe.
4. Die Hefe wird im ursprünglichen Reinheitsgebot für Bier nicht erwähnt. Erkläre.
5. Formuliere die Reaktionsgleichung für die Bildung von Alkohol aus Glucose.
6. Recherchiere und erläutere den Begriff *Stammwürze des Bieres*.
7. Recherchiere den Ablauf des Dialyse-Verfahrens bei der Herstellung von alkoholfreiem Bier.

Praktikum   Alkoholische Gärung

Versuch 1:
Temperaturabhängigkeit der alkoholischen Gärung

Materialien: Erlenmeyerkolben (100 ml), Gärröhrchen mit Stopfen, großes Becherglas oder Kristallisierschale für Wasserbad, Thermometer, Stoppuhr; vorbereiteter Gäransatz (40 g frische Hefe, 30 g Glucose, 300 ml lauwarmes Wasser), auf 10 °C vorgekühlter Gäransatz, Eiswürfel, Kalkwasser.
Hinweis: Die beiden Gäransätze sollten eine Stunde vor dem Experiment vorbereitet werden.

Durchführung:
1. Gib in den Erlenmeyerkolben 50 ml Gäransatz.
2. Verschließe den Erlenmeyerkolben mit einem Stopfen, durch den ein Gärröhrchen hindurchgeht. Fülle in das Gärröhrchen etwas Kalkwasser.
3. Stelle den Gäransatz in ein Wasserbad mit einer Temperatur von 25 °C.
4. Bestimme nach etwa 5 Minuten Gewöhnungszeit die Anzahl der entweichenden Gasbläschen im Gärröhrchen über einen Zeitraum von 5 Minuten.

5. Wiederhole den Versuch in einem Wasserbad mit einer Temperatur von 40 °C.
6. Wiederhole den Versuch in einem Wasserbad mit einer Temperatur von 10 °C. Nutze dazu den vorgekühlten Gäransatz und für die Einstellung der Temperatur des Wasserbades Eiswürfel.

Aufgaben:
a) Notiere alle Beobachtungen.
b) Stelle die Ergebnisse in einem geeigneten Diagramm dar. Erkläre die Versuchsergebnisse.
c) Beschreibe die Veränderung des Kalkwassers während der Versuche. Formuliere die entsprechende Reaktionsgleichung.
d) Der Versuch wird in einem Wasserbad bei 80 °C durchgeführt. Beschreibe und erkläre die zu erwartenden Beobachtungen.

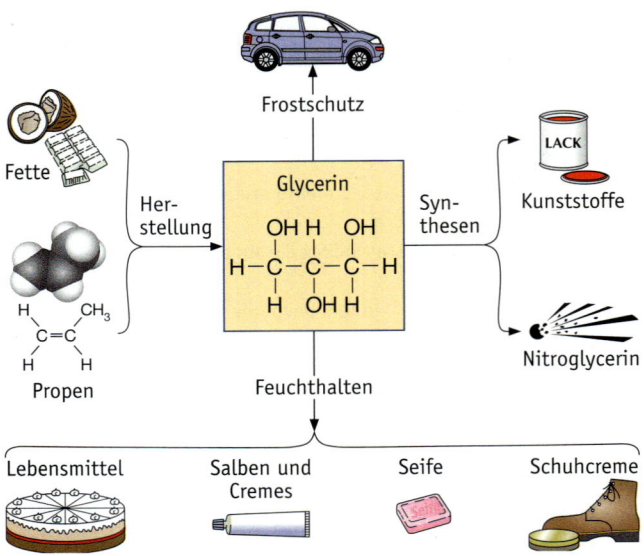

1 *Glycerin und seine Verwendung*

Alkohole mit zwei oder mehr OH-Gruppen im Molekül bezeichnet man als **mehrwertige Alkohole.** Dabei ist an *ein* C-Atom immer nur *eine* OH-Gruppe gebunden, denn Moleküle mit zwei OH-Gruppen an einem C-Atom sind in der Regel nicht stabil. Die Wertigkeit gibt die Anzahl der Hydroxyl-Gruppen im Molekül an.

Glykol (Ethan-1,2-diol; Ethylenglykol) und *Glycerin* (Propan-1,2,3-triol) sind wichtige mehrwertige Alkanole. Die Vorsilbe *gly-* bei den Trivialnamen Gykol und Glycerin leitet sich vom griechischen Wort *glykys* für süß ab, da die meisten mehrwertigen Alkohole süß schmecken.

Moleküle mit mehreren OH-Gruppen können zu Nachbarmolekülen mehrere Wasserstoffbrücken ausbilden. Deshalb haben mehrwertige Alkohole besondere Eigenschaften:

- Flüssige mehrwertige Alkohole sind mit Wasser in jedem Verhältnis mischbar. Feste mehrwertige Alkohole sind sehr gut wasserlöslich.
- Die Flüssigkeiten sind zähflüssig und hygroskopisch.
- Die Schmelz- und Siedetemperaturen liegen wesentlich höher als bei einwertigen Alkoholen.

Glykol. Der zweiwertige Alkohol Glykol siedet erst bei 198 °C. Eine Mischung von Wasser und Glykol im Verhältnis 1:1 erstarrt erst bei –40 °C, deshalb wird Glykol als Frostschutzmittel in Motoren, wassergekühlten Anlagen und Solaranlagen verwendet. Glykol ist ein Ausgangsstoff für den Polyesterkunststoff PET (Polyethylenterephthalat), aus dem recycelbare Getränkeflaschen produziert werden.

Glycerin. Beim Erhitzen auf 290 °C siedet der dreiwertige Alkohol Glycerin unter gleichzeitiger Zersetzung. Glycerin ist ein Nebenprodukt der alkoholischen Gärung. Wein und überreife Weintrauben enthalten deshalb immer etwas Glycerin. In Fetten ist Glycerin als Molekülbaustein enthalten. Bei der Herstellung von Seifen aus Fetten kann daher Glycerin als Nebenprodukt gewonnen werden. Synthetisch wird Glycerin durch Addition von Wasser an Propen hergestellt.

Glycerin wird in vielen unterschiedlichen Bereichen verwendet (Abb. 1). Zusammen mit Glykol wird Glycerin als Frostschutzmittel eingesetzt. Aufgrund seiner hygroskopischen Eigenschaft dient Glycerin zum Feuchthalten von Lebensmitteln, Salben, Cremes, Seifen und Tabak. Als Ausgangsstoff wird Glycerin zur Produktion von Kunststoffen und zur Synthese des Sprengstoffs Nitroglycerin verwendet.

> Moleküle mehrwertiger Alkohole enthalten mindestens zwei Hydroxyl-Gruppen. An ein C-Atom ist stets nur eine OH-Gruppe gebunden.

1 a) Erkläre an zwei selbstgewählten Beispielen den Unterschied zwischen einem sekundären und einem zweiwertigen Alkohol.
b) Erläutere die systematische Benennung dieser Alkohole.

2 Vergleiche die Siedetemperaturen von Ethanol, Glykol und Glycerin und begründe die Unterschiede.

3 Glycerin mischt sich ausgezeichnet mit Wasser. Skizziere mit Strukturformeln einen kleinen Ausschnitt aus diesem Gemisch.

4 Lässt man eine Flasche mit Glycerin längere Zeit offen stehen, nimmt die Masse langsam zu. Erläutere und begründe diese Stoffeigenschaft.

5 Prüfe die Inhaltsangaben von Kosmetikprodukten auf Glycerin. Erläutere, wozu Glycerin in den Produkten dient.

6 Sorbit (Hexan-1,2,3,4,5,6-hexol) ist ein sechswertiger Alkohol, der in den Früchten der Eberesche sowie in Kernobst wie Äpfeln und Birnen vorkommt.
a) Zeichne die Strukturformel von Sorbit.
b) Stelle Prognosen über die Schmelztemperatur, die Löslichkeit in Wasser, den Geschmack und die hygroskopische Eigenschaft von Sorbit auf.
c) Diabetiker können Sorbit als Zuckeraustauschstoff verwenden. Recherchiere, worauf diese Anwendung beruht.

Praktikum Mehrwertige Alkohole

Versuch 1:
Gefrierpunkterniedrigung

Materialien: 3 Reagenzgläser, Becherglas (250 ml), Thermometer (bis −25 °C); Glykol (7), Glycerin, Kältemischung aus 33 g Natriumchlorid und 100 g fein zerstoßenem Eis.

Durchführung:
1. Fülle ein Reagenzglas zur Hälfte mit Wasser und zwei weitere Reagenzgläser mit einer Mischung aus gleichen Teilen Glykol bzw. Glycerin mit Wasser.
2. Stelle die Reagenzgläser in die vorbereitete Kältemischung und beobachte über 5 Minuten.
3. Bestimme in dieser Zeit die Temperatur der Kältemischung.

Aufgaben:
a) Notiere und erkläre die Beobachtungen.

Versuch 2:
Viskosität

Materialien: 3 Reagenzgläser, kleine Stahlkugeln (Durchmesser 4–5 mm); Propan-1-ol (2, 5, 7), Glykol (7), Glycerin.

Durchführung:
1. Fülle ein Reagenzglas bis 1 cm unter dem Rand mit Propan-1-ol.
2. Gib in das Reagenzglas eine kleine Stahlkugel.
3. Wiederhole den Versuch zunächst mit Glykol und dann mit Glycerin.

Aufgaben:
a) Notiere die Beobachtungen.
b) Erkläre die Beobachtungen über die Struktur der Moleküle und erläutere in diesem Zusammenhang den Begriff Viskosität.

Exkurs Vom Nitroglycerin zum Dynamit

Als Hilfsmittel in der Bautechnik spielen Sprengstoffe bereits seit mehr als 100 Jahren eine entscheidende Rolle. Von der Synthese eines Explosivstoffes im Labor bis zur sicheren Anwendung beim Bau eines Eisenbahntunnels oder eines Bergwerksstollens ist es aber meist ein langer Weg.

Im Jahre 1846 gelang dem italienischen Chemiker Ascanio SOBRERO die Synthese einer explosiven Verbindung, die unter dem Namen Sprengöl oder *Nitroglycerin* bekannt wurde. Er erhielt das Produkt als ölige Flüssigkeit bei der Reaktion von Glycerin mit einer gut gekühlten Mischung von Salpetersäure und konzentrierter Schwefelsäure. SOBRERO berichtete: „Ein Tropfen wurde in einem Reagenzglas erhitzt und explodierte dabei mit sol-

cher Heftigkeit, dass Glasscherben mich tief in Gesicht und Hände schnitten." Da die Reaktion schon durch einen leichten Schlag ausgelöst wird, konnte Nitroglycerin in der Praxis nur mit großem Risiko als Sprengstoff verwendet werden. Erst 1867 fand der schwedische Chemiker Alfred NOBEL einen Weg, das kaum berechenbare Nitroglycerin zu bändigen: Er saugte das Sprengöl in poröser Kieselgur auf. Dadurch entstand ein fester Sprengstoff, den man sicher einsetzen konnte: das *Dynamit*. Wenig später wurde dieses Gur-Dynamit durch andere Dynamitarten ersetzt. Dazu gehört die Sprenggelatine, bei der Nitroglycerin mithilfe von Kollodium gebunden wird.

1 Recherchiere die Stoffe Kieselgur und Kollodium sowie die Faktoren, von denen die Sprengkraft eines Explosivstoffes abhängt.
2 Recherchiere den Einsatz von Nitroglycerin in der Medizin.

CH₃—CH₂—CH₂-$\overline{\text{O}}$—H + CuO ⟶ CH₃—CH₂—$\overset{\overline{\overline{\text{O}}}\text{I}}{\underset{\text{H}}{\text{C}}}$ + Cu + H₂O

Propan-1-ol · · · · · · · · · · Kupferoxid · · · · · · · Propanal · · · · Kupfer · Wasser
primärer Alkohol · **Aldehyd**

$\underset{\text{CH}_3-\text{CH}-\text{CH}_3}{\text{I}\overline{\text{O}}-\text{H}}$ + CuO ⟶ CH₃—$\overset{\overset{\nearrow\overline{\text{O}}}{\|}}{\text{C}}$—CH₃ + Cu + H₂O

Propan-2-ol · · · · · · · · · · Kupferoxid · · · · · · · Propanon · · · Kupfer · Wasser
sekundärer Alkohol · **Keton**

1 *Oxidation von Propanolen mit Kupferoxid*

Hält man ein Kupferblech in die Brennerflamme, so bildet sich schwarzes Kupferoxid. Das Kupferblech wird wieder blank, wenn man es in den Dampf eines *primären* oder *sekundären* Alkohols hält. Offensichtlich läuft eine Redoxreaktion ab, bei der Kupferoxid zu Kupfer reduziert wird und primäre oder sekundäre Alkohole oxidiert werden (Abb. 1). *Tertiäre Alkohole* reagieren nicht, sie lassen sich unter diesen Bedingungen nicht oxidieren.

Aldehyde. Bei der Oxidation von Propan-1-ol entsteht *Propionaldehyd*. Der Name *Aldehyd* weist darauf hin, dass das **Al**kohol-Molekül **dehyd**riert wurde, also Wasserstoff-Atome abgespalten wurden. Aldehyde bilden sich immer, wenn *primäre* Alkohole oxidiert werden. Die $\underset{\text{R}}{\overset{\text{H}}{}}\text{C}\overset{\delta+\quad\delta-}{=}\overline{\text{O}}$ CH₂OH-Gruppe reagiert dabei zu einer *Aldehyd-Gruppe*: –CHO. Diese Gruppe ist die funktionelle Gruppe der Aldehyde. Nach den IUPAC-Regeln werden Aldehyde durch die Endsilbe -al gekennzeichnet. Aldehyde, die sich von Alkanolen ableiten, heißen **Alkanale**. Der aus Propan-1-ol hergestellte Propionaldehyd wird also systematisch als *Propanal* bezeichnet.

Ketone. Ähnlich wie primäre Alkohole lassen sich auch *sekundäre* Alkohole oxidieren. Aus Propan-2-ol erhält man dabei eine Verbindung, die als *Aceton* bekannt ist. $\underset{\text{R}^2}{\overset{\text{R}^1}{}}\text{C}\overset{\delta+\quad\delta-}{=}\overline{\text{O}}$ Aceton gehört zur Stoffklasse der *Ketone*. Die funktionelle Gruppe der Ketone ist die *Keto-Gruppe*. Sie besteht aus einem C-Atom mit einem zweifach gebundenen Sauerstoff-Atom und zwei Alkyl-Resten. Nach IUPAC werden Ketone mit der Endsilbe -on bezeichnet. Ketone, die aus Alkanolen entstehen, heißen **Alkanone**. Aceton ist das einfachste Keton, es hat den systematischen Namen *Propanon*.

Carbonyl-Gruppe. Die Moleküle der Aldehyde und Ketone tragen eine *Carbonyl-Gruppe*. Das Kohlenstoff-Atom dieser Gruppe wird als Carbonyl-C-Atom bezeichnet. Die $\text{C}\overset{\delta+\quad\delta-}{=}\overline{\text{O}}$ Carbonyl-Gruppe ist wegen der hohen Elektronegativität des Sauerstoff-Atoms polar. Aufgrund dieser Polarität wirken zwischen Molekülen mit Carbonyl-Gruppe stärkere zwischenmolekulare Kräfte als zwischen Alkan-Molekülen. Die Siedetemperaturen der Aldehyde und Ketone liegen deshalb um etwa 50 °C höher als bei Alkanen mit ähnlich großen Molekülen. Vergleichbare Alkanole haben aufgrund von Wasserstoffbrücken zwischen den Molekülen noch höhere Siedetemperaturen. Mit Wasser-Molekülen können Carbonyl-Gruppen Wasserstoffbrücken ausbilden. Kurzkettige Aldehyde und Ketone lösen sich deshalb gut in Wasser. Durch die unpolaren Alkyl-Reste mischen sich Aldehyde und Ketone aber auch gut mit lipophilen Lösemitteln (Abb. 2).

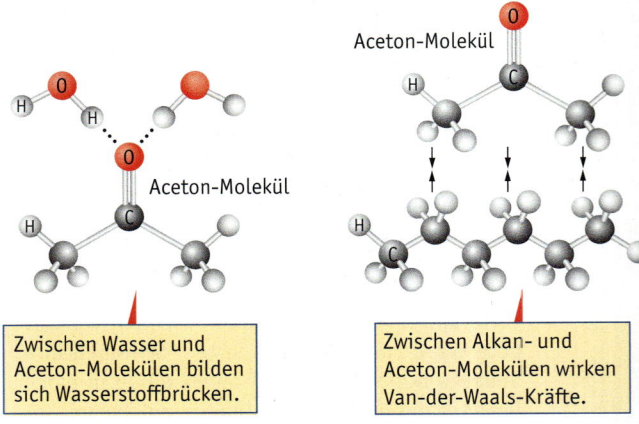

Zwischen Wasser und Aceton-Molekülen bilden sich Wasserstoffbrücken.

Zwischen Alkan- und Aceton-Molekülen wirken Van-der-Waals-Kräfte.

2 *Aceton in hydrophilen und mit lipophilen Lösemitteln.*

Nachweis von Aldehyden. Im Gegensatz zu Keto-Gruppen können Aldehyd-Gruppen oxidiert werden. Dadurch lassen sich Aldehyde leicht von Ketonen unterscheiden. Bei der **Fehling-Probe** und bei der **Silberspiegelprobe (Tollens-Probe)** macht man sich die reduzierende Wirkung der Aldehyd-Gruppe zunutze: In beiden Fällen werden Metall-Ionen reduziert. Bei der Fehling-Probe werden Cu^{2+}-Ionen zu Cu^{+}-Ionen reduziert, sodass in basischer Lösung ein roter Niederschlag von Kupfer(I)-oxid (Cu_2O) entsteht (Abb. 3a). Bei der Tollens-Probe reagieren Silber-Ionen zu elementarem Silber. Auf der Glaswand eines sauberen Reagenzglases bildet sich ein Silberspiegel (Abb. 3b).

Die **Schiff-Probe** ist ein spezifischer Nachweis für Aldehyde. Dabei reagiert ein farbloses Reagenz mit Aldehyden zu einem roten Farbstoff (Abb. 3c). Bei Ketonen verlaufen die Aldehyd-Nachweise negativ.

Verwendung von Aldehyden und Ketonen. Von den zahlreichen Aldehyden aus der homologen Reihe der Alkanale sind zwei Verbindungen von besonderer Bedeutung: *Formaldehyd* (Methanal, HCHO) und *Acetaldehyd* (Ethanal, CH_3CHO).

Der einfachste Aldehyd ist **Formaldehyd,** ein giftiges, farbloses, stechend riechendes Gas, das vermutlich Krebs erzeugen kann. In Wasser ist Formaldehyd leicht löslich, die 37%ige Lösung heißt *Formalin.* Anatomische Präparate werden in Formalinlösung aufbewahrt. Formaldehyd stabilisiert die Zellstruktur und schützt das Präparat vor dem Befall durch Bakterien und Pilze.

Formaldehyd ist einer der wichtigsten Grundstoffe in der chemischen Industrie. *Bakelit,* einer der ersten Kunststoffe, wurde aus Formaldehyd produziert. Heute dient Formaldehyd als Ausgangsstoff für Melaminkunststoffe zur Herstellung von Steckdosen und Lichtschaltern. Kunststoffharze aus Formaldehyd werden als Lacke verwendet und als Bindemittel für Spanplatten.

Acetaldehyd ist eine farblose, flüchtige, leicht entzündliche Flüssigkeit, Acetaldehyd ist giftig, es schädigt vor allem die Leber und kann vermutlich ebenfalls Krebs erzeugen. Im Zellstoffwechsel ist Acetaldehyd ein wichtiges Zwischenprodukt. In der Leber des Menschen wird Alkohol durch das Enzym Alkoholdehydrogenase zu Acetaldehyd abgebaut.

Das einfachste Keton ist **Aceton** (Propanon). Die farblose Flüssigkeit siedet bei 56 °C. Aufgrund der polaren Molekülstruktur und der beiden Methyl-Reste ist Aceton ein universelles Lösemittel für hydrophile und besonders für hydrophobe Stoffe wie Lacke und Klebstoffe.

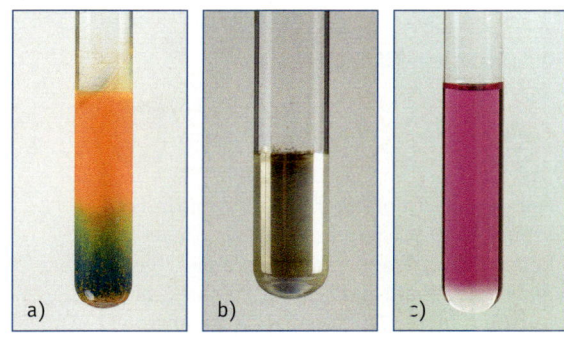

3 *Nachweisreaktionen für Aldehyde.*
a) Fehling-Probe, b) Silberspiegelprobe, c) Schiff-Probe

> Primäre Alkohole lassen sich zu Aldehyden oxidieren, sekundäre Alkohole zu Ketonen. Aldehyde wirken reduzierend. Die Moleküle der Aldehyde und Ketone haben eine Carbonyl-Gruppe.

1 Wähle geeignete Ausgangsstoffe für die Synthese von Ethanal und Butanon aus und formuliere die Reaktionsgleichungen.

2 a) Zeichne Strukturformeln der Moleküle von Propanon, Propan, Propanal, Propan-1-ol.
b) Ermittle die Siedetemperaturen der Verbindungen und begründe die Unterschiede.

3 Benenne die folgenden Verbindungen:

4 Erläutere mithilfe der unterschiedlichen intermolekularen Bindungen, warum Aceton sowohl mit Wasser als auch mit Heptan mischbar ist.

5 a) Pentan-2-on hat die Formel $CH_3-CO-CH_2-CH_2-CH_3$. Stelle eine Regel für die systematische Benennung der Alkanone auf.
b) Zeichne für die Moleküle der anderen isomeren Pentanone die Strukturformeln und benenne die Verbindungen ebenfalls.

6 **Expertenaufgabe:** Spanplatten und Sperrholz werden mit Formaldehydharzen verklebt. Recherchiere, welche Probleme dadurch auftreten können.

Versuch 1:
Oxidation von Alkanolen

Materialien: Tropfpipetten, 5 Erlenmeyerkolben (100 ml), 10 Bechergläser (50 ml), Tiegelzange, Kunststoffspritze, Kupferdrahtwendel, Gasbrenner; *Proben*: Propan-1-ol (**2, 5, 7**), Propan-2-ol (**2, 7**), *tert*-Butanol (**2, 7**), Propanal (**2, 7**), Aceton (**2, 7**), Schiff-Reagenz, Bromthymolblaulösung.

Durchführung:
1. Gib 1 ml Propan-1-ol in einen Erlenmeyerkolben.
2. Fülle in ein Becherglas 1 ml Schiff-Reagenz und in ein zweites 1 ml Bromthymolblaulösung.
3. Halte die Kupferwendel mit der Tiegelzange in die Brennerflamme. Erhitze die Wendel so, dass sie mit einer schwarzen Oxidschicht überzogen wird und tauche sie dann sofort in die Flüssigkeit im Erlenmeyerkolben (**B3**).
4. Entnimm mit der Kunststoffspritze Gas aus dem Gasraum über der Flüssigkeit und drücke das Gas in die Flüssigkeiten der beiden Bechergläser.
5. Wiederhole den Versuch mit den anderen Proben.

Aufgaben:
a) Notiere deine Beobachtungen.
b) Formuliere Reaktionsgleichungen, sofern eine erkennbare Reaktion stattgefunden hat.
c) Erläutere die fachlichen Hintergründe dieses Versuchs.

Versuch 2:
Nachweise für Aldehyde

Materialien: Tropfpipetten, Wasserbad, neues Reagenzglas;
Propanal (**2, 7, B3**), Aceton (**2, 7, B3**), Silbernitratlösung (0,05 $\frac{mol}{l}$; **B2**), Ammoniaklösung (verd.; **5, 7**), Schiff-Reagenz, Fehling-Lösung I (**9, B2**), Fehling-Lösung II (**5**).

Durchführung:
Tollens-Probe
1. Gib etwa 1 ml Silbernitratlösung in ein neues Reagenzglas. Tropfe so lange Ammoniaklösung zu, bis sich der Niederschlag gerade wieder auflöst.

2. Gib einige Tropfen Propanal hinzu. Erwärme im siedenden Wasserbad (**B2**).
3. Wiederhole das Experiment mit Aceton (**B2**).

Fehling-Probe
1. Mische in einem Reagenzglas je 1 ml der beiden Fehling-Lösungen.
2. Gib einige Tropfen Propanal zu und erwärme im siedenden Wasserbad (**B2**).
3. Wiederhole das Experiment mit Aceton (**B2**).

Schiff-Probe
1. Gib zu 1 ml Schiff-Reagenz drei Tropfen Propanal (**B3**).
2. Wiederhole den Versuch mit Aceton (**B3**).

Aufgaben:
a) Notiere deine Beobachtungen.
b) Formuliere für die Tollens-Probe mit Propanal eine Reaktionsgleichung.
   Hinweis: Propanal wird zu Propansäure (C_2H_5COOH) oxidiert.
c) Begründe deine Beobachtungen bei den Proben mit Aceton.

Versuch 3:
Aldehyde im Zigarettenrauch

Materialien: Kolbenprober oder Kunststoffspritze, Trockenrohr mit Kochsalzfüllung und durchbohrtem Stopfen, Schlauchstück;
DC-Fertigfolie (Kieselgel), filterlose Zigarette, Schiff-Reagenz.

Durchführung:
1. Zünde die Zigarette an und stecke sie in den Stopfen des Trockenrohres. Verbinde das Trockenrohr mit dem Kolbenprober.
2. Ziehe den Rauch in den Kolbenprober.
3. Tauche einen Streifen DC-Folie kurz etwa 1 cm tief in das Schiff-Reagenz und leite den Inhalt des Kolbenprobers über den nassen Teil der Folie.

Aufgaben:
a) Notiere deine Beobachtungen und deine Schlussfolgerungen.
b) Beschreibe die Veränderungen der Kochsalzfüllung und suche nach Gründen dafür.

1. Alkanole

Zur Stoffklasse der Alkohole zählen alle Verbindungen, die aus einem organischen Rest und einer oder mehreren *Hydroxyl-Gruppen (OH-Gruppe)* als funktioneller Gruppe aufgebaut sind. Die OH-Gruppe ist polar gebaut.

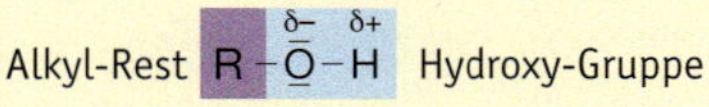

Alkyl-Rest $R - \overset{\delta-}{O} - \overset{\delta+}{H}$ Hydroxy-Gruppe

2. Homologe Reihe der Alkanole

Alkohole, die sich von Alkanen ableiten, heißen *Alkanole*. Die allgemeine Molekülformel lautet $C_nH_{2n+1}OH$. *Methanol, Ethanol* und *Propanol* sind die ersten Alkanole der homologen Reihe. *Fettalkohole* sind langkettige Alkanole. Beginnend mit dem Propanol-Molekül tritt Isomerie auf, denn die OH-Gruppe kann an unterschiedliche C-Atome gebunden sein. Man unterscheidet *primäre, sekundäre* und *tertiäre* Alkohole:

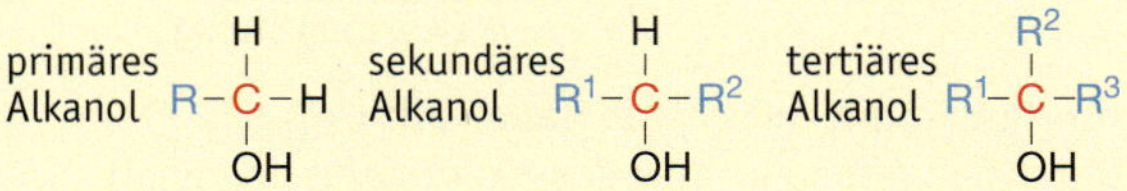

primäres Alkanol: $R - \overset{\overset{\displaystyle H}{|}}{\underset{\underset{\displaystyle OH}{|}}{C}} - H$ sekundäres Alkanol: $R^1 - \overset{\overset{\displaystyle H}{|}}{\underset{\underset{\displaystyle OH}{|}}{C}} - R^2$ tertiäres Alkanol: $R^1 - \overset{\overset{\displaystyle R^2}{|}}{\underset{\underset{\displaystyle OH}{|}}{C}} - R^3$

3. Mehrwertige Alkohole

Alkohole mit mehreren Hydroxyl-Gruppen bezeichnet man als mehrwertige Alkohole. *Beispiele:*
Ethan-1,2-diol (Glykol): $CH_2OH–CH_2OH$ (zweiwertig)
Propan-1,2,3-triol (Glycerin): $CH_2OH–CHOH–CH_2OH$ (dreiwertig).

4. Wasserstoffbrücken

Die Eigenschaften der Alkohole werden wesentlich durch die polaren O–H-Bindungen bestimmt: Zwischen den Hydroxyl-Gruppen von Alkohol-Molekülen liegen *Wasserstoffbrücken* vor. Darunter versteht man zwischenmolekulare Bindungen zwischen einem Wasserstoff-Atom mit einer positiven Teilladung eines Moleküls und einem Sauerstoff-Atom mit einer negativen Teilladung eines zweiten Moleküls.

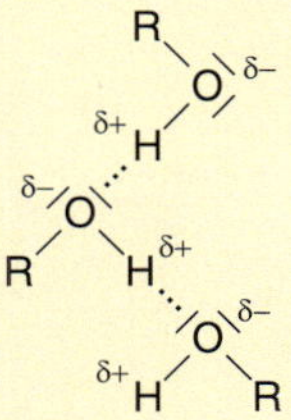

5. Eigenschaften der Alkanole

a) Schmelztemperaturen und Siedetemperaturen

Alkanole schmelzen und sieden bei wesentlich höheren Temperaturen als Alkane mit vergleichbarer Molekülgröße. Ursache sind die Wasserstoffbrücken, die zwischen den OH-Gruppen der Alkanol-Moleküle gebildet werden. Bindungen über Wasserstoffbrücken sind wesentlich fester als Van-der-Waals-Kräfte.

b) Löslichkeit

Die Löslichkeit der Alkanole in Wasser beziehungsweise in Heptan hängt von der Molekülstruktur ab. Bei kurzkettigen Alkanolen überwiegt der Einfluss der polaren Hydroxyl-Gruppe. Solche Alkanole lösen sich deshalb in Wasser. Mit Ausnahme von Methanol lösen sich Alkanole in Heptan, Ursache sind hier Van-der-Waals-Kräfte.

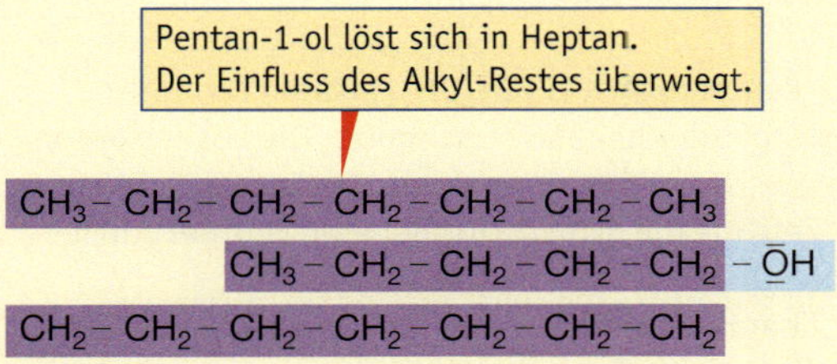

Pentan-1-ol löst sich in Heptan. Der Einfluss des Alkyl-Restes überwiegt.

$CH_3 – CH_2 – CH_2 – CH_2 – CH_2 – CH_2 – CH_3$
$CH_3 – CH_2 – CH_2 – CH_2 – CH_2 – \overline{O}H$
$CH_2 – CH_2 – CH_2 – CH_2 – CH_2 – CH_2 – CH_2$

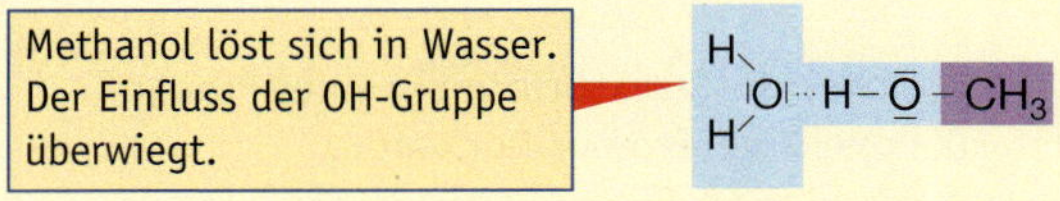

Methanol löst sich in Wasser. Der Einfluss der OH-Gruppe überwiegt.

$\overset{H}{\underset{H}{}}\overline{O} \cdots H – \overline{O} – CH_3$

6. Aldehyde und Ketone

- Aldehyde entstehen durch Oxidation primärer Alkohole. Die funktionelle Gruppe ist die *Aldehyd-Gruppe*.
- Ketone entstehen bei der Oxidation sekundärer Alkohole. Die funktionelle Gruppe ist die *Keto-Gruppe*.
- Aldehyde lassen sich durch die *Fehling-Probe* (a) und die *Tollens-Probe* (b, Silberspiegelprobe) nachweisen. Dabei werden die Aldehyde oxidiert. Die *Schiff-Probe* (c) ist ein spezifischer Nachweis für Aldehyde.

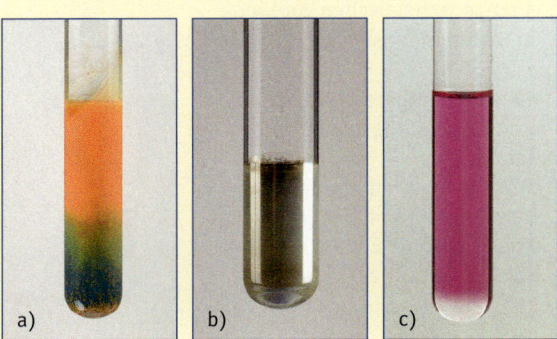

a)   b)   c)

Teste dich

A1 Gib die Strukturformeln und die systematischen Namen für die ersten vier Alkanole der homologen Reihe an.

A2 Beschreibe ein Experiment zur Unterscheidung von Methanol und Ethanol.

A3 Zeichne die Strukturformeln von Butan-1-ol, Butan-1,3-diol, Butan-1,2,3-triol und 2-Methyl-propan-2-ol. Welche der Alkohole sind einwertig, welche zweiwertig und welche dreiwertig?

A4 Hexanhexol wird als „Sorbit" zum Süßen verwendet. Es ist ein fester Stoff und schmeckt süßer als Glycerin. Erkläre diese Eigenschaften.

A5 Begründe die höhere Siedetemperatur von Ethanol gegenüber Propan.

A6 Pentaerythrit ($C(CH_2OH)_4$) ist ein farbloser Feststoff, der bei 258 °C schmilzt. Die Löslichkeit in Wasser ist bei Raumtemperatur gering.
a) Zeichne die Strukturformel eine Pentaerythrit-Moleküls.
b) Charakterisiere den Alkohol und erläutere die Stoffeigenschaften.

A7 a) Zeichne die Strukturformeln eines Propan-Moleküls sowie von Propan-Derivaten, die zu folgenden Stoffklassen gehören: Alkanol, Dihydroxylalkan, Aldehyd, Keton.
b) Benenne die Verbindungen.
c) Leite aus den Molekülstrukturen die Löslichkeiten der Stoffe in Wasser und in Heptan ab.
d) Ordne die Verbindungen nach ihren Siedetemperaturen. Begründe deine Anordnung.

A8 Durch Gärung erzeugter Alkohol kann als Kraftstoff in Motoren verbrannt werden. Beschreibe mithilfe einer Reaktionsgleichung die chemischen Vorgänge im Verbrennungsmotor.

A9 a) Formuliere die Reaktionsgleichung für die alkoholische Gärung.
b) Warum verschließt man ein Weinfass während der Gärung mit einem Gärrohr? Erkläre die Funktion des Gärrohres.

Lösungen stehen im Anhang.

Die wichtigsten Begriffe

- Alkohole
- Hydroxyl-Gruppe
- funktionelle Gruppe
- homologe Reihe der Alkanole
- mehrwertige Alkohole
- hydrophil, hydrophob
- Aldehyde, Ketone

B1 a) Erkläre die obenstehenden Begriffe.
b) Verknüpfe die Begriffe zu einer Conceptmap.
c) Übertrage die Begriffe und deine Erklärungen in digitale Karteikarten.

B2 Zur Berechnung des Blutalkoholgehalts kann man die folgende Näherungsformel verwenden:

$$w(\text{Alkohol im Blut in ‰}) = \frac{m(\text{Alkohol}) \ (\text{in g})}{r \cdot m(\text{Körper}) \ (\text{in kg})}$$

für Männer gilt r = 0,7; für Frauen gilt r = 0,6. Durch den Abbau im Körper sinkt der Alkoholgehalt pro Stunde bei Frauen um 0,1 ‰ und bei Männern um 0,15 ‰. Eine Frau und ein Mann mit jeweils 65 kg Körpergewicht trinken beide kurz hintereinander zwei Cocktails.
a) Berechne jeweils den Blutalkoholgehalt (zum Alkoholgehalt der Cocktails vergleiche S. 106).
b) Entscheide, ob die beiden vier Stunden nach dem Konsum der Cocktails bei einer Alkoholkontrolle der Verkehrspolizei mit einer Bestrafung rechnen müssen.

B3 Heptan und Heptan-1-ol sind in Laborflaschen kaum voneinander zu unterscheiden. Die Schmelz- und Siedetemperaturen unterscheiden sich jedoch sehr. Ordne die folgenden Werte den Verbindungen zu und begründe deine Zuordnung.
Schmelztemperaturen: –34 °C; –91 °C
Siedetemperaturen: 175 °C; 98 °C

B4 Mit einem Aräometer prüft der Kellermeister den Alkoholgehalt einer wässerigen Lösung: Man kann direkt die Volumenkonzentration des Ethanols in % ablesen.
a) Bei einem Weinbrand wird eine Volumenkonzentration von 38 % bestimmt. Berechne die Masse an Ethanol ($\varrho = 0{,}78 \ \frac{g}{cm^3}$), die in einem Liter des Weinbrands enthalten ist.
b) Erkläre anhand der Abbildung die Funktionsweise eines Aräometers.

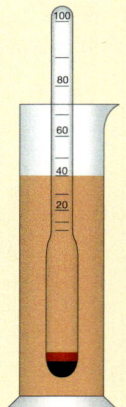

C1 Vom Apfelsaft zum Kalklöser

C2 Farblosen Flüssigkeiten auf der Spur

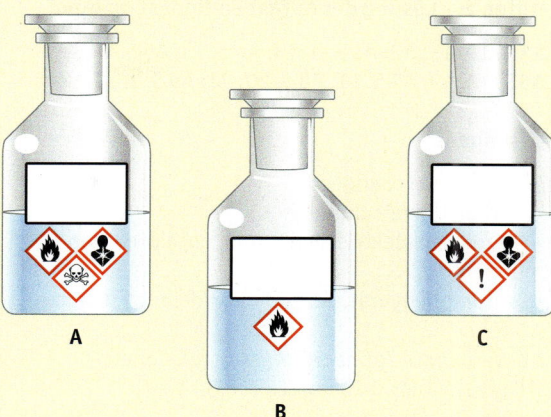

A

B

C

Rouven erhitzt Wasser in einem Wasserkocher. Im Innern des Kochers hat sich nach häufigem Gebrauch eine dicke Kalkschicht gebildet, die den Wärmeübergang vom Kocher in das Wasser behindert.

Rouven will den Wasserkocher entkalken. Als er einen Apfel isst, kommt er auf die Idee, aus Apfelsaft einen Entkalker selbst herzustellen. Sofort geht er an die Arbeit: Er stellt einen halben Liter frisch gepressten Apfelsaft her. Den Gehalt an Traubenzucker bestimmt er zu $150 \frac{g}{l}$. Rouven rührt etwas Hefe in den Apfelsaft ein. In den Folgetagen beobachtet er eine starke Gasentwicklung, die dann langsam nachlässt. Es riecht vergoren. Danach destilliert er aus der Hälfte des Gäransatzes eine farblose Flüssigkeit, die bis 80 °C überdestilliert. Die andere Hälfte des Gäransatzes stellt er zwei Wochen lang offen an einen warmen Ort. Er prüft den Geruch und filtriert den Ansatz in ein Glas. Zu einer kleinen Probe gibt er etwas Rotkohlsaft. Den Rest des Filtrats schüttet er in den Wasserkocher – mit Erfolg, denn die Kalkschicht löst sich auf.

a) Erläutere, wie Rouven den Zuckergehalt des Apfelsaftes bestimmen konnte.
b) Beschreibe den Gärvorgang und formuliere eine Reaktionsgleichung.
c) Zeichne eine geeignete Destillationsapparatur und berechne das maximale Volumen des Destillats, das er so gewinnen kann ($\delta = 0{,}79 \frac{g}{cm^3}$).
d) Erläutere, wonach der zweite Ansatz nach einigen Tagen riecht und recherchiere, welche chemische Reaktion abgelaufen ist.
e) Erkläre die Veränderung des Rotkohlsaftes.
f) Erkläre das Lösen der Kalkschicht im Wasserkocher.

Auf drei Chemikalienflaschen mit farblosen Flüssigkeiten (Reinstoffe A, B und C) sind nur noch die Gefahrstoffsymbole vorhanden. Zur Identifikation dieser Flüssigkeiten wurden die nachfolgenden Experimente durchgeführt:
- Elementaranalysen: In den Molekülen aller drei Flüssigkeiten wurden Kohlenstoff-, Wasserstoff- und Sauerstoff-Atome nachgewiesen.
- Die molaren Massen betragen $46 \frac{g}{mol}$, $44 \frac{g}{mol}$ und $32 \frac{g}{mol}$.
- Die Fehling-Probe verläuft mit der Flüssigkeit C positiv.
- Die drei Verbindungen reagieren nicht mit Brom.
- Alle drei Flüssigkeiten sind mit Wasser mischbar.
- Alle drei Flüssigkeiten sind brennbar.
- Die Flüssigkeit A reagiert mit Borsäure zu einer flüchtigen Verbindung, die beim Verbrennen die Flamme grün färbt.
- Taucht man ein an der Luft erhitztes Kupferblech in die Flüssigkeit B, wird das schwarze Blech wieder blank. Dabei entsteht ein stechender Geruch. Diese neue Verbindung reagiert positiv mit Tollens-Reagenz.

a) Identifiziere die drei Flüssigkeiten. Beschreibe genau, wie du zu deinen Ergebnissen gekommen bist.
b) Stelle die Strukturformeln der jeweiligen Verbindungen auf. Ordne den Substanzen eine Stoffklasse zu. Kennzeichne und benenne die jeweilige funktionelle Gruppe.
c) Formuliere die Reaktionsgleichung für die Reaktion des erhitzten Kupferbleches mit der Flüssigkeit B.
d) Stelle die Reaktionsgleichungen für die Verbrennung der Flüssigkeiten auf.

Kapitel 1

Hilfen zur Lösung der Aufgaben findest du hier:

A1 S. 12, 13; **A2**, **A3** S. 9, 13; **A4** S. 13; **A5** S. 12, 13; **A6** S. 18, 19; **A7** S. 21; **A8** S. 20, 21; **A9** S. 12.

Lösungen:

A1 basische Lösungen:
- färben Universalindikator blau,
- leiten den elektrischen Strom, enthalten also Ionen,
- enthalten hydratisierte Hydroxid-Ionen, $OH^-(aq)$.

A2 Verdünnte Salzsäure: Wasserstoff-Ionen ($H^+(aq)$), Chlorid-Ionen ($Cl^-(aq)$).

Verdünnte Schwefelsäure: Wasserstoff-Ionen ($H^+(aq)$), Sulfat-Ionen ($SO_4^{2-}(aq)$).

Natronlauge: Natrium-Ionen ($Na^+(aq)$), Hydroxid-Ionen, ($OH^-(aq)$).

Kalkwasser: Calcium-Ionen ($Ca^{2+}(aq)$), Hydroxid-Ionen, ($OH^-(aq)$).

Alle Ionen liegen hydratisiert vor.

A3

	saure Lösung	basische Lösung
Universalindikator	rot	blau
Phenolphthalein	farblos	rosarot
Bromthymolblau	gelb	blau

A4 $Li(OH)(s) \longrightarrow Li^+(aq) + OH^-(aq)$
$Ba(OH)_2(s) \longrightarrow Ba^{2+}(aq) + 2\ OH^-(aq)$

A5 Natriumhydroxid und Natriumnitrat sind beides weiße Feststoffe, die gut wasserlöslich sind. Sie dissoziieren in Na^+-Ionen und negativ geladene Ionen.

A6 a) In der Salzsäure mit pH = 1 ist die Anzahl der hydratisierten Wasserstoff-Ionen hundertmal größer. Die Lösung ist also gefährlicher.

b) Man muss die Salzsäure mit pH = 1 auf das Hundertfache verdünnen; also beispielsweise 10 ml von der Salzsäure mit pH = 1 abmessen und in einem Messkolben mit Wasser auf 1000 ml auffüllen.

A7 a, b)

	Verhältnisformel	Ionen	
Kaliumiodid	KI	K^+	I^-
Natriumsulfat	Na_2SO_4	Na^+	SO_4^{2-}
Magnesiumcarbonat	$MgCO_3$	Mg^{2+}	CO_3^{2-}
Calciumnitrat	$Ca(NO_3)_2$	Ca^{2+}	NO_3^-
Natriumphosphat	Na_3PO_4	Na^+	PO_4^{3-}
Natriumhydrogencarbonat	$NaHCO_3$	Na^+	HCO_3^-

A8
$$2\ Na^+(aq) + 2\ OH^-(aq) + 2\ H^+(aq) + SO_4^{2-}(aq) \rightarrow$$
$$2\ Na^+(aq) + SO_4^{2-}(aq) + 2\ H_2O(l)$$

$$3\ Ba^{2+}(aq) + 6\ OH^-(aq) + 6\ H^+(aq) + 2\ PO_4^{3-}(aq) \rightarrow$$
$$3\ Ba^{2+}(aq) + 2\ PO_4^{3-}(aq) + 6\ H_2O(l)$$

$$Al^{3+}(aq) + 3\ OH^-(aq) + 3\ H^+(aq) + 3\ NO_3^-(aq) \rightarrow$$
$$Al^{3+}(aq) + 3\ NO_3^-(aq) + 3\ H_2O(l)$$

A9 In Wasser gelöstes Natriumhydroxid leitet den elektrischen Strom, da positive Natrium-Ionen und negative Hydroxid-Ionen in der Lösung vorliegen, das heißt, die rechte Glühlampe leuchtet. Festes Natriumhydroxid leitet den elektrischen Strom nicht. Die linke Glühlampe leuchtet daher nicht.

Kapitel 2

Hilfen zur Lösung der Aufgaben findest du hier:

A1 S. 30, 31; **A2**, **A3** S. 32; **A4** S. 33; **A5**, **A6** S. 34, 35; **A7** S. 32; **A8** S. 33.

Lösungen:

A1 *Gemeinsamkeiten:* Beide Modifikationen bestehen aus Kohlenstoff-Atomen. Sie verbrennen alle vollständig zu Kohlenstoffdioxid.

Unterschiede: Im *Diamant* ist jedes Kohlenstoff-Atom von vier anderen Kohlenstoff-Atomen im gleichen Abstand umgeben. Die Atome sind untereinander durch Atombindungen verbunden; alle vier Außenelektronen jedes Kohlenstoff-Atoms bilden mit den vier nächsten Nachbar-Atomen jeweils ein gemeinsames Elektronenpaar. Vier Kohlenstoff-Atome bilden die Eckpunkte einer gleichseitigen Pyramide. Das fünfte Kohlenstoff-Atom bildet den Mittelpunkt des Tetraeders. Ein einzelner Diamant kann demnach als ein einziges riesiges Molekül aus vielen Kohlenstoff-Tetraedern betrachtet werden. Man spricht auch von einem Atomgitter, das für die hohe Festigkeit verantwortlich ist. Da es keine freien Elektronen gibt, ist Diamant nicht elektrisch leitfähig und hat eine hohe Lichtdurchlässigkeit. Das Gitter von *Graphit* besteht aus Schichten, in denen jedes Atom mit drei Nachbar-Atomen durch je eine Atombindung verbunden ist. Es entstehen regelmäßige Sechsecke. Das vierte Außenelektron jedes Atoms ist nicht fest gebunden, sondern innerhalb der Schicht frei beweglich. Die freie Beweglichkeit der Elektronen bestimmt die besonderen Eigenschaften von Graphit, wie gute elektrische Leitfähigkeit und Glanz. Da die Schichten gegeneinander verschiebbar sind, ist Graphit weich und kann abblättern.

A2 a) Bei der Verbrennung entsteht nur Kohlenstoffdioxid, ein farbloses Gas.

b) $C(s) + O_2(g) \longrightarrow CO_2(g)$; exotherm

c) CO_2 wird in Calciumhydroxidlösung (Kalkwasser) eingeleitet. Dabei bildet sich ein weißer Niederschlag bzw. eine Trübung aus Calciumcarbonat.

d) Kohle und Holz sind keine reinen Kohlenstoffverbindungen. Sie enthalten noch weitere Stoffe, wie beispielsweise Schwefelverbindungen, Wasser und Calciumverbindungen. Diese Substanzen verbrennen nicht bzw. nicht zu einem Gas. Aus ihnen besteht die Asche.

A3 Kohlenstoffdioxid besteht aus linear gebauten Molekülen, in denen die beiden Sauerstoff-Atome jeweils über eine Doppelbindung mit dem Kohlenstoff-Atom verknüpft sind. Die Ladungsverschiebungen der beiden polaren C–O-Bindungen sind genau entgegengesetzt gerichtet. Ihre Wirkungen heben sich gegenseitig auf. Das Kohlenstoffdioxid-Molekül ist daher kein Dipol-Molekül. Das Wasser-Molekül ist gewinkelt gebaut. Daher fallen die Ladungsschwerpunkte nicht wie beim CO_2-Molekül zusammen; es ist ein Dipol-Molekül.

A4 Im Auto entstehen bei direkter Sonneneinstrahlung schnell hohe Temperaturen. Da sich CO_2 bei hohen Temperaturen schlecht in Wasser löst, tritt es aus dem Wasser aus. Das Gas beansprucht einen größeren Raum und bringt die Flasche zum Platzen. Bei leicht geöffneter Flasche kann es bei Überdruck austreten.

A5 *Hartes Wasser* enthält besonders viele Calcium-Ionen und Hydrogencarbonat-Ionen. Man spricht auch von gelöstem Calciumhydrogencarbonat. Beim Erhitzen von hartem Wasser zersetzt sich das gelöste Calciumhydrogencarbonat in unlösliches Calciumcarbonat. Dieses Calciumcarbonat bildet lästige Kalkkrusten an Wasserhähnen und Armaturen oder behindert als Kesselstein an Heizspiralen und in Wasserkochern oder in Rohren die Wärmeübertragung.

A6 a) Kalkablagerungen im Wasserkocher bilden sich beim Erhitzen von hartem Wasser. Dabei zersetzt sich das gelöste Calciumhydrogencarbonat zu unlöslichem Calciumcarbonat, Kohlenstoffdioxid und Wasser.

b) Ein Wasserkocher lässt sich mit einer sauren Lösung wie Essigsäure entkalken. Dabei kommt es zu einer deutlichen Gasentwicklung. Die saure Lösung zersetzt das Calciumcarbonat in gelöste Calcium-Ionen, Wasser und gasförmiges Kohlenstoffdioxid:

$2\,H^+(aq) + CaCO_3(s) \longrightarrow Ca^{2+}(aq) + H_2O(l) + CO_2(g)$

A7 a) Steigt die Konzentration an Kohlenstoffdioxid in der Luft über einen bestimmten Wert, wirkt es erstickend. Das Verlöschen der Kerze weist auf eine gefährliche Konzentration hin.

b) Aufgrund der hohen Dichte sammelt es sich am Boden. Also sollte die Kerze möglichst am Boden aufstellt werden.

c) Brunnenbauer, Bergmann

Da entstehendes CO_2 schwerer als Luft ist, kann es aus Brunnen und anderen Schächten, beispielsweise in Bergwerken, nicht entweichen. Um dem Erstickungstod vorzubeugen, wurde offenes Licht in Brunnen und in Schächte mitgenommen.

A8 Neben Calciumcarbonat kann auch Magnesiumcarbonat als Bestandteil der Kalkgebirge und damit von Tropfsteinen auftreten. Magnesiumcarbonat ist genauso wie Calciumcarbonat in Wasser schwer löslich. Natriumcarbonat und Kaliumcarbonat können nicht als Bestandteil von Tropfsteinen auftreten, denn sie sind in Wasser leicht löslich.

Hilfen zur Lösung der Aufgaben findest du hier:

A1 S. 55; A2, A3, A4 S. 50, 51; A5 S. 54, 55; A6, A7, A8 S. 52–55.

Lösungen:

A1 Berechnung der **Stoffmenge:**

$$n = \frac{m}{M}; \quad n = \frac{V}{V_m}$$

Berechnung der **Masse:**

$$m = M \cdot n; \quad m = \delta \cdot V$$

$$\frac{m_1}{m_2} = \frac{M_1 \cdot n_1}{M_2 \cdot n_2} = \text{konstant}$$

Berechnung der **molaren Masse:**

$$M = \frac{m}{n}$$

Berechnung des **molaren Volumens:**

$$V_m = \frac{V}{n}$$

Berechnung des **Volumens:**

$$V = V_m \cdot n; \quad V = \frac{m}{\varrho}$$

$$\frac{m_1}{V_2} = \frac{M_1 \cdot n_1}{V_m \cdot n_2} \text{ oder } \frac{V_1}{V_2} = \frac{V_m \cdot n_1}{V_m \cdot n_2}$$

Berechnung der **Dichte:**

$$\delta = \frac{m}{V}; \quad \delta = \frac{M}{V_m}$$

A2 a) $M(CO_2) = M(C) + 2 \cdot M(O) = (12 + 2 \cdot 16)\,\frac{g}{mol}$

$$= 44\,\frac{g}{mol}$$

b) $M(H_2O) = (16 + 2 \cdot 1)\,\frac{g}{mol} = 18\,\frac{g}{mol}$

c) $M(PbO_2) = (207 + 2 \cdot 16)\,\frac{g}{mol} = 239\,\frac{g}{mol}$

d) $M(CaCO_3) = (40 + 12 + 3 \cdot 16)\,\frac{g}{mol} = 100\,\frac{g}{mol}$

A3 $M(Al_2O_3) = (2 \cdot 27 + 3 \cdot 16)\,\frac{g}{mol} = 102\,\frac{g}{mol}$

$$= 102\,\frac{mg}{mmol}$$

$$m(Al_2O_3) = M(Al_2O_3) \cdot n(Al_2O_3)$$

$$= 102\,\frac{mg}{mmol} \cdot 25\,mmol = 2550\,mg = 2{,}55\,g$$

A4 a) $n(C) = \frac{m(C)}{M(C)} = \frac{24\,g}{12\,\frac{g}{mol}} = 2\,mol$

b) $n(SiO_2) = \frac{m(SiO_2)}{M(SiO_2)} = \frac{15\,g}{60\,\frac{g}{mol}} = 0{,}25\,mol$

c) $n(H_2O) = \frac{m(H_2O)}{M(H_2O)} = \frac{9\,g}{18\,\frac{g}{mol}} = 0{,}5\,mol$

d) $n(O_2) = \frac{m(O_2)}{V_m(O_2)} = \frac{6\,l}{24\,\frac{l}{mol}} = 0{,}25\,mol$

A5 a) Die Indexzahlen hinter den Elementsymbolen lassen sich noch kürzen, um so die Verhältnisformel (C_2H_5) zu erhalten. Die Molekülformel sagt aus, dass in einem Butan-Molekül 4 Kohlenstoff-Atome und 10 Wasserstoff-Atome miteinander verbunden sind. Es ist nicht das Anzahlverhältnis der Atomsorten gemeint. Dieses beträgt 2 : 5.

b) $M(C_4H_{10}) = (4 \cdot 12 + 10 \cdot 1)\,\frac{g}{mol} = 58\,\frac{g}{mol}$

c) $\varrho(C_4H_{10}) = M(C_4H_{10}) : V_m(C_4H_{10}) = \frac{58\,\frac{g}{mol}}{24\,\frac{l}{mol}} = 2{,}42\,\frac{g}{l}$

Dieser Wert stimmt gut mit dem Literaturwert von $2{,}47\,\frac{g}{l}$ überein.

A6 a) $2\,Zn\,(s) + O_2\,(g) \rightarrow 2\,ZnO\,(s)$

$$\frac{m(ZnO)}{81\,\frac{g}{mol} \cdot 2\,mol} = \frac{430\,g}{65\,\frac{g}{mol} \cdot 2\,mol} \quad m(ZnO) = 535{,}85\,g$$

b) Es entstehen nur 482,26 g ZnO.

c) $\frac{V(O_2)}{22{,}4\,\frac{l}{mol} \cdot 1\,mol} = \frac{430\,g}{65\,\frac{g}{ml} \cdot 2\,mol} \quad V(O_2) = 74{,}09\,l$

A7 $Fe_2O_3\,(s) + 3\,CO\,(g) \rightarrow 2\,Fe\,(s) + 3\,CO_2\,(g)$
1 t = 1 000 000 g

a) $\frac{V(CO)}{24\,\frac{l}{mol} \cdot 3\,mol} = \frac{1\,000\,000\,g}{56\,\frac{g}{mol} \cdot 2\,mol}$

$V(CO) = 642\,857\,l = 643\,m^3$

b) $V(CO_2) = 643\,m^3$

Es werden 643 m³ CO verbraucht, und es entstehen 643 m³ CO_2.

A8
a) $CH_4\,(g) + 2\,O_2\,(g) \rightarrow$
$$CO_2\,(g) + 2\,H_2O\,(g); \quad \text{exotherm}$$

b) 1 Volumenteil Methan reagiert mit 2 Volumenteilen Sauerstoff zu 1 Volumenteil Kohlenstoffdioxid und 2 Volumenteilen Wasserdampf.

c) Da Luft nur zu einem Fünftel aus Sauerstoff besteht, benötigt man für die Verbrennung von einem Liter Methan 10 Liter Luft.

Hilfen zur Lösung der Aufgaben findest du hier:

A1 S. 66; **A2** S. 81; **A3** S. 70; **A4** S. 75, 80, 81; **A5** S. 75; **A6, A7** S. 80; **A8** S. 84; **A9** S. 86, 87 **A10** S. 90, 91.

Lösungen:

A1 Kohlenwasserstoffe sind Verbindungen, deren Moleküle nur aus Kohlenstoff-Atomen und Wasserstoff-Atomen bestehen. Bei gesättigten Kohlenwasserstoffen sind alle C/C-Bindungen nur Einfachbindungen. In den Molekülen der ungesättigten Kohlenwasserstoffe gibt es dagegen mindestens eine C/C-Mehrfachbindung.

A2 a) Ruß besteht größtenteils aus Kohlenstoff.

b) Für die Verbrennung von Kohlenstoff wird viel Sauerstoff benötigt. Ist der Kohlenstoffanteil in einer Verbindung groß, kann die Verbrennung bei ungenügender Luftzufuhr unvollständig sein, sodass die Flamme rußt. Da der Kohlenstoffanteil von Ethan über Ethen zu Ethin zunimmt, rußen die Flammen unterschiedlich stark.

A3 2,2,3,3-Tetramethylbutan

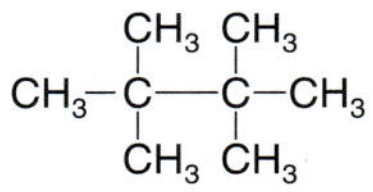

$$CH_3-\underset{\underset{CH_3}{|}}{\overset{\overset{CH_3}{|}}{C}}-\underset{\underset{CH_3}{|}}{\overset{\overset{CH_3}{|}}{C}}-CH_3$$

A4

$Br-Br + CH_3-CH_2-CH_3 \xrightarrow{\text{Substitution}}$
$$CH_3-CHBr-CH_3 + HBr$$
2-Brompropan

$Br-Br + CH_3-CH_2-CH_3 \xrightarrow{\text{Substitution}}$
$$CH_3-CH_2-CH_2Br + HBr$$
1-Brompropan

außerdem Mehrfachsubstitutionen

$Br-Br + CH_3-CH=CH_2 \xrightarrow{\text{Addition}} CH_3-CHBr-CH_2Br$
1,2-Dibrompropan

$2\,Br-Br + CH_3-C\equiv CH \xrightarrow{\text{Addition}} CH_3-CBr_2-CHBr_2$
1,1,2,2-Tetrabrompropan

A5 a) Die Silbernitratlösung enthält Silber-Ionen, die mit Chlorid-Ionen zu schwerlöslichem Silbernitrat reagieren. Im Trichlormethan liegen aber keine Chlorid-Ionen vor. Die Chlor-Atome sind stattdessen über Atombindungen mit dem Kohlenstoff-Atom verbunden.

b) Man führt eine Beilstein-Probe durch: Ein Kupferdraht wird in Trichlormethan getaucht und dann in die Bunsenflamme gehalten. Die Grünfärbung der Flamme zeigt Halogene, also auch Chlor an.

A6
$CH_3-CH=CH_2 + H_2 \xrightarrow{\text{Addition}} CH_3-CH_2-CH_3$
$CH_3-CH_2-CH_3 \xrightarrow{\text{Eliminierung}} CH_3-CH=CH_2 + H_2$

A7
$CH_3-CH=CH_2 + HCl \rightarrow CH_3-CH_2-CH_2Cl$
1-Chlorpropan

$CH_3-CH=CH_2 + HCl \rightarrow CH_3-CHCl-CH_3$
2-Chlorpropan

A8 Braunkohle und Steinkohle unterscheiden sich durch den Gehalt an Kohlenstoff. Braunkohle ist jünger als Steinkohle, so dass sie einen höheren Wasser- und geringeren Kohlenstoffanteil enthält. Braunkohle ist poröser als Steinkohle.

A9 Die Siedetemperatur hängt vom Druck ab. Destilliert man unter Vakuum, so erniedrigen sich die Siedetemperaturen. So können bei der Vakuumdestillation von Erdöl Kohlenwasserstoffe zum Sieden gebracht werden, die sich bei Atmosphärendruck bereits vor dem Sieden zersetzen würden.

A10 Bioethanol und Biodiesel werden aus pflanzlichen Stoffen wie Zucker oder Öl hergestellt, bei deren Bildung Pflanzen Kohlenstoffdioxid aus der Luft aufnehmen. Bei der Verbrennung von Biodiesel und Bioethanol wird daher nicht mehr Kohlenstoffdioxid gebildet als durch Photosynthese kurz vorher verbraucht wurde. Bei der Verbrennung von fossilen Energieträgern werden dagegen Kohlenwasserstoffe zu Kohlenstoffdioxid verbrannt, die seit Jahrmillionen unter der Erdoberfläche lagerten und nicht am kurzfristigen Kohlenstoffkreislauf beteiligt waren. Der Bildung von Kohlenstoffdioxid bei ihrer Verbrennung steht also kein kürzlich erfolgter CO_2-Verbrauch gegenüber.

Hilfen zur Lösung der Aufgaben findest du hier:

A1, A2 S. 100; **A3, A4** S. 110; **A5** S.102; **A6** S. 100–103, **A7** S. 100, 101, 110, 112, 113; **A9** S. 98.

Lösungen:

A1

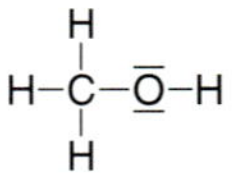

Methanol 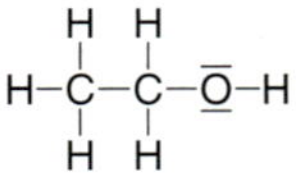   Ethanol

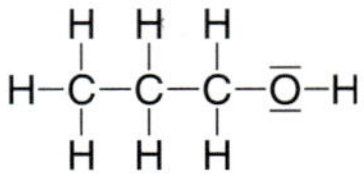

Propan-1-ol 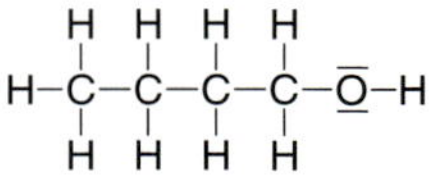   Butan-1-ol

A2 Methanol reagiert mit Borsäure. Das Reaktionsprodukt brennt mit grüner Flamme. Ethanol reagiert dagegen nur in Anwesenheit von Schwefelsäure mit Borsäure.

A3

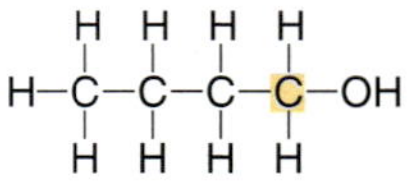

Butan-1-ol   Butan-2,3-diol
(einwertig)   (zweiwertig)

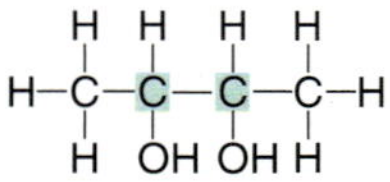

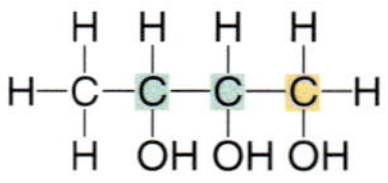

Butan-1,2,3-triol   2-Methylpropan-2-ol
(dreiwertig)   (einwertig)

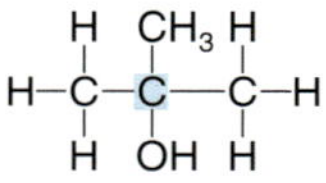

- 🟨 primäres C-Atom
- 🟩 sekundäres C-Atom
- 🟦 tertiäres C-Atom

A4 Das Hexanhexol-Molekül besitzt sechs Hydroxyl-Gruppen, das Glycerin-Molekül dagegen nur drei. Der süße Geschmack verstärkt sich mit zunehmender Anzahl der OH-Gruppen. Die höhere Anzahl an Hydroxyl-Gruppen bedingt ferner stärkere Anziehungskräfte zwischen den Sorbit-Molekülen, und sorgt somit dafür, dass Sorbit bei Raumtemperatur ein Feststoff ist.

A5 Zwischen Propan-Molekülen gibt es nur äußerst schwache Van-der-Waals-Kräfte, bei Ethanol-Molekülen liegen zusätzlich starke Wasserstoffbrücken vor.

A6 a)

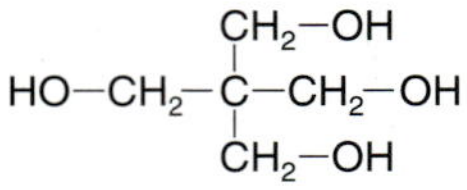

b) Pentaerythrit ist ein vierwertiger primärer Alkohol. Aufgrund der vier OH-Gruppen liegen im Kristall sehr starke Wasserstoffbrücken vor. Pentaerythrit schmilzt deshalb erst bei hoher Temperatur und die Löslichkeit in Wasser ist gering. In Heptan ist Pentaerythrit unlöslich.

A7 a), b), c)
Propan $CH_3–CH_2–CH_3$
Propan ist unpolar und löst sich deshalb in Heptan, aber nicht in Wasser.

Propan-1-ol $CH_3–CH_2–CH_2–OH$
Propan-1-ol-Moleküle haben eine unpolare Propyl-Gruppe und eine polare OH-Gruppe. Propan-1-ol mischt sich mit Wasser unter Ausbildung von Wasserstoffbrücken und mit Heptan unter Bildung von Van-der-Waals-Kräften.

Propan-1,2-diol $CH_3–CH_2OH–CH_2–OH$
Aufgrund der beiden OH-Gruppen sind Propan-1,2-diol-Moleküle stark polar. Propan-1,2-diol mischt sich deshalb mit Wasser unter Ausbildung von Wasserstoffbrücken. Die Wechselwirkungen mit Heptan-Molekülen sind nur sehr schwach. Deshalb ist Propan-1,2-diol in Heptan unlöslich.

Propanal $CH_3–CH_2–CHO$
Propanon $CH_3–CO–CH_3$
Aufgrund der unpolaren Alkyl-Reste bilden sich Van-der-Waals-Kräfte mit Heptan-Molekülen aus. Die Flüssigkeiten sind deshalb mit Heptan mischbar. Sowohl Propanal-Moleküle als auch Propanon-Moleküle haben polare Gruppen. Über die freien Elektronenpaare der Sauerstoff-Atome können die Moleküle Wasserstoffbrücken zu Wasser-Molekülen eingehen. Beide Verbindungen sind deshalb auch mit Wasser mischbar.

d) *Propan* hat die niedrigste Siedetemperatur, Propan-Moleküle sind unpolar, die Moleküle sind klein und die Van-der-Waals-Kräfte sind schwach. Die thermische Energie reicht bereits bei Temperaturen weit unter 0 °C aus, dass sich gasförmiges Propan bildet.

Propanal, Propanon sind bei Raumtemperatur flüssig. Die Siedetemperaturen liegen weit unter 100 °C. Die Moleküle sind schwach polar. Intermolekular liegen Van-der-Waals-Kräfte vor, Wasserstoffbrücken sind nicht möglich.

Propan-1-ol siedet bei etwa 100 °C. Zwischen den Molekülen liegen Wasserstoffbrücken vor.

Propan-1,2-diol hat aufgrund der beiden OH-Gruppen und den daraus resultierenden sehr stabilen Wasserstoffbrücken von den angesprochenen Verbindungen die höchste Siedetemperatur.

A8 $C_2H_5OH + 3\,O_2 \rightarrow 2\,CO_2 + 3\,H_2O$

A9 a) $C_6H_{12}O_6 \rightarrow 2\,CO_2 + 2\,C_2H_5OH$

b) Die alkoholische Gärung ist ein anaerober Vorgang, benötigt also keinen Sauerstoff. Sauerstoff sorgt höchstens für Fehlgärungen. Des Weiteren sollen keine Mikroorganismen in den Gäransatz gelangen. Das Gärrohr dient also zum Verschluss, lässt aber das entstehende Kohlenstoffdioxid austreten. Die Kugelrohre sind so angeordnet, dass die Sperrflüssigkeit dabei nicht herausgedrückt werden kann.

Gefahrenhinweise (H-Sätze)

Physikalische Gefahren

H 200	Instabil, explosiv
H 201	Explosiv, Gefahr der Massenexplosion.
H 202	Explosiv; große Gefahr durch Splitter, Spreng- und Wurfstücke.
H 203	Explosiv; Gefahr durch Feuer, Luftdruck oder Splitter, Spreng- und Wurfstücke.
H 204	Gefahr durch Feuer oder Splitter, Spreng- und Wurfstücke.
H 205	Gefahr der Massenexplosion bei Feuer.
H 220	Extrem entzündbares Gas.
H 221	Entzündbares Gas.
H 222	Extrem entzündbares Aerosol.
H 223	Entzündbares Aerosol.
H 224	Flüssigkeit und Dampf extrem entzündbar.
H 225	Flüssigkeit und Dampf leicht entzündbar.
H 226	Flüssigkeit und Dampf entzündbar.
H 228	Entzündbarer Feststoff.
H 240	Erwärmung kann Explosion verursachen.
H 241	Erwärmung kann Brand oder Explosion verursachen.
H 242	Erwärmung kann Brand verursachen.
H 250	Entzündet sich in Berührung mit Luft von selbst.
H 251	Selbsterhitzungsfähig; kann in Brand geraten.
H 252	In großen Mengen selbsterhitzungsfähig; kann in Brand geraten.
H 260	In Berührung mit Wasser entstehen entzündbare Gase, die sich spontan entzünden können.
H 261	In Berührung mit Wasser entstehen entzündbare Gase.
H 270	Kann Brand verursachen oder verstärken; Oxidationsmittel.
H 271	Kann Brand oder Explosion verursachen; starkes Oxidationsmittel.
H 272	Kann Brand verstärken; Oxidationsmittel.
H 280	Enthält Gas unter Druck; kann bei Erwärmung explodieren.
H 281	Enthält tiefgekühltes Gas; kann Kälteverbrennungen oder -verletzungen verursachen.
H 290	Kann gegenüber Metallen korrosiv sein.

Gesundheitsgefahren

H 300	Lebensgefahr bei Verschlucken.
H 301	Giftig bei Verschlucken.
H 302	Gesundheitsschädlich bei Verschlucken.
H 304	Kann bei Verschlucken und Eindringen in die Atemwege tödlich sein.
H 310	Lebensgefahr bei Hautkontakt.
H 311	Giftig bei Hautkontakt.
H 312	Gesundheitsschädlich bei Hautkontakt.
H 314	Verursacht schwere Verätzungen der Haut und schwere Augenschäden.
H 315	Verursacht Hautreizungen.
H 317	Kann allergische Hautreaktionen verursachen.
H 318	Verursacht schwere Augenschäden.
H 319	Verursacht schwere Augenreizung.
H 330	Lebensgefahr bei Einatmen.
H 331	Giftig bei Einatmen.
H 332	Gesundheitsschädlich bei Einatmen.
H 334	Kann bei Einatmen Allergie, asthmaartige Symptome oder Atembeschwerden verursachen.
H 335	Kann die Atemwege reizen.
H 336	Kann Schläfrigkeit und Benommenheit verursachen.
H 340	Kann genetische Defekte verursachen.
H 341	Kann vermutlich genetische Defekte verursachen.
H 350	Kann Krebs erzeugen.
H 351	Kann vermutlich Krebs erzeugen.
H 360	Kann die Fruchtbarkeit beeinträchtigen oder das Kind im Mutterleib schädigen.
H 360 F	Kann die Fruchtbarkeit beeinträchtigen.
H 360 D	Kann das Kind im Mutterleib schädigen.
H 360 FD	Kann die Fruchtbarkeit beeinträchtigen. Kann das Kind im Mutterleib schädigen.
H 360 Fd	Kann die Fruchtbarkeit beeinträchtigen. Kann vermutlich das Kind im Mutterleib schädigen.
H 360 Df	Kann das Kind im Mutterleib schädigen. Kann vermutlich die Fruchtbarkeit beeinträchtigen.
H 361	Kann vermutlich die Fruchtbarkeit beeinträchtigen oder das Kind im Mutterleib schädigen.
H 361 f	Kann vermutlich die Fruchtbarkeit beeinträchtigen.
H 361 d	Kann vermutlich das Kind im Mutterleib schädigen.
H 361 fd	Kann vermutlich die Fruchtbarkeit beeinträchtigen. Kann vermutlich das Kind im Mutterleib schädigen.
H 362	Kann Säuglinge über die Muttermilch schädigen.
H 370	Schädigt die Organe.
H 371	Kann die Organe schädigen.
H 372	Schädigt die Organe bei längerer oder wiederholter Exposition.
H 373	Kann die Organe schädigen bei längerer oder wiederholter Exposition.

Umweltgefahren

H 400	Sehr giftig für Wasserorganismen.
H 410	Sehr giftig für Wasserorganismen mit langfristiger Wirkung.
H 411	Giftig für Wasserorganismen, mit langfristiger Wirkung.
H 412	Schädlich für Wasserorganismen, mit langfristiger Wirkung.
H 413	Kann für Wasserorganismen schädlich sein, mit langfristiger Wirkung.
H 420	Schädigt die öffentliche Gesundheit und die Umwelt durch Ozonabbau in der äußeren Atmosphäre.

EUH-Sätze

EUH 001	In trockenem Zustand explosiv.
EUH 006	Mit und ohne Luft explosionsfähig.
EUH 014	Reagiert heftig mit Wasser.
EUH 018	Kann bei Verwendung explosionsfähige / entzündbare Dampf-Luft-Gemische bilden.
EUH 019	Kann explosionsfähige Peroxide bilden.
EUH 044	Explosionsgefahr bei Erhitzen unter Einschluss.
EUH 029	Entwickelt bei Berührung mit Wasser giftige Gase.
EUH 031	Entwickelt bei Berührung mit Säure giftige Gase.
EUH 032	Entwickelt bei Berührung mit Säure sehr giftige Gase.
EUH 066	Wiederholter Kontakt kann zu spröder oder rissiger Haut führen.
EUH 070	Giftig bei Berührung mit den Augen.
EUH 071	Wirkt ätzend auf die Atemwege.
EUH 201	Enthält Blei. Nicht für den Anstrich von Gegenständen verwenden, die von Kindern gekaut oder gelutscht werden könnten.
EUH 201 A	Achtung! Enthält Blei.
EUH 202	Cyanacrylat. Gefahr. Klebt innerhalb von Sekunden Haut und Augenlider zusammen. Darf nicht in die Hände von Kindern gelangen.
EUH 203	Enthält Chrom(VI). Kann allergische Reaktionen hervorrufen.
EUH 204	Enthält Isocyanate. Kann allergische Reaktionen hervorrufen.
EUH 205	Enthält epoxidhaltige Verbindungen. Kann allergische Reaktionen hervorrufen.
EUH 206	Achtung! Nicht zusammen mit anderen Produkten verwenden, da gefährliche Gase (Chlor) freigesetzt werden können.
EUH 207	Achtung! Enthält Cadmium. Bei der Verwendung entstehen gefährliche Dämpfe. Hinweise des Herstellers beachten. Sicherheitsanweisungen einhalten.
EUH 208	Enthält (Name des sensibilisierenden Stoffes). Kann allergische Reaktionen hervorrufen.
EUH 209	Kann bei Verwendung leicht entzündbar werden.
EUH 209 A	Kann bei Verwendung entzündbar werden.
EUH 210	Sicherheitsdatenblatt auf Anfrage erhältlich.
EUH 401	Zur Vermeidung von Risiken für Mensch und Umwelt die Gebrauchsanleitung einhalten.

Sicherheitshinweise (P-Sätze)

Allgemeines

P 101	Ist ärztlicher Rat erforderlich, Verpackung oder Kennzeichnungsetikett bereithalten.
P 102	Darf nicht in die Hände von Kindern gelangen.
P 103	Vor Gebrauch Kennzeichnungsetikett lesen.

Prävention

P 201	Vor Gebrauch besondere Anweisungen einholen.
P 202	Vor Gebrauch alle Sicherheitshinweise lesen und verstehen.
P 210	Von Hitze / Funken / offener Flamme / heißen Oberflächen fernhalten. Nicht rauchen.
P 211	Nicht gegen offene Flamme oder andere Zündquelle sprühen.
P 220	Von Kleidung / ... / brennbaren Materialien fernhalten / entfernt aufbewahren.
P 221	Mischen mit brennbaren Stoffen / ... unbedingt verhindern.
P 222	Kontakt mit Luft nicht zulassen.
P 223	Kontakt mit Wasser wegen heftiger Reaktion und möglichem Aufflammen unbedingt verhindern.
P 230	Feucht halten mit ...
P 231	Unter inertem Gas handhaben.
P 232	Vor Feuchtigkeit schützen.
P 233	Behälter dicht verschlossen halten.
P 234	Nur im Originalbehälter aufbewahren.
P 235	Kühl halten.
P 240	Behälter und zu befüllende Anlage erden.
P 241	Explosionsgeschützte elektrische Betriebsmittel / Lüftungsanlagen / Beleuchtung / ... verwenden.
P 242	Nur funkenfreies Werkzeug verwenden.
P 243	Maßnahmen gegen elektrostatische Aufladungen treffen.
P 244	Druckminderer frei von Fett und Öl halten.
P 250	Nicht schleifen / stoßen / ... / reiben.
P 251	Behälter steht unter Druck: Nicht durchstechen oder verbrennen, auch nicht nach der Verwendung.
P 260	Staub / Rauch / Gas / Nebel / Dampf / Aerosol nicht einatmen.
P 261	Einatmen von Staub / Rauch / Gas / Nebel / Dampf / Aerosol vermeiden.
P 262	Nicht in die Augen, auf die Haut oder auf die Kleidung gelangen lassen.
P 263	Kontakt während der Schwangerschaft / und der Stillzeit vermeiden.
P 264	Nach Gebrauch ... gründlich waschen.
P 270	Bei Gebrauch nicht essen, trinken oder rauchen.
P 271	Nur im Freien oder in gut belüfteten Räumen verwenden.
P 272	Kontaminierte Arbeitskleidung nicht außerhalb des Arbeitsplatzes tragen.
P 273	Freisetzung in die Umwelt vermeiden.
P 280	Schutzhandschuhe / Schutzkleidung / Augenschutz / Gesichtsschutz tragen.
P 281	Vorgeschriebene persönliche Schutzausrüstung verwenden.
P 282	Schutzhandschuhe / Gesichtsschild / Augenschutz mit Kälteisolierung tragen.
P 283	Schwer entflammbare / flammhemmende Kleidung tragen.
P 284	Atemschutz tragen.
P 285	Bei unzureichender Belüftung Atemschutz tragen.
P 231	Unter inertem Gas handhaben.
+ P 232	Vor Feuchtigkeit schützen.
P 235	Kühl halten. Vor Sonnenbestrahlung schützen.
+ P 410	

Reaktion

P 301	Bei Verschlucken:
P 302	Bei Berührung mit der Haut:
P 303	Bei Berührung mit der Haut (oder dem Haar):
P 304	Bei Einatmen:
P 305	Bei Kontakt mit den Augen:
P 306	Bei kontaminierter Kleidung:
P 307	Bei Exposition:
P 308	Bei Exposition oder falls betroffen:
P 309	Bei Exposition oder Unwohlsein:
P 310	Sofort Giftinformationszentrum oder Arzt anrufen.
P 311	Giftinformationszentrum oder Arzt anrufen.
P 312	Bei Unwohlsein Giftinformationszentrum oder Arzt anrufen.
P 313	Ärztlichen Rat einholen / ärztliche Hilfe hinzuziehen.
P 314	Bei Unwohlsein ärztlichen Rat einholen / ärztliche Hilfe hinzuziehen.
P 315	Sofort ärztlichen Rat einholen / ärztliche Hilfe hinzuziehen.
P 320	Besondere Behandlung dringend erforderlich (siehe ... auf diesem Kennzeichnungsetikett).
P 321	Besondere Behandlung (siehe ... auf diesem Kennzeichnungsetikett).
P 322	Gezielte Maßnahmen (siehe ... auf diesem Kennzeichnungsetikett).
P 330	Mund ausspülen.
P 331	Kein Erbrechen herbeiführen.
P 332	Bei Hautreizung:
P 333	Bei Hautreizung oder -ausschlag:
P 334	In kaltes Wasser tauchen / nassen Verband anlegen.
P 335	Lose Partikel von der Haut abbürsten.
P 336	Vereiste Bereiche mit lauwarmem Wasser auftauen. Betroffenen Bereich nicht reiben.
P 337	Bei anhaltender Augenreizung:
P 338	Eventuell vorhandene Kontaktlinsen nach Möglichkeit entfernen. Weiter ausspülen.
P 340	Die betroffene Person an die frische Luft bringen und in einer Position ruhigstellen, die das Atmen erleichtert.
P 341	Bei Atembeschwerden an die frische Luft bringen und in einer Position ruhigstellen, die das Atmen erleichtert.
P 342	Bei Symptomen der Atemwege:
P 350	Behutsam mit viel Wasser und Seife waschen.
P 351	Einige Minuten lang behutsam mit Wasser ausspülen.
P 352	Mit viel Wasser und Seife waschen.
P 353	Haut mit Wasser abwaschen / duschen.
P 360	Kontaminierte Kleidung und Haut sofort mit viel Wasser abwaschen und danach Kleidung ausziehen.
P 361	Alle kontaminierten Kleidungsstücke sofort ausziehen.
P 362	Kontaminierte Kleidung ausziehen und vor erneutem Tragen waschen.
P 363	Kontaminierte Kleidung vor erneutem Tragen waschen.
P 370	Bei Brand:
P 371	Bei Großbrand und großen Mengen:
P 372	Explosionsgefahr bei Brand.
P 373	Keine Brandbekämpfung, wenn das Feuer explosive Stoffe / Gemische / Erzeugnisse erreicht.
P 374	Brandbekämpfung mit üblichen Vorsichtsmaßnahmen aus angemessener Entfernung.
P 375	Wegen Explosionsgefahr Brand aus der Entfernung bekämpfen.
P 376	Undichtigkeit beseitigen, wenn gefahrlos möglich.
P 377	Brand von ausströmendem Gas: Nicht löschen, bis Undichtigkeit gefahrlos beseitigt werden kann.
P 378	... zum Löschen verwenden.
P 380	Umgebung räumen.
P 381	Alle Zündquellen entfernen, wenn gefahrlos möglich.
P 390	Verschüttete Mengen aufnehmen, um Materialschäden zu vermeiden.
P 391	Verschüttete Mengen aufnehmen.
P 301 + P 310	Bei Verschlucken: Sofort Giftinformationszentrum oder Arzt anrufen.
P 301 + P 312	Bei Verschlucken: Bei Unwohlsein Giftinformationszentrum oder Arzt anrufen.

P 301	Bei Verschlucken: Mund ausspülen.
+ P 330	Kein Erbrechen herbeiführen.
+ P 331	
P 302	Bei Kontakt mit der Haut: In kaltes Wasser tauchen /
+ P 334	nassen Verband anlegen.
P 302	Bei Kontakt mit der Haut: Behutsam mit viel Wasser
+ P 350	und Seife waschen.
P 302	Bei Kontakt mit der Haut: Mit viel Wasser
+ P 352	und Seife waschen.
P 303	Bei Kontakt mit der Haut (oder dem Haar):
+ P 361	Alle beschmutzten, getränkten Kleidungsstücke
+ P 353	sofort ausziehen. Haut mit Wasser abwaschen / duschen.
P 304	Bei Einatmen: An die frische Luft bringen und
+ P 340	in einer Position ruhigstellen, die das Atmen erleichtert.
P 304	Bei Einatmen: Bei Atembeschwerden an die frische Luft
+ P 341	bringen und in einer Position ruhigstellen, die das Atmen erleichtert.
P 305	Bei Kontakt mit den Augen: Einige Minuten lang
+ P 351	behutsam mit Wasser spülen.
+ P 338	Vorhandene Kontaktlinsen nach Möglichkeit entfernen. Weiter spülen.
P 306	Bei Kontakt mit der Kleidung: Kontaminierte Kleidung
+ P 360	und Haut sofort mit viel Wasser abwaschen und danach Kleidung ausziehen.
P 307	Bei Exposition: Giftinformationszentrum oder Arzt
+ P 311	anrufen.
P 308	Bei Exposition oder falls betroffen:
+ P 313	Ärztlichen Rat Einholen / ärztliche Hilfe hinzuziehen.
P 309	Bei Exposition oder Unwohlsein:
+ P 311	Giftinformationszentrum oder Arzt anrufen.
P 332	Bei Hautreizung: Ärztlichen Rat einholen /
+ P 313	ärztliche Hilfe hinzuziehen.
P 333	Bei Hautreizung oder -ausschlag:
+ P 313	Ärztlichen Rat einholen / ärztliche Hilfe hinzuziehen.
P 335	Lose Partikel von der Haut abbürsten.
+ P 334	In kaltes Wasser tauchen / nassen Verband anlegen.
P 337	Bei anhaltender Augenreizung:
+ P 313	Ärztlichen Rat einholen / ärztliche Hilfe hinzuziehen.
P 342	Bei Symptomen der Atemwege:
+ P 311	Giftinformationszentrum oder Arzt anrufen.
P 370	Bei Brand: Undichtigkeit beseitigen,
+ P 376	wenn gefahrlos möglich.
P 370	Bei Brand: ... zum Löschen verwenden.
+ P 378	
P 370	Bei Brand: Umgebung räumen.
+ P 380	
P 370	Bei Brand: Umgebung räumen.
+ P 380	Wegen Explosionsgefahr Brand aus der Entfernung
+ P 375	bekämpfen.
P 371	Bei Großbrand und großen Mengen: Umgebung räumen.
+ P 380	Wegen Explosionsgefahr Brand aus der Entfernung
+ P 375	bekämpfen.

Aufbewahrung

P401	... aufbewahren.
P402	An einem trockenen Ort aufbewahren.
P403	An einem gut belüfteten Ort aufbewahren.
P404	In einem geschlossenen Behälter aufbewahren.
P405	Unter Verschluss aufbewahren.
P406	In korrosionsbeständigem / ... Behälter mit korrosionsbeständiger Auskleidung aufbewahren.
P407	Luftspalt zwischen Stapeln / Paletten lassen.
P410	Vor Sonnenbestrahlung schützen.
P411	Bei Temperaturen von nicht mehr als ... °C / ... aufbewahren.
P412	Nicht Temperaturen von mehr als 50 °C aussetzen.
P413	Schüttgut in Mengen von mehr als ... kg bei Temperaturen von nicht mehr als ... °C aufbewahren
P420	Von anderen Materialien entfernt aufbewahren.
P422	Inhalt in / unter ... aufbewahren
P402	In einem geschlossenen Behälter an einem trockenen Ort
+ P404	aufbewahren.
P403	Behälter dicht verschlossen an einem gut belüfteten Ort
+ P233	aufbewahren.
P403	Kühl an einem gut belüfteten Ort aufbewahren.
+ P235	
P410	Vor Sonnenbestrahlung geschützt an einem
+ P403	gut belüfteten Ort aufbewahren.
P410	Vor Sonnenbestrahlung schützen und nicht Temperaturen
+ P412	von mehr als 50 °C aussetzen.
P411	Kühl und bei Temperaturen von nicht mehr als... °C
+ P235	aufbewahren.

Entsorgung

P501	Inhalt / Behälter ... zuführen.

Stoffliste

Beim Umgang mit Chemikalien ist immer eine Schutzbrille zu tragen.

Stoff Deklarierung Sicherheitssymbole, Entsorgungssymbole	Signalwort H-Sätze
Aceton	Gefahr H 225, H 319, H 336, EUH 066
Ammoniaklösung, $w \geq 5\%$	Gefahr H 314, H 335, H 400
Ammoniaklösung, $3\% \leq w < 5\%$	Gefahr H 315, H 318
Ammoniumcer(IV)-nitrat	Gefahr H 272, H 302, H 318
Bromthymolblaulösung	
Bromwasser, ges. Lösung auf das Vierfache verdünnt *	
Butan-1-ol	Gefahr H 226, H 302, H 335, H 315, H 318, H 336
tert-Butanol	Gefahr H 225, H 332, H 319, H 315
Calcium, gekörnt, -späne *	Gefahr H 261
Calciumcarbonat	
Calciumchloridlösung	Achtung H 319
Calciumhydroxidlösung (Kalkwasser)	
Calciumoxid	Gefahr H 318

Stoff Deklarierung Sicherheitssymbole, Entsorgungssymbole	Signalwort H-Sätze
Calciumsulfat	
Dodecan	Gefahr H 304
Essigsäure, $w < 10\%$	
Essigsäure, $10\% \leq w < 25\%$	Achtung H 315, H 319
Essigsäure, $w = 100\%$ (Eisessig)	Gefahr H 226, H 290, H 314
Ethanol, Brennspiritus	Gefahr H 225, H 319
Ethen	Gefahr H 220, H 280, H 336
Fehlinglösung I	Achtung H 411
Fehlinglösung II	Gefahr H 314
Glucose	
Glycerin	
Glykol	Achtung H 302
Heptan	Gefahr H 225, H 304, H 315, H 336, H 410

* spezielle Entsorgung

Beim Umgang mit Chemikalien ist immer eine Schutzbrille zu tragen.

Stoff Deklarierung Sicherheitssymbole, Entsorgungssymbole	Signalwort H-Sätze
Hexadecan-1-ol (Cetylalkohol)	
Iod	Achtung H 312 + H 332, H 315, H 319, H 335, H 372, H 400
Isobuten	Gefahr H 220
Kupfer(II)-oxid	Achtung H 302, H 410
Kupferblech, -draht	
Kupfersulfat, Kupfersulfat-Hydrat	Achtung H 302, H 319, H 315, H 410
Lithium	Gefahr H 260, H 314, EUH 014
Magnesiumband, -späne	Gefahr H 228, H 261
Magnesiumoxid	
Methanol	Gefahr H 225, H 370, H 301 + H 311 + H 331
Methylenblau	Achtung H 302
Natriumchlorid	
Natriumhydrogencarbonat (Natron)	

Stoff Deklarierung Sicherheitssymbole, Entsorgungssymbole	Signalwort H-Sätze
Natriumhydroxid	Gefahr H 314
Natronlauge, w ≥ 2 %	Gefahr H 314, H 290
Oct-1-en	Gefahr H 225, H 304, H 315, H 319, H 411
Phenolphthaleinlösung (< 0,1 %)	Gefahr H 225, H 319
Propan-1-ol	Gefahr H 225, H 318, H 336
Propan-2-ol	Gefahr H 225, H 319, H 336
Propanal (Propionaldehyd)	Gefahr H 225, H 319, H 335, H 315, EUH 014
Salpetersäure, 5 % ≤ w < 65 %	Gefahr H 314
Salzsäure, w < 10 %	Achtung H 290
Salzsäure, w ≥ 25 %	Gefahr H 314, H 335
Schiff-Reagenz	
Schwefelsäure, 5 % ≤ w < 15 %	Achtung H 290, H 319, H 315
Schwefelsäure, w ≥ 15 %	Achtung H 319, H 315

* spezielle Entsorgung

Beim Umgang mit Chemikalien ist immer eine Schutzbrille zu tragen.

Stoff Deklarierung Sicherheitssymbole, Entsorgungssymbole	Signalwort H-Sätze
Silbernitratlösung, $w < 1\%$	Achtung
	H 412
Sorbit	
Sudan III	Gefahr
	H 341, H 315, H 319, H 335

Stoff Deklarierung Sicherheitssymbole, Entsorgungssymbole	Signalwort H-Sätze
Universalindikatorlösung	Gefahr
	H 225, H 319
Universalindikatorpapier	

* spezielle Entsorgung

Reagenzlösungen

Lösung	Rezeptur
Chlorwasser:	Demineralisiertes Wasser durch Einleiten von Chlor sättigen; in brauner Flasche aufbewahren.
Bromwasser:	10 Tropfen Brom in 250 ml demineralisiertem Wasser lösen.
Iodwasser:	Einige Blättchen Iod in destilliertem Wasser kurz aufkochen.
Iod-Kaliumiodid-Lösung:	2 g Kaliumiodid in wenig Wasser vollständig lösen und 1 g Iod zugeben. Nach dem Lösen auf 300 ml auffüllen und in brauner Flasche aufbewahren.
Fehling-Lösung I:	7 g Kupfersulfat ($CuSO_4 \cdot 5\,H_2O$) in 100 ml Wasser lösen.
Fehling-Lösung II:	35 g Kaliumnatriumtartrat (Seignette-Salz) und 10 g Natriumhydroxid in 100 ml Wasser lösen.
Kalkwasser:	1 g Calciumoxid in 500 ml destilliertem Wasser schütteln und filtrieren ($0{,}02\,\frac{mol}{l}$).
Bromthymolblaulösung:	0,1 g in 100 ml 20%igem Ethanol.
Phenolphthaleinlösung:	8 ml handelsübliche Lösung (0,9 %) mit 50%igem Ethanol auf 100 ml verdünnen (< 0,1 %).
Baeyer-Reagenz:	10%ige Sodalösung mit einer verdünnten Kaliumpermanganatlösung versetzen, bis die Lösung kräftig violett gefärbt ist.
Tollens-Reagenz	(ammoniakalische Silbernitratlösung): Silbernitratlösung ($0{,}1\,mol \cdot l^{-1}$) mit etwa einem Zehntel des Volumens verdünnter Natronlauge versetzen. Anschließend unter Schütteln Ammoniaklösung (25 %) zutropfen, bis sich der Silberoxidniederschlag gerade wieder löst. Die Reagenzlösung wird jeweils frisch zubereitet. Sie darf nicht aufbewahrt werden, da sich Silberazid bilden könnte (Explosionsgefahr). Reste der Reagenzlösung ansäuern und über den Behälter B2 entsorgen.
Schiff-Reagenz	(fuchsinschweflige Säure): 0,25 g Fuchsin in 1 Liter Wasser lösen (Rotfärbung); unter ständigem Rühren schweflige Säure (oder angesäuerte Lösung von $Na_2S_2O_5$) zutropfen, bis Entfärbung eintritt.

Saure und alkalische Lösungen

Lösung	gelöster Stoff	*	verdünnt Massenanteil	verdünnt Dichte bei 20 °C	konzentriert Massenanteil	konzentriert Dichte bei 20 °C
Salzsäure	HCl (g)	2	7 %	1,033	36 %	1,179
Schwefelsäure	H_2SO_4 (l)	1	9 %	1,059	98 %	1,836
Salpetersäure	HNO_3 (l)	2	12 %	1,066	68 %	1,391
Phosphorsäure	H_3PO_4 (s)	1	10 %	1,05	85 %	1,71
Essigsäure	CH_3COOH (l)	2	12 %	1,015	99 %	1,052
Natronlauge	NaOH (s)	2	8 %	1,087	30 %	1,328
Kalilauge	KOH (s)	2	11 %	1,100	27 %	1,256
Kalkwasser	$Ca(OH)_2$ (s)		0,16 %**	1,001**		
Barytwasser	$Ba(OH)_2$ (s)		3,4 %**	1,04**		
Ammoniaklösung	NH_3 (g)	2	3 %	0,981	25 %	0,907

** Angaben für gesättigte Lösungen

Die Daten in der Stoffliste stammen von den gängigen Inverkehrbringern. Nichtkommerziell erhältliche Lösungen und Zubereitungen wurden von der GBK Gefahrgut Büro GmbH, Ingelheim auf Grundlage der verfügbaren Daten eingestuft. Alle Daten wurden von den Herausgebern geprüft und überarbeitet.

Die neue CLP-Verordnung erlaubt den Inverkehrbringern über die Mindesteinstufung (Anhang 6, Tabelle 3.1 der Verordnung (EU) Nr. 286/2011) hinaus abweichende Einstufungen aufgrund eigener Tests oder Klassifizierungen zu vergeben. Die Gebindekennzeichnungen verschiedener Inverkehrbringer können daher untereinander und von den hier vorliegenden Daten abweichen.

Haftungsausschluss: Trotz sorgfältiger Prüfung ist es möglich, dass bei der Zusammenstellung Fehler aufgetreten sind. Die gegebenen Daten sind daher von jeder Lehrkraft zu prüfen.

* Stoffmengenkonzentration in $\frac{mol}{l}$

Größen und ihre Einheiten

Größe		Einheit		
Name	Zeichen	Name	Zeichen	Beziehungen
Masse	m	Kilogramm	kg	$1\,kg = 1000\,g$
				$1\,g = 1000\,mg$
Volumen	V	Kubikmeter	m^3	$1\,m^3 = 1000\,dm^3$
				$1\,l = 1000\,ml$
		Liter	l	$1\,l = 1000\,ml$
				$1\,ml = 1\,cm^3$
Dichte	ϱ	Kilogramm Kubikmeter	$\frac{kg}{m^3}$	$1\,\frac{g}{cm^3} = 1000\,\frac{kg}{m^3}$
		Gramm Liter	$\frac{g}{l}$	$1\,\frac{g}{l} = 0{,}001\,\frac{g}{m^3}$
Druck	p	Pascal	Pa	$1\,Pa = 1\,\frac{N}{m^2}$
				$100\,Pa = 1\,hPa$
		Bar	bar	$1\,bar = 100\,000\,Pa$
				$1\,mbar = 100\,Pa$
Energie	E	Joule	J	$1\,J = 1\,N \cdot m = 1\,\frac{kg \cdot m^2}{s^2}$
Elektrizitäts-menge	Q	Coulomb	C	$1\,C = 1\,A \cdot s$
Anzahl	N			
Stoffmenge	n	Mol	mol	$1\,mol$ enthält $6{,}022 \cdot 10^{23}$ Teilchen
molare Masse	M	Gramm Mol	$\frac{g}{mol}$	
Stoffmengen-konzentration	c	Mol Liter	$\frac{mol}{l}$	
Temperatur	ϑ	Grad Celsius	°C	
	T	Kelvin	K	$0\,°C = 273{,}15\,K$

Gehaltsangaben für Mischungen und Lösungen (nach DIN 1310)

Masse einer Stoffportion: m_i Massenkonzentration: $\beta_i = \dfrac{m_i}{V}$

Volumen einer Stoffportion: V_i Volumenkonzentration: $\sigma_i = \dfrac{V_i}{V}$

Stoffmenge einer Stoffportion: n_i Stoffmengenkonzentration: $c_i = \dfrac{n_i}{V}$

Teilchenzahl einer Stoffportion: N_i Teilchenkonzentration: $C_i = \dfrac{N_i}{V}$

(V: Gesamtvolumen nach dem Mischen)

Massenanteil (früher: Gewichtsprozent): $w_i = \dfrac{m_i}{m}$

Gesamtmasse $m = m_1 + m_2 + \ldots$

Volumenanteil (früher: Volumenprozent): $\varphi_i = \dfrac{V_i}{V_0}$

Gesamtvolumen $V_0 = V_1 + V_2 + \ldots$ (vor dem Mischen)

Stoffmengenanteil: $x_i = \dfrac{n_i}{n}$

Gesamtstoffmenge $n = n_1 + n_2 + \ldots$

Teilchenzahlanteil: $X_i = \dfrac{N_i}{N}$

Gesamtteilchenanzahl $N = N_1 + N_2 + \ldots$

Das Wort Gehalt wird als Oberbegriff bei der qualitativen Beschreibung verwendet. *Beispiel:* der Wassergehalt einer Probe

Dezimale Teile/Vielfache

Potenz	Vorsilbe	Symbol	Potenz	Vorsilbe	Symbol
10^{-1}	Dezi	d	10	Deka	da
10^{-2}	Zenti	c	10^2	Hekto	h
10^{-3}	Milli	m	10^3	Kilo	k
10^{-6}	Mikro	μ	10^6	Mega	M
10^{-9}	Nano	n	10^9	Giga	G
10^{-12}	Piko	p	10^{12}	Tera	T
10^{-15}	Femto	f	10^{15}	Peta	P
10^{-18}	Atto	a			

Konstanten

Atomare Masseneinheit	u	$1{,}661 \cdot 10^{-27}\,kg$
Avogadro-Konstante	N_A	$6{,}022 \cdot 10^{23}\,\frac{1}{mol}$
Molares Volumen eines idealen Gases (bei 1013 hPa und 20 °C)	V_m	$24{,}056\,\frac{l}{mol}$
Ladung eines Elektrons	e	$1{,}602 \cdot 10^{-19}\,C$
Masse eines Elektrons	m_e	$9{,}109 \cdot 10^{-31}\,kg$
Masse eines Protons	m_p	$1{,}673 \cdot 10^{-27}\,kg$
Masse eines Neutrons	m_n	$1{,}675 \cdot 10^{-27}\,kg$
Faraday-Konstante	F	$96\,485\,\frac{C}{mol}$

Stichwortverzeichnis

Bildquellenverzeichnis

|Attendorner Tropfsteinhöhle, Attendorn: 34.1. |behr Labortechnik, Düsseldorf-Reisholz: 42.2. |Berger, Andreas, Hameln: 69.1. |Bilderberg, Hamburg: Klaus Bossemeyer 4.2, 96.1. |Bridgeman Images, Berlin: 31.2. |Buck, Andreas, Dortmund: 15.1. |Caro Fotoagentur, Berlin: Aufschlager, Therese 97.2; Westermann 46.2. |Dental-Kosmetik, Dresden: 47.1. |Deutsches Museum, München: 24.‗. |Dräger Safety AG & Co. KGaA, Lübeck: 15.3. |Feuerwehr Naumburg / www.feuerwehr-naumburg-saale.de, Marcel Behrmann, Naumburg: Marcel Behrmann 74.1. |Fotex Medien Agentur GmbH, Hamburg: BE&W 11.2, 61.1. |fotolia.com, New York: Romolo Tavani Titel.(Blasen); WoGi Titel.(Pipette). |Getty Images, München: Ken Kaminesky 3.1, 10.1. |Getty Images (RF), München: Fuse 3.3, 46.1. |Gust, Dietmar, Berlin: 65.1. |Intro, Berlin: Stefan Kiefer 97.1. |IPN - Stock, Berlin: Chuck Pefley 45.1. |iStockphoto.com, Calgary: Jason Reed Titel. (Molekülstruktur). |Jochen Tack Fotografie, Essen: 29.3. |Lausitzer und Mitteldeutsche Bergbau-Verwaltungsgesellschaft mbH (LMBV), Senftenberg: Peter Radke 11.3. |Lineair Fotoarchief, Berlin: Ton Koene 4.1, 62.1. |mauritius images GmbH, Mittenwald: 3.2, 28.1; age fotostock 57.1; Alaska Stock 95.1. |Michael Leonhard/Bildbroker, Köln: 47.3. |NASA, Washington: 27.1. |OKAPIA KG - Michael Grzimek & Co., Frankfurt/M.: Gibbs 18.2. |Picture-Alliance GmbH, Frankfurt a.M.: Wilhlem Leuschner 31.3. |Rickers, Jens, Ludwigsburg: 29.1, 32.1, 32.2, 32.3, 32.4, 44.1, 44.2, 44.3, 81.2. |RWE Power AG, Essen: 63.1. |Sanofi-Aventis Deutschland GmbH, Frankfurt/Main: 31.1. |Schutzbach, Hans-Jürgen, Waldstetten: 62.2. |Science Photo Library, München: Emilio Segre Visual Archives/American Institute of physics/SPL 24.4; SPL Titel.(Schüler), 24.5; SPL/Martyn F. Chillmaid 47.2; SPL/Terry, Sheila 24.3. |Simper, Manfred, Wennigsen: 10.2, 14.1, 14.5, 29.2, 35.1, 68.1. |Superbild - Your Photo Today, Ottobrunn: 30.2. |Tegen, Hans, Hambühren: 9.1, 9.2, 9.3, 11.1, 12.1, 12.2, 12.3, 14.2, 14.3, 14.4, 15.2, 25.1, 28.2, 30.1, 42.1, 42.3, 42.4, 42.5, 42.6, 50.1, 51.1, 64.1, 75.1, 75.2, 80.1, 80.2, 80.3, 80.4, 81.1, 94.1, 94.2, 94.3, 98.1, 100.1, 103.1, 112.1, 113.1, 113.2, 113.3, 115.1, 115.2, 115.3. |Tetra GmbH, Melle: 18.1. |The Nobel Foundation, Stockholm: 111.1. |TopicMedia Service, Mehring-Öd: P.Scheler/RF 63.2. |ullstein bild, Berlin: KPA 24.2. |vario images, Bonn: 97.3.